Die Seite der Redaktion 5

Beiträge zum Thema: Mission und Restitution

Andreas Urs Sommer: Rauben und Umsorgen.
Kulturphilosophische Thesen zum Sammeln als Praxis
der Selbstbildung und Selbstbindung des Willens 9

Lars Müller: Die lange Geschichte (post)kolonialer Rückgabeforderungen .. 21

Katja Keul: »Restitution Matters«. Die Bilanz der Bundesregierung
in der Aufarbeitung der deutschen Kolonialvergangenheit 43

Dagmar Konrad: ›Entfernte Dinge‹. Objektgeschichten aus der Sammlung
Basler Mission an Beispielen aus Südchina 55

Lars Frühsorge: Von der Arktis bis Afrika. Missionsgeschichte
im Spiegel der Lübecker Sammlung Kulturen der Welt 81

Silke Seybold: Das Legba-Dzoka Projekt.
Wie der Bestand, den Missionar Spiess 1892–1914 in Westafrika
zusammengetragen hat, zum Ausgangspunkt eines Dialoges
des Übersee-Museums mit Menschen aus Ghana und Togo wurde
und was sich daraus lernen lässt 103

Patrick Felix Krüger/Martin Radermacher: Zeugnisse einer
›elementaren Form religiösen Lebens‹? Die »Pater-Worms-Sammlung«
der Universität Münster und ihre Provenienz 125

Moritz Fischer/Kokou Azamede: Transkulturell verflochtene Provenienzen:
Museale Zeugen christlicher Mission und die Frage ihrer Restitution
als »materiale Subjekte« 149

Bridget Ben-Naimah: Towards a Biblical Theology of Restitution.
A Reflection on Restitution between Europe and Some African
Countries in the 21st Century 173

Thandi Soko-de Jong: Just Repair.
Missionary Collections, and the »Restitution« Conversation 185

Weitere Beiträge

Roland Spliesgart: Afrokubanische Impulse für christliche Theologie.
Clara Luz Ajo Lázaro im Gespräch mit der santería 207

Berichte + Dokumentationen

Mission Studies and Intercultural Theology. Discontinuity or Continuity?
Report about the 3rd Conference of the Network of Intercultural Theology
(*Mirja Lange, Sandra Langhop, Leita Ngoy and Rahel Weber*) 229

Report on the Workshop »Translations and Transloyalities:
Creating, Interpreting, and Negotiating Terms and Images in
Religious and Diaconal Intercultural Encounters«.
VID Specialized University, 19–21 June, 2024 (*Paulien Wagener*) 236

Äußere Mission und Nationalsozialismus.
Wissenschaftliche Fachtagung vom 24.–25. Oktober 2024
im Zentrum Mission EineWelt, Neuendettelsau (*Michael Biehl*) 243

Rezeptive Ökumene, Sackgassen der Verwundung und *Fa'aaloalo*-Respekt
von Angesicht zu Angesicht. Zum Umgang mit Konflikten in der Ökumene.
EMW-Konferenz »Metanoia und Dialog«, Cluj-Napoca, 14.–16. Oktober 2024
(*Andreas Heuser*) 248

Schule trifft Wissenschaft. Dekolonisieren als zivilgesellschaftliche
Querschnittsaufgabe (*Frank Oliver Klute/Regina Jach*) 255

Rezensionen

Hermen Kroesbergen/Johanneke Kroesbergen-Kamps/
Philipp Öhlmann (Hg.): The Grammar of the Spirit World
in Pentecostalized Africa *(Michael Biehl)* 261

Constance Hartung: Ex India lux?
Die Rezeption hinduistischer Spiritualität und der Kultur Indiens
in Deutschland *(Isabella Schwaderer)* 262

Sung Kim/Stefan Silber/Christian Tauchner/Simon Wiesgickl (Hg.):
Widerstand und Gewalt. Befreiungstheologische Perspektiven
(Marco Moerschbacher) 264

Stefanie Burkhardt: Religion erzählen.
Mircea Eliades religionswissenschaftliches und literarisches
Doppelwerk *(Michael Biehl)* 266

Sigurd Bergmann/Mika Vähäkangas (Hg.): Contextual Theology.
Skills and Practices of Liberating Faith *(Alena Höfer)* 268

Hanyi Zhang: Aspekte des Chinabildes von Karl Friedrich Gützlaff
und seine Missionsstrategien *(Ulrich Dehn)* 270

Stefan S. Jäger: Buddhismus im Diskurs.
Studien zu Resonanz und Dialogizität in christlich-buddhistischen
Begegnungen *(Mathias Schneider)* 271

Eckhard Zemmrich: Wahrheit in Begegnung. Kontextualisierungen
und Selbstvergewisserung religiöser Identität *(Volker Küster)* 273

Redaktion/Verfasser:innen und Rezensent:innen 276

DIE SEITE DER REDAKTION

Liebe Leserin, lieber Leser,

als Folge kolonialer Weltbemächtigung entstanden in der frühen europäischen Moderne ethnologische Museen und Missionssammlungen. In der Fremdheit anderer Kulturen spiegelte sich Europa als die überlegene westliche Zivilisation. Zugleich wirkten die Artefakte aber anregend auf Kunst und Wissenschaft und bereicherten die Weltwahrnehmung. Im Zuge der jüngeren Dekolonisierungsansätze haben nun die Debatten um Restitution – die Rückgabe geraubter Kulturgüter an ihre Herkunftsgesellschaften – neue Fahrt aufgenommen. Museen, Missionswerke und andere Einrichtungen haben die Aufarbeitung der kolonialen Vergangenheit ihrer Sammlungen intensiviert. Aber wie können Objekte aus kolonialen Kontexten zu »entangled objects« werden – zu Medien des interkulturellen Dialogs über ihr Erbe? Wie lässt sich ihre verflochtene Geschichte dekolonisieren und den Herkunftsgesellschaften perspektivisch Kuratierung und Eigentum zurückgeben? Museumsexpert:innen, Theolog:innen, Ethnolog:innen debattieren innovative Ansätze – geteilte Kuratierung, zirkulierende Bestände oder digitale Sammlungen auf Augenhöhe – und regen zum interkulturellen Gespräch ein, wie dieses schwierige Erbe bewahrt, als Repräsentanten anderer Wissenssysteme neu bewertet und zugleich vom kolonialen Blick befreit werden kann.

Die hier aufgenommenen Beiträge sind veranlasst durch die Jahrestagung der Deutschen Gesellschaft für Missionswissenschaft (DGMW), die unter dem Titel »Restitution matters! Museale Kulturgüter in dekolonialer Perspektive als Aufgabe für Missionswissenschaft und Kulturpolitik« vom 10. bis 12. Oktober 2024 in der Evangelischen Akademie Loccum stattfand. Sie brachte unterschiedliche Perspektiven ins Gespräch – einschließlich die einer Schülergruppe, deren Bericht hier aufgenommen wurde – und erschloss ein noch zu vertiefendes interdisziplinäres Diskursfeld.

Urs Sommer eröffnet das Heft mit einer kulturphilosophischen Betrachtung über das Sammeln als Selbstbildung und Selbstbindung des Willens, das die verwendeten oder entwendeten Objekte ihrem ursprünglichen Kontext entnimmt und damit oftmals funktionslos macht. Gleichwohl sind fremde Artefakte auch widerstandsfähig und können kreative Transformationen provozieren. Aus der

Selbstbindung an die gesammelten Objekte folgt allerdings auch eine Verantwortung der Sammelnden für die Objekte und die mit ihnen verbundenen Menschen.

Lars Müller verfolgt in seinem Überblick über die Geschichte der Restitutionsforderungen diese bis in das 19. Jahrhundert zurück, wenn auch deren Zahl seit den 1970er Jahren wesentlich angestiegen ist. Er zeigt die historische Entwicklung der Rückgabemodalitäten auf und nimmt eine Phaseneinteilung vor, die die aktuellen Restitutionsdebatten in den Kontext ihrer langen Geschichte einordnet.

Katja Keul, ehemalige Staatsministerin im Auswärtigen Amt, bilanziert für die 20. Wahlperiode des Bundestages (2021–2025) die geleistete Aufarbeitung der deutschen Kolonialvergangenheit und betont die Notwendigkeit der klaren Benennung von Schuld und Verantwortung. Besonders dringlich scheint die Rückgabe der ca. 17 000 Human Remains, die weiterhin in Archiven in Deutschland lagern. Dabei hat sich gezeigt, dass eine Rückgabe immer in ihren Auswirkungen auf den gesellschaftlichen Zusammenhang der Herkunftskulturen bedacht werden muss und die jeweils zuständigen Regierungsstellen dabei ebenso wenig übergangen werden können wie die betroffenen Gemeinschaften. Hier eröffnet sich ein Spannungsfeld, das angesichts der Rückgabe der Beninbronzen öffentlich sichtbar wurde.

An diese Überblicksdarstellungen schließen sich Einzeluntersuchungen zu Museumssammlungen in Basel, Lübeck, Bremen und Münster an. Dagmar Konrad zeigt, wie die Objekte der Basler Mission aus Südchina nach ihrem historischen Kontext verschiedenen Kategorien zugeordnet werden können. Daran schließt sie Überlegungen zum Motiv des Sammelns, der Erwerbsgeschichten und ihrer (ehemaligen) Bedeutung für die lokalen Kulturen, den Übergang zum musealen Artefakt und ihres Einsatzes als Marketinginstrument an.

Lars Frühsorge, dessen Beitrag ebenso wie der Nachfolgende auf eine Tagung an der Missionsakademie in 2023 zurückgeht, schildert, wie sich die in der Lübecker »Sammlung Kulturen der Welt« befindlichen Artefakte als Dokumente von Begegnungen, Beziehungen und dem Austausch von Menschen und Kulturen verstehen lassen. Jenseits kolonialer Gewalt stößt die Museumsethnologie dabei auch auf indigene Akteure, die für den europäischen Markt produziert haben. Auf diese Weise erscheinen sie nicht nur als passive Opfer, sondern als historische Akteure mit eigener Handlungsfähigkeit.

Silke Seybold beschreibt anhand der Sammlung Carl Spiess im Übersee-Museum Bremen, wie ein multidisziplinäres Team von Forschenden aus Deutschland, Ghana (einschließlich eines Priesters eines Vodun-Schreins), den Niederlanden und Togo ganz neue Perspektiven auf die Provenienzgeschichte der ausgestellten Objekte eröffnete.

Patrick Krüger und Martin Radermacher diskutieren, wie die australischen Objekte in die Sammlung des Instituts für Religionswissenschaft der Universität Münster gelangt sind und wie sie beschrieben und durch Anton Antweiler in die Religionsgeschichte Australiens eingeordnet wurden. Sie zeigen dabei die Schwierigkeit auf, diese Objekte aus einer Außenperspektive zu analysieren, ohne die religiöse und kulturelle Integrität der australischen Herkunftsgesellschaften zu verletzen.

Der Aufsatz von Moritz Fischer und Kokou Azamede eröffnet ein transkulturelles Gespräch über die unterschiedlichen Bedeutungszuschreibungen der Ethnographika oder materiellen Kulturgüter. Dabei wird deutlich, wie fragmentarisch das Wissen über die spirituelle Ursprungsbedeutung der sakralen Entitäten angesichts des historischen Abstandes bleiben muss. Durch die Identifizierung interkultureller Verflechtungen können aber die Austauschbeziehungen und Interaktionen ein Licht auf den Zusammenhang der Produktion von Wissen, Religion und Macht werfen und so neue »Zonen des Kontakts« sichtbar werden lassen, die zu einem offenen interkulturellen Austausch einladen.

Der theologischen Bedeutung von Restitution und Reparation widmen sich schließlich die beiden Beiträge von Bridget Ben-Naimah und Thandi Soko-de Jong. Während der erste Beitrag eine Theologie der Restitution und Vergebung anhand von Levitikus 6 entwickelt, plädiert der zweite für Entschädigungen für die verursachten Schäden sowie die materiellen oder kulturellen Gewinne aus den Sammlungen. Insbesondere die dekolonialen Analysen zur epistemischen Gewalt zeigten, wie dringlich eine gerechte Wiedergutmachung und Rückgabe von Kulturgütern sei. Hingewiesen sei dazu auf den während der Tagung gehaltenen und sehr beeindruckenden Vortrag von Mynaka S. Mboro (Berlin Postkolonial), für den an dieser Stelle auf den Film »Das leere Grab« verwiesen werden kann. Es scheint mir nicht übertrieben zu sagen, dass mit den nun vorliegenden Beiträgen erstmals eine so interdisziplinäre Auseinandersetzung mit dem Thema vorliegt, die es verdient in der Interkulturellen Theologie aufgenommen und vertieft zu werden.

Unter den weiteren Beiträgen konnte die innovative Untersuchung von Roland Spliesgart aufgenommen werden zur Kontextualisierung der kubanischen Theologie in der Volksreligiosität des Santeria, die in gewisser Analogie zur Befreiungstheologie Lateinamerikas gesehen werden kann. Die anglikanische Theologin Clara Luz Ajo Lázaro wirbt dabei für einen Dialog mit der oft als synkretistisch abgewerteten afro-kubanischen Spiritualität.

Eigens hinweisen möchte ich Sie auf die unterschiedlichen Konferenzberichte und zahlreichen Rezensionen, die dokumentieren, wie perspektivenreich und vielversprechend die Arbeiten aus dem Gebiet der Interkulturellen Theologie und Religionswissenschaft sein können und wie fruchtbar sich dabei der Dialog zwischen Menschen aus unterschiedlichen Kontexten auswirken kann.

Mit herzlichen Grüßen vom gesamten Redaktionsteam aus Basel, Bremen, Hamburg, Rostock und Schwerte,

Anton Knuth

Rauben und Umsorgen

Kulturphilosophische Thesen zum Sammeln als Praxis der Selbstbildung und Selbstbindung des Willens[1]

Andreas Urs Sommer

Sammeln ist selbstverständlich. Ist Sammeln selbstverständlich? Vielleicht doch nicht ganz. Lassen Sie mich Ihnen deshalb ein paar Thesen zur Erwägung unterbreiten, die in der Diskussion noch der post- und dekolonialen Schärfung bedürfen. Als Philosoph bin ich versucht, sehr allgemein zu sprechen, garniere mit einigen Beispielen, die vielleicht eher in die Spezifika der Tagung einführen und auf Fragen der Restitution zulaufen: Wie ist es um die Verantwortung der Sammelnden bestellt, wie sieht sie aus? Zunächst aber müssen wir uns Gedanken darüber machen, wie wir überhaupt mit Gegenständen umgehen. Das führt gleich zu These

1. Die Arten des Umgangs mit Artefakten sind kulturell höchst different, insbesondere da, wo sie nicht in einem unmittelbaren instrumentellen Gebrauch stehen.

Klar ist, dass eine Schaufel in Papua-Neuguinea oder in Deutschland, in Grönland oder in Südafrika in ganz ähnlicher Weise genutzt wird, nämlich dazu, etwas zu graben. Demgegenüber gibt es viele ›Artefakte‹, dingliche Erzeugnisse

---

[1] Der Vortragsstil wurde beibehalten. Für hilfreiche Kritik danke ich Chibueze C. Udeani, Moritz Fischer, Dana Dierks sowie den anonymen Gutachtenden.

von Menschenhand, die ganz unterschiedlich verwendet werden können und keinen unmittelbaren Gebrauchsnutzen haben wie die Schaufel, deren Erscheinungsbild ähnlich ist, wo immer Sie sich auf diesem Globus bewegen. Und insbesondere Dinge, die eben nicht mehr in ihrem ursprünglichen Gebrauchszusammenhang stehen, werden gesammelt. Es gibt in den unterschiedlichsten Kulturen unterschiedlichste Arten der Objektbindung. Nach Johan Huizingas *Herbst des Mittelalters* seien westeuropäische spätmittelalterliche Menschen es »gewöhnt« gewesen,

> »selbst über das Geringste ihrer Besitztümer eigens und umständlich durch Testament zu verfügen. Eine arme Frau vermachte ihrer Pfarre ihr Sonntagskleid und ihre Kappe, ihr Bett ihrem Patenkind, einen Pelz ihrer Pflegerin, ihren Alltagsrock einer Armen [...]. Es ist das gleiche Haften des Geistes an der Besonderheit und dem Wert des einzelnen Dinges, das den Sammler und den Geizkragen wie eine Krankheit beherrscht.«[2]

Huizinga will charakterisieren, wie der spätmittelalterliche Mensch mit Objekten umgegangen ist. Wir finden solche Formen des bedächtigen, aufmerksamen – im Jetztzeitjargon würden wir sagen ›achtsamen‹ – Umgangs natürlich auch in völlig anderen kulturellen Kontexten. Der römische Epigrammatiker Martial gibt im ersten Jahrhundert Schriftstellern und Sammlern die Sentenz *rara iuvant*[3] mit auf den Lebensweg, üblicherweise übersetzt: »Seltenes gefällt.« Wörtlich aber: »Seltenes hilft«, gemünzt auf Dichter, die wenig schreiben und deren wenige Verse deshalb etwas wert sind. »Knappheit hilft« wäre womöglich die beste Übersetzung,[4] nicht nur für Ökonomen und Ökonominnen. Wenn wir in den fernen Osten gehen und uns bei Yoshida Kenkō umschauen – 100 Jahre vor der armen Frau, die ihre wenigen Habseligkeiten bei Huizinga ihrem Nahumfeld vermacht hat – finden wir die Bemerkung, dass Dinge, die nur schwer zu erhalten sind, besser nicht hochgeschätzt würden.[5] Das ist bemerkenswert, weil Kenkō die Erwartung unterläuft, wir sollten uns gegenüber den alten und wertvollen Dingen achtsam erweisen. Im Gegenteil: Wir sollten sie verachten. Damit reagiert er auf eine Praxis, die offenbar im mittelalterlichen Japan üblich war, nämlich die

---

2 Johan Huizinga, Herbst des Mittelalters. Studien über Lebens- und Geistesformen des 14. und 15. Jahrhunderts in Frankreich und den Niederlanden, hg. v. Kurt Köster, Stuttgart [11]1975, 338f.
3 Martial, Epigramme IV 29, 5.
4 So der Vorschlag von Albert Schröder (Freiburg).
5 Yoshida Kenkō, Betrachtungen aus der Stille. Das Tsurezuregusa. Aus dem Japanischen übertragen, erläutert und mit einem Nachwort versehen von Oscar Benl, Frankfurt am Main 1985, 85.

Praxis, alte Dinge über Gebühr hochzuschätzen. Sie kennen das heute noch beim Konzept des Wabi-Sabi (侘寂) in der japanischen Kunst, nämlich dem Bemühen, aufzuzeigen, dass alles unvollkommen, unfertig und vergänglich sei. Dann werden die Bruchstellen der ramponierten antiken Keramikschale in der Praxis des Kintsugi (金継ぎ) mit Goldlack nicht zum Verschwinden gebracht, sondern vielmehr ausgestellt. So erkennt man sofort, dass es sich um einen alten, einen ehrwürdigen Gegenstand handelt. In der japanischen Kultur mag ein solches ehrfurchtsvolles Verhältnis Tradition haben, aber die Kritik daran – siehe Kenkō – hat ebenfalls Tradition. Die Umgangsformen mit Artefakten sind ganz und gar von den jeweiligen kontingenten kulturellen Gegebenheiten abhängig und folgen keinem prognostizierbaren anthropologischen Generalmuster. Dennoch:

2. Die Praxis, anderen Menschen durch Raub und Krieg ihre Dinge wegzunehmen, ist universell verbreitet – und im Umgang des »Globalen Nordens« mit dem »Globalen Süden« besonders ausgeprägt. Kulturgeschichtlich sind Rauben und Sammeln eng verbunden.

In der Menschheitsgeschichte hat man anderen Menschen immer die Dinge geraubt, die für den eigenen Gebrauch nützlich erschienen. Wenn eine Urzeitmenschen-Gruppe eine andere Gruppe überfallen hat, hat man ihr das weggenommen, was man selber brauchen konnte: Waffen, Werkzeuge und so weiter. Aber man hat wohl auch immer schon Dinge entwendet, die für die Beraubten von hoher, möglichst höchster symbolischer Bedeutung waren. Klassisches Beispiel aus der europäischen Kulturgeschichte wären Feldzeichen. Germanen oder Kelten haben sich darum bemüht, die Aquila-Standarten der römischen Legionen in ihren Besitz zu bekommen, ohne dass sie die dann selbst gebraucht hätten als Heerzeichen für ihre eigenen Truppen. Vielmehr ging es darum, diesen Raub als eine symbolische Ermächtigung zu betreiben.

Kulturgeschichtlich hängen Sammeln und Entwenden oft miteinander zusammen. Die Vermutung ist nicht vermessen, dass das Sammeln im starken Wortsinn mit den geraubten Gütern angefangen habe, denn sie stehen eben, wie es für Sammelgegenstände typisch ist, nicht mehr in Gebrauchskontexten. Die Schaufel, die man dem Feind wegnimmt, kann man wieder benutzen als Schaufel, sie wird also nicht gesammelt. Das Feldzeichen hingegen kann man nur ausstellen, um zu zeigen: Wir haben es geschafft, wir haben denen das weggenommen – deren Götter sind schwach, unsere stark. Und genau dieses Herausnehmen aus dem Funktionskontext ist das Leitcharakteristikum für Sammeln im eminenten Wortsinn.

Missionare, Missionarinnen, die sich Artefakte der von ihnen missionierten Ethnien angeeignet haben, integrierten diese nicht in einen neuen kultischen Kontext. Sondern die Dinge wurden, wenn nicht vernichtet, magaziniert, vielleicht beschrieben, weggepackt, eben entfunktionalisiert und gesammelt. Die kolonialen Kulturen Europas haben sich wesentlich auch durch die Akkumulation von Gegenständen konstituiert. Das ist wiederum nicht neu, das gilt beispielsweise gleichfalls für die Römer, deren eigene Kultur durch die imperiale Aneignung von Kulturgütern anderer Völker allererst weltläufige Form gewonnen hat. So wurde die griechische Kultur zu einer Mutterkultur der römischen. Zuerst einmal standen da Eroberungsgewinne, die aber dazu geführt haben, dass die erobernde Kultur transformiert, gräzisiert wurde. Man kann weitere Fragen anschließen, etwa, wie eben imperiale Kulturen anders umgehen mit Gegenständen, als das nicht-imperiale Kulturen tun. Als These das Gesagte noch einmal auf den Begriff gebracht:

3. Man sammelt – in einem emphatischen Sinn – gerade das, wofür man keine naheliegende Verwendung hat.

Sammeln meint nicht bloße Anhäufung von irgendwelchen Raubgütern, in Triumphzügen oder in Tempelschätzen. Vielmehr muss ein dinggestaltendes Moment hinzukommen – und sei es nur durch Selektion und durch Schonung. Sprechen Sie mal mit einer Sammlerin von alten Autos und fragen Sie sie, wie häufig sie mit ihren Wundermobilen ausfährt. Sie wird Sie entsetzt angucken und antworten: Selbstverständlich nur, wenn Weihnachten und Ostern zusammenfallen; sonst bleiben die schön in der Garage. Dieses Entfunktionalisieren konterkariert den Affordanzcharakter der Dinge – dass sie einen dazu auffordern, etwas Bestimmtes mit ihnen zu machen. Die Schaufel will nicht einfach nur im Schuppen stehen, sondern sie ist dazu da, dass man mit ihr irgendetwas gräbt. Der Sammler hingegen hintertreibt das. Der wird die Schaufel, weil sie etruskisch oder präkolumbisch ist, in eine Vitrine stellen. Dann könnte man fragen, ob es einen anderen Affordanzcharakter der zu sammelnden Dinge gibt: Der leidenschaftliche Sammler, der bei einer Sammlerkollegin zu Gast ist, fühlt sich womöglich von dem prächtigen Stück, das ihm die Kollegin gerade zeigt, dazu aufgefordert, es mitlaufen zu lassen, um seine eigene Sammlung zu bereichern. Vielleicht hängt Sammeln und Entwenden ja auch in der Gegenwart manchmal noch zusammen – aber das ist eine Frage für die Kriminalistik. Klar ist jedenfalls: Gesammelte Dinge stehen nicht mehr im angestammten Funktionszusammenhang. Gesammelte Briefmarken werden nicht mehr auf Briefe geklebt. Gesammelte Schaufeln werden nicht mehr zum Gartenumgraben verwendet. Damit komme ich zur These

4. Selbstredend kommt man nicht nur durch Krieg, Raub und Gewalt in den Besitz fremder Güter, sondern auch durch Handel. Artefakte sind oft nicht nur faktisch mobil, sondern zur Mobilität bestimmt.

Die vierte These relativiert die zweite, die ja die Entwendung oder den Raub und das Sammeln kulturgeschichtlich zusammenstellte. Man nimmt den anderen Gegenstände weg, macht sie mobil – Gegenstände, die womöglich ursprünglich nicht mobil waren, sondern zum Beispiel fest in einem Tempel standen. Zugleich mobilisieren sich die Eroberer auch durch die mobilisierten Gegenstände selbst. Jedoch kommt man nicht nur durch Krieg, Raub und Gewalt in Besitz fremder Güter, sondern wesentlich auch durch Tausch und Handel. Artefakte sind oft nicht nur faktisch, sondern schon durch ihre ursprüngliche Bestimmung zur Mobilität berufen. Der Schaufelschmied wird in aller Regel nicht all die von ihm hergestellten Schaufeln selbst benutzen, sondern will, dass man seine Schaufeln kauft und sie in die Welt kommen. Die Münze, mit der die Schaufel bezahlt wird, ist von Anfang an ein mobiles Objekt und keines, das ein für allemal an irgendeiner bestimmten Stelle stehen soll. Man könnte auch überlegen, ob die westlichen Kulturen sich unter anderem dadurch auszeichnen, dass sie mit den Dingen oft sehr freihändig umgehen, dass die Dinge ständig replatziert, ständig mobil gemacht werden. Es gibt keinen heiligen Stein mehr, von dem aus sich diese westlichen Kulturen organisieren, der unbedingt immobil an einem Ort bleiben müsste, sondern es ist alles ständig in Bewegung. Für nomadische Kulturen gilt das auch. Denken Sie an die Bundeslade, die ständig hin- und hergeschleppt worden sein soll und eben nicht ortsfest war. In gewisser Weise ist die Moderne, was den Umgang mit Dingen angeht, zur nomadischen Vorzeit zurückgekehrt, woran sich allerlei kulturphilosophische Überlegungen anschließen ließen. Sodann gibt es auch, um ein anderes Beispiel zu nehmen, Kulturen, die ursprünglich Immobiles mobilisieren. In Taiwan ist es aufschlussreich zu beobachten, wie die Menschen, die sich allmählich säkularisiert haben, mit den alten Götter- und Buddhafiguren aus den einst festen Hausaltären umgehen. Sie haben von den Großeltern den Schrein mit den Figuren geerbt, aber selbst dafür keine Verwendung mehr. Was also tun? Die Figuren zu zerstören, traut man sich dann doch nicht. Also werden sie dann bei Nacht und Nebel oder auch ganz offen tagsüber vor den Tempeln abgeladen. Die Tempelpriester werden schon wissen, was man damit noch anstellen kann und wie man sie unschädlich entsorgt. Das Nationalmuseum in Taipei greift dann die besten und wertvollsten Stücke ab und führt sie der Sammlung zu. Mit anderen Worten: Das Verhältnis zu den Dingen kann sich rasch stark ändern, und es könnte für kulturelle Modernisierungsprozesse sprechen, dass immobile Dinge mobilisiert werden. Das kann man auch an sich selbst beobachten. Was machen Sie mit den religiösen Artefakten, die Sie bei Ihrer Tante finden, wenn Sie deren Wohnung räumen müssen? Also mit den Rosenkränzen oder dem Weihwasserbehälter, falls die Großtante katholisch war, mit der Lutherrose und dem Gesangbuch, falls sie evangelisch war. Sie wegzuschmeißen, hat man Hemmungen. Vielleicht taugen sie ja noch für den Flohmarkt, wenn die Kirchgemeinde sie nicht haben will. Aber manches bleibt eine fortwährende Irritation:

5. Jenseits dessen, was man braucht (wie Werkzeuge, Waffen...), fasziniert das besonders, was einem das Bemerkenswerteste, auch Fremdeste ist.

Menschen haben gemeinhin wenig Aussichten, zu dem eine nicht-funktionale, innige Beziehung zu entwickeln, was überall vorhanden ist, was jede und jeder sowieso hat, ohne viel Gedanken darauf zu verwenden. Stattdessen wird Objekt der Aufmerksamkeit, was ungewöhnlich, was fremd ist. Als ich 13 war, hat mir ein liebenswürdiger numismatischer Mentor einige byzantinische Münzen gezeigt, und ich war fasziniert davon, weil die so fremd waren. Jetzt sammle ich seit 40 Jahren byzantinische Münzen. Man könnte einzuwenden geneigt sein, bei Sammlern liege genau das vor, was man den Messies psychologisch auch attestiert, nämlich eine Wertbeimessungsstörung. Wie kann man byzantinische Münzen für etwas der Aufmerksamkeit Würdiges halten? Sie schauen sich diese Stücke an und finden sie einfach nur hässlich. Mit dem Risiko, als verschroben und wertbeimessungsgestört angesehen zu werden, muss die Sammlerin, der Sammler leben. Es zeigt auch, dass erst die sammelnde Person oder Institution den entfunktionalisierten Dingen ihren Wert zumisst. Dieser Wert ist beileibe nicht einfach gegeben, wenn die Dinge aus ihrem Gebrauchszusammenhang entfernt sind. Dieser Wert ist nun Verhandlungssache und Verhandlungsmasse derjenigen, die sich von den fraglichen Dingen angezogen fühlen. Und doch:

6. Die gesammelten Artefakte sind widerständig, sie entwickeln eine Eigenmacht.

Es sind widerständige Dinge. Die Dinge lassen sich nicht einfach gleichschalten. Man könnte vermuten, da sei in der Agency der Dinge ein magischer Rest verborgen, aber eigentlich liegt nichts Magisches darin. Denn die Dinge werden ja gerade gesammelt, weil sie anders sind, weil sie widerständig sind. Die Eigenheit der Dinge ist das, was auffällt. Sie sind eben ganz anders. Sei es in einer institutionellen Sammlung, sei es in einer privaten. Das Sammeln stellt diese Eigenheit geradezu aus. Vorhin sprach ich über Kintsugi – die japanische Technik, bei der Keramikrestauration die Brüche herauszustellen. In gewisser Weise betreibt jede Sammlerin, jeder Sammler, auch jedes Museum Kintsugi. Man stellt die Dinge aus, man stellt sie isoliert hin – natürlich öfter begleitet vom Versuch, sie historisch, kulturell zu kontextualisieren. Aber es ist ein völlig anderer Umgang als mit Dingen, die man einfach gebraucht, wie die Schaufel, die im Schuppen steht und die niemand in eine Vitrine stellt. Damit kommen wir zu:

7. Diese Widerständigkeit provoziert Reaktionen, kreative Umsetzungen.

Das ist von zentraler Bedeutung, auch im Hinblick auf den Umgang mit Objekten, mit Artefakten aus anderen Kulturen. Die Widerständigkeit oder Eigenmächtigkeit der Dinge ist es, die ständig herausfordert. Der Herausforderungscharakter der gesammelten oder zu sammelnden Dinge unterscheidet sich von der bloßen Gebrauchsaufforderung, der Affordanz, wie bei der Schaufel, die zum Graben benutzt werden will. Dieser Herausforderungscharakter scheint gewaltig groß zu sein. Man vergegenwärtige sich beispielsweise, dass die europäische Avantgarde-Kunst des 20. Jahrhunderts nicht denkbar wäre ohne all die afrikanischen Artefakte, die Picasso oder Matisse oder Schmidt-Rottluff oder Kirchner oder Nolde in den ethnographischen Sammlungen zu Gesicht bekommen haben. Natürlich kann und soll man einerseits diese Art des Umgangs problematisieren: Sind hier Unrechtsverhältnisse der kulturellen Appropriation anzuprangern? Andererseits ist die erstaunliche künstlerische Entwicklung der globalen Moderne nicht zu leugnen – die Resultate der gegenseitigen Aneignungsprozesse sind atemberaubend. Kulturen sind mitnichten abgeschlossene Gebilde, die *per se* schützenswert wären. Kultur ist immer Austausch. Die Frage ist nur, welche die für alle Beteiligten richtige Form des Austausches ist. Historische Beispiele, die man heute mit kühlem Blick evaluieren kann, können zur Problemanzeige dienen: 1204 wurde das christliche Konstantinopel im Zuge des 4. Kreuzzuges unter venezianischer Führung erobert. Die »Kreuzritter« richteten ein entsetzliches Blutbad an; die bedeutendsten Schätze wurden aus Byzanz nach Venedig gebracht, beispielsweise die berühmte »Venezianische Tetrarchengruppe«, die heute noch die Fassade von San Marco ziert. Der venezianische Kunststil des 13. Jahrhundert ist ohne Byzanz überhaupt gar nicht zu denken. Und die italienische Frührenaissance ist ohne Byzanz nicht zu denken. Wie geht man damit um? Sollen wir sagen, dass die veneto-byzantinische Kunst illegitim gewesen sei – oder gar die Frührenaissance? Welche Form der Aneignung ist prinzipiell legitim und welche illegitim – und impliziert nicht Kultur stets Aneignung?[6] Wir sind nostrifizierende Wesen – Wesen, die sich Welt aneignen müssen.[7] Kultur ist eben nichts, das sich in nickendem Wegschauen ereignet, sondern entsteht, indem man auf Geschautes, Erfahrenes reagiert, es umsetzt, ins Eigene transformiert. Was jedoch bedeutet dabei das Sammeln?

8. Sammeln ist Selbstbildung und Selbstbindung des Willens.

Im Alltagsgeschäft des Lebens erscheint der Wille als etwas sehr Wankelmütiges. Jetzt will ich vielleicht gerade einen Schluck Wasser trinken. In zwei Minuten nicht mehr, weil mein Durst verflogen ist. Demgegenüber sind wir auch Wesen, die unseren Willen langfristig binden können. Im Beruf beispielsweise oder in der Partnerschaft. Beim Sammeln ist es so, dass Sie Ihren Willen mitunter auf unabsehbar lange Zeit binden. Dass Sie fortan Schaufeln sammeln werden, etrus-

---

6 Vgl. Jens Balzer, Ethik der Appropriation, Berlin 2022.
7 Zum kulturphilosophisch zentralen Begriff der Nostrifizierung siehe z. B. Andreas Urs Sommer, Eine Demokratie für das 21. Jahrhundert. Warum die Volksvertretung überholt ist und die Zukunft der direkten Demokratie gehört, Freiburg u. a. 2022, 85–89.

kische und präkolumbische. Und Sie machen das dann 20 oder 50 Jahre lang. Unzähliges wird sonst in Ihrem Leben geschehen und vergehen. Aber die Schaufeln, die bleiben. Sie haben an die Schaufeln Ihren Willen geknüpft. Damit findet eine Habitualisierung statt. Alle Ihre Bekannten wissen: Sie sind die Schaufelsammlerin. Und bringen Ihnen die Schaufeln mit, die sie im Urlaub oder beim Trödler gefunden haben. Ihre Willensbeharrlichkeit färbt auf die Mitwelt ab. Die Selbstbildung des Willens im Sammeln und seine Selbstbindung haben eine lebensbestimmende Kraft. Ich finde es bemerkenswert, dass Kinder oft mit Leidenschaft sammeln und so ihren Willen zu fokussieren lernen. Fast noch bemerkenswerter ist, dass man es ihnen auszureden pflegt: »Lass' doch die fruchtlose Sammelei, konsumiere lieber!« Sammeln markiert die denkbar größte Opposition zum Konsum. Die Sammlerin, der Sammler vernichtet die Dinge nicht, sondern heiligt sie – in der neu geschaffenen, eigenen Ordnung. Im Sammeln emanzipiert man sich von vorgegebenen Ordnungsmustern, um eigene zu entwickeln. Niemand sammelt sonst Schaufeln. Niemand hat eine vorgegebene Schaufel-Ordnung. Sie machen es als erste und erfinden Ihre eigene Ordnung.

Der Nutzen des Sammelns für das Leben ist beträchtlich, sein Nachteil liegt in der Konsumverweigerung, die zumindest für postindustrielle Verschleißzivilisationen als ideologische Bedrohung erscheinen könnte. Im Sammeln können wir eine sich verstetigende Selbstbildung und Selbstbindung des Willens beobachten. Zugleich findet eine leichte Neuausrichtung des Willens bei jedem neuen, für die Sammlung begehrten Objekt statt. Evident ist sodann die soziale Komponente: Man sammelt nicht nur für sich allein im stillen Kämmerlein, sondern antwortet auf eine Außenwelt. Wenn Sie jetzt z. B. eine Sammlung als Direktorin einer Missionsgesellschaft übernommen haben, dann können Sie einerseits die Weisen der Selbstbindung und Selbstbildung des Willens durch frühere Generationen von Missionierenden in Gestalt der Sammlung untersuchen. Andererseits sind Sie damit aber keinem Präjudiz darüber unterworfen, wie Sie heute als Verantwortliche mit dieser Sammlung umgehen. Die Selbstbindung des Willens ist auch bei institutionellem Sammeln keine auf Ewigkeit. Als private Schaufelsammlerin können Sie ohnehin sagen: Nein, jetzt ist Schluss mit den Schaufeln, jetzt gehe ich zu den Hacken über.

Sammlungstätigkeit darf nicht als isolierte Angelegenheit betrachtet werden, die ein Individuum oder eine Institution mit sich selbst ausmacht, sondern als etwas, was in einem größeren sozialen Rahmen stattfindet. Was mich zur letzten These führt:

9. Aus der Selbstbindung des Willens an die gesammelten Objekte folgt eine Verantwortung der Sammelnden – für Dinge und für Menschen.

Wer sammelt, übernimmt Verantwortung für die gesammelten Dinge. Das liegt auf der Hand. Wer Schaufeln sammelt, will, dass den Schaufeln kein Leid geschieht, und wird deshalb dafür sorgen, dass sie in Vitrinen stehen und nicht im Schuppen, in den es womöglich hineinregnet. Dass man sich also um die Dinge kümmert, die man sammelt, ist die Regel. Aber die Sammlerin, der Sammler steht eben auch im sozialen Rahmen. Die Verantwortung für die Dinge kann Sie vielleicht zur Einsicht führen, dass es das Beste für das Objekt ist, das Sie mit viel Mühe akquiriert haben, es denjenigen zurückzugeben, denen es ursprünglich gehört hat – die es ursprünglich im Gebrauch hatten. Das heißt, die Verantwortung der Sammlerin, des Sammlers bleibt nicht beschränkt auf die Dinge, die der Sammlung inkorporiert werden können, sondern diese Verantwortung umgreift auch die vom Sammeln Betroffenen – einstige Nutzer ebenso wie künftige Eigentümerinnen, interesselose Betrachter ebenso wie Forscherinnen. Die sammlerische Verantwortung erstreckt sich sowohl auf Menschen als auch auf Dinge. Die sammlerische Selbstbindung heißt nicht, dass Sie *à tout prix* wie der Geizkragen, der bei Huizinga im Eingangszitat genannt ist, an den Dingen kleben, sondern dass Sie durchaus auch bereit sind, zum Besten der Dinge und zum Besten der Menschen auf das Ding zu verzichten und es wieder herzugeben. Die »arme Frau« aus dem spätmittelalterlichen Burgund, die Huinzinga uns vor Augen stellte, ist mit ihrem Testament in gewisser Weise ein Vorbild. Denn in ihrer Dingfürsorge hat sie für jede ihrer Habseligkeiten den richtigen Ort und die richtigen Personen gefunden. Ihr Sonntagskleid und ihre Kappe bekommt die Pfarre, ihr Bett das Patenkind, ihr Pelz die Pflegerin. Sich für jedes Ding zu überlegen, was das Richtige und Angemessene ist. Das scheint mir auch für den sammlerischen Umgang mit Objekten eine bemerkenswerte und nachahmenswerte Position.

(Andreas Urs Sommer ist W3-Professor für Philosophie mit Schwerpunkt Kulturphilosophie an der Albert-Ludwigs-Universität Freiburg und leidenschaftlicher Sammler.)

ABSTRACT

Artefacts can be handled in very different ways. They can be used, but they can also be removed from their context of use, for example by appropriating them by force. Stolen artefacts are often rendered functionless so that they can become the object of collectors' endeavours. There is a fascination with what appears to be the most remarkable, even the most alien. At the same time, collected artefacts are resistant, they develop a power of their own and provoke reactions and creative transformations. Collecting is self-education and self-binding of the will. Of course, the self-binding of the will to the collected objects also results in a responsibility on the part of the collector – for things and for people.

Die lange Geschichte (post)kolonialer Rückgabeforderungen

Lars Müller

1. Einleitung

Im Jahr 2017 hielt der französische Präsident Emmanuel Macron an der Universität von Ouagadougou in Burkina Faso eine vielbeachtete Rede, in der er betonte, dass das afrikanische Erbe nicht länger Gefangener europäischer Museen bleiben dürfe.[1] Ein Jahr später, 2018, veröffentlichten Felwine Sarr und Bénédicte Savoy den sogenannten Restitutionsbericht über afrikanische Kulturgüter in französischen Museen, der die Diskussion in diesem Feld entscheidend vorantrieb.[2] 2019 folgte in Deutschland ein erstes Eckpunktepapier zum Umgang mit Sammlungsgut aus kolonialen Kontexten, das von der Staatsministerin für Kultur und Medien, der Staatsministerin im Auswärtigen Amt für internationale Kulturpolitik, den Kulturministerinnen und -ministern der Länder sowie den kommunalen Spitzenverbänden gemeinsam vorgestellt wurde.[3] In den Jahren 2020/2021

---

1 Emmanuel Macron's Speech at the University of Ouagagougou, 28.11.2017, https://www.elysee.fr/emmanuel-macron/2017/11/28/emmanuel-macrons-speech-at-the-university-of-ouagadougou.en (12.2.2025). Zur Einordnung s. Bernhard Gissibl, Everything in its Right Place? The Macron Moment and the Complexities of Restituting Africa's Cultural Heritage, in: European History Yearbook 20 (2019), 177–209.
2 In deutscher Übersetzung: Felwine Sarr/Bénédicte Savoy, Zurückgeben. Über die Restitution afrikanischer Kulturgüter, Berlin 2019.
3 Erste Eckpunkte im Umgang mit Sammlungsgut aus kolonialen Kontexten der Staatsministerin des Bundes für Kultur und Medien, der Staatsministerin im Auswärtigen Amt für internationale Kulturpolitik, der Kulturministerinnen und Kulturminister der Länder und der kommunalen Spitzenverbände, Stand: 13.3.2019,
https://www.bundesregierung.de/resource/blob/974430/1589206/85c3d309797df4b2257b7294b018e989/2019-03-13-bkm-anlage-sammlungsgut-data.pdf?download=1 (12.2.2025).

gerieten mit der schrittweisen Eröffnung des Humboldt Forums in Berlin insbesondere die ethnologischen Sammlungen des Hauses in den Mittelpunkt der deutschen Debatte um Restitution.[4] 2022 schließlich einigten sich fünf deutsche Museen mit dem nigerianischen Staat auf die Rückgabe der sogenannten Benin-Bronzen.[5] Diese Schlaglichter auf die letzten Jahre verdeutlichen, dass das Thema Restitution inzwischen fest in der deutschen und internationalen Museumspolitik sowie in der medialen Öffentlichkeit verankert ist. Die Dynamik der Debatte und die raschen Entwicklungen erwecken den Eindruck, es handle sich um ein neues Phänomen.

Der folgende Beitrag nimmt diese aktuellen Entwicklungen zum Anlass, um einen Blick zurückzuwerfen und die lange Geschichte (post)kolonialer Rückgabeforderungen – und Rückgaben – in den Fokus zu rücken. Es wird argumentiert, dass solche Forderungen keineswegs neu sind, sondern teilweise unmittelbar nach der Aneignung des Kulturguts erhoben wurden.[6] Aufbauend auf dieser Perspektive wird die Frage gestellt, inwiefern dieser historische Rückblick für die gegenwärtige Diskussion hilfreich sein kann bzw. welche Leerstellen in der aktuellen Debatte durch die historische Perspektive sichtbar werden. Dazu wird in zwei Schritten vorgegangen: Zunächst wird auf eben diese lange Geschichte eingegangen und dargelegt, wie ausgewählte Länder über lange Zeiträume Forderungen formuliert und Rückgaben erzielt haben (2.1), um daran anschließend einen Vorschlag für eine Unterteilung der langen Geschichte der Restitution in vier Phasen zu skizzieren (2.2). Im zweiten Schritt wird anhand von Fallbeispielen auf die Bedeutung von Objekten eingegangen, d. h. zunächst wird die Vielfältigkeit von zurückgegebenen Objektarten und ihrer Nutzung behandelt (3.1),

---

4 Eröffnung des Humboldt Forums am 17. Dezember 2020, 15.10.2020, https://www.smb.museum/nachrichten/detail/eroeffnung-des-humboldt-forums-am-17-dezember-2020/ (12.2.2025).
5 Rückgabe der ersten Benin-Bronzen, 21.12.2022, https://kulturstaatsministerin.de/rueckgabe-der-ersten-benin-bronzen (12.4.2025).
6 In den Kulturwissenschaften spiegelt sich das neue Interesse an Restitution wider und es gibt verschiedene Beiträge, die ein stärker systematisches Vorgehen einfordern, s. Larissa Förster, Much Longer than a Century. Introductory Thoughts on the History and Historiography of Restitution Claims, in: Dies. u. a. (Hg.), Resist, Reclaim, Retrieve. The Long History of the Struggle for the Restitution of Cultural Heritage and Ancestral Remains Taken under Colonial Conditions, Berlin 2025, XIII-XXXI; Lars Müller, Returns of Cultural Artefacts and Human Remains in a (Post)colonial Context. Mapping Claims between the Mid-19th Century and the 1970s, in: Working Paper Deutsches Zentrum Kulturgutverluste 1 (2021); Wazi Apoh/Andreas Mehler, Mainstreaming the Discourse on Restitution and Repatriation within African History, Heritage Studies and Political Science, in: Contemporary Journal of African Studies 7/1 (2020), 1–16.

um daran anknüpfend zu fragen, wie verschiedene Akteur:innen durch zurückgegebene Objekte Beziehungen herstellen (3.2).

2. Geschichte der Rückgabeforderungen

2.1 Lange Geschichte von Rückgabeforderungen

Gegen den Entzug von Kulturgut wurde teilweise direkt Widerstand eingelegt, teilweise wurden Rückgabeforderungen im direkten Anschluss an einen Entzug oder mit zeitlichem Verzug gestellt. Die Geschichte der Rückgabeforderungen lässt sich somit über das 20. Jahrhundert bis in die Kolonialzeit zurückverfolgen. Es zeigt sich, dass die ehemals kolonisierten Länder nicht nur aktuell ein Interesse haben, dass Kulturgüter, die in kolonialen Kontexten entwendet wurden, zurückgeführt werden, vielmehr kann auf eine lange Geschichte der Rückgabeforderungen und Rückgaben zurückgeblickt werden. Im Folgenden wird exemplarisch an einem asiatischen und einem afrikanischen Beispiel gezeigt, wie sich diese Länder über einen langen Zeitraum aktiv für die Rückgewinnung ihres kulturellen Erbes eingesetzt haben.

Sri Lanka
Sri Lanka hat in der Geschichte der Rückgabeforderungen einen besonderen Platz. Nach der Etablierung des *Intergovernmental Committee for Promoting the Return of Cultural Property to Its Countries of Origin or Its Restitution in Case of Illicit Appropriation* (ICPRCP) stellte Sri Lanka 1980 nicht nur eine der ersten, sondern auch eine der umfangreichsten Restitutionsforderungen: an über 20 Institutionen in acht Ländern.[7] Dieses beeindruckende Ereignis überdeckt oft die lange Geschichte der Rückgabeforderungen, die bereits in der britischen Kolo-

---

7 Statement Presented by the Democratic Socialist Republic of Sri Lanka Concerning the Restitution of Significant Cultural Objects from Sri Lanka, Intergovernmental Committee for Promoting the Return of Cultural Property to Its Countries of Origin or its Restitution in Case of Illicit Appropriation, 1st session, Paris 1980, in: UNESCO Archive Paris, CC.79/conf.206/6, CC.79/conf.206/Col.10; zur Einordnung s. Naazima Kamardeen, The Protection of Cultural Property. Post-Colonial and Post-Conflict Perspectives from Sri Lanka, in: International Journal of Cultural Property 24 (2017), 429–450.

nialzeit begann und stark auf royale Besitztümer fokussiert ist. 1929 tauschte das Manchester Museum Objekte und gab somit ein *Royal Seal* zurück und im folgenden Jahr gab die Privatperson Josephine Whitelaw ein *Kandyan Kastane Sword* an das Museum in Colombo. Anfang der 1930er wurde das Thema formeller. George E. de Silva, Mitglied im Kandy City Council und State Council forderte vom Secretary of State for the Colonies *Kandyan Regalia* zurück. Der Governor of Ceylon unterstützte dies als Geste des guten Willens, um die Beziehung zwischen Kolonie und Kolonialmacht zu stärken. In den folgenden Jahren (1934/1936/1937/1939) kehrten der Thron und *footstool* des letzten Königs von Kandy sowie eine Krone und Zepter von King Siri Vikrama Raja Simha und weitere Objekte zurück. Als Sri Lanka 1948 unabhängig wurde, wurde der Schädel eines Freiheitskämpfers, Keppetipola Disawe († 1818), vom Duke of Gloucester aus Großbritannien zurückgegeben und als nationales Kulturgut der jungen Nation gefeiert. 1971 wurden dann verschiedene Flaggen der Kings of Kandy eingefordert, bis es schließlich in der großen Rückgabe-Forderung von 1980 seinen bisherigen Höhepunkt fand.[8]

Nigeria

Nigeria ist vor allem für die Rückgabeforderung der Maske von Queen Idia bekannt, die es im Rahmen des *Second World Black and African Festival of Arts and Culture* (FESTAC'77) vom British Museum zurückforderte. Die Anfrage wurde abgelehnt, aber das Bild der Maske wurde zum Symbol für das Festival und darüber hinaus international ein Symbol für die Frage der postkolonialen Restitutionsbestrebungen – bis heute.[9] Auch diese Forderung lässt sich in eine längere Geschichte einordnen: In der Kolonialzeit, 1910, wurde Leo Frobenius (1873–1938), ein deutscher Ethnologe, bei seiner Feldforschung beschuldigt, unrechtmäßig die Bronze *Oloku Head* entwendet zu haben. Die britische Kolonialmacht improvisierte ein Gericht und Objekte wurden zurückgegeben. 1935 bat Oba Akenzua II (1899–1978) den British Under-Secretary of State for the Colo-

---

8 Müller, Returns, 37f; Robert Aldrich, The Return of the Throne. The Repatriation of Kandyan Regalia to Ceylon, in: Ders./Cindy McCreery (Hg.), Crowns and Colonies. European Monarchies and Overseas Empires, Manchester 2016, 139–162; Nira Wickramasinghe, The Return of Keppetipola's Cranium. The Construction of Authenticity in Sri Lankan Nationalism, in: Gyanendra Pandey/Peter Geschiere (Hg.), The Forging of Nationhood, New Delhi 2004, 129–155.
9 Zu den folgenden Beispielen s. Müller, Returns, 22f, sowie Amanda Hellmann, The Making of Museums in Nigeria. Kenneth C. Murray and Heritage Preservation in Colonial West Africa, Lexington 2023.

nies, Lord Plymouth, der Nigeria bereiste, um Hilfe, zwei *stools* zurückzuerhalten, die britische Truppen 1897 während der Plünderung von Benin geraubt hatten. Mit dem Wunsch, die guten Beziehungen zwischen Kolonialmacht und Kolonisierten zu bewahren, holte Plymouth Erkundigungen ein und fand die *stools* im Königlichen Museum für Völkerkunde, Berlin. Dieses war nicht bereit sie abzugeben, aber es wurden Kopien angefertigt, die nach Nigeria gebracht wurden.[10] Private Rückgaben folgen beispielsweise von G. M. Miller oder Josephine Walker (1930er Jahre und 1957). Eine neue Stufe der Rückgabeforderungen wurde durch die Person Kenneth Murray (1902–1972), Head of Antiquities Service, eingeleitet. Bereits 1946, d. h. noch in der Kolonialzeit, stellte er eine Liste mit nigerianischen Museumsobjekten in Deutschland zusammen und bemühte sich – vergeblich – über das Vereinigte Königreich um eine Rückgabe aus dem zerstörten Deutschland. Er setzte seine Bemühungen in den folgenden Jahren fort und kämpfte 1946/1950 erfolgreich um die Rückgabe von Bronzen, die der US-Amerikaner William Bascom (1912–1981) 1938 entwendet hatte, erwarb umfangreiche Objekte aus dem British Museum und anderen Quellen und kämpfte 1958 vergeblich um die Rückgabe der sogenannten *Seligman Mask* – ein paralleles Objekt zur *Mask of Idia*. Sein Nachfolger Ekpo Eyo (1931–2011) und andere setzten diese Arbeit fort und es gipfelte zunächst in der Rückgabeforderung 1977 und in den letzten Jahren in der Übertragung der Eigentumsrechte einer Vielzahl von Objekten.

Diese Schlaglichter bilden einen ersten Überblick über die Rückgaben und Rückgabeforderungen aus zwei ausgewählten Ländern. Dabei muss betont werden, dass ihre Aussagekraft eingeschränkt ist, da sie vor allem auf Recherchen in britischen Archiven und einer internationalen Literaturrecherche (maßgeblich englischsprachig) basieren. Angesichts der Tatsache, dass Kulturgüter während der Kolonialzeit global zirkulierten und sich heute nicht nur in britischen, sondern auch in Museen, Sammlungen und Privatbesitz in den USA, Kanada, anderen europäischen Ländern befinden – und auch innerhalb Afrikas verstreut wurden[11] –, bietet dies lediglich einen ersten Einblick. Dies gilt insbesondere für den Fall Sri Lankas, dessen Kolonialgeschichte eine Abfolge von Besetzungen durch

---

10 Audrey Peraldi, Oba Akenzua II's Restitution Requests, in: Kunst & Kontext 1 (2017), 23–33.
11 Über Rückgaben im Süd-Süd-Kontext ist wenig bekannt. S. u. a. über eine Rückgabe eines Schildes von Tewodros von Kenia an Äthiopien, in: Richard Pankhurst, The Case for Ethiopia, in: Museum 38/1 (1986), 58–60; zuletzt s. Kent Mensha, South Africa Returns 19th-Century Gold Regalia

Portugiesen, Niederländer und schließlich Briten war. Zwar ist anzunehmen, dass die Briten den größten Anteil an Kulturgütern aus Sri Lanka entwendet haben, doch ist ebenso nachgewiesen, dass bedeutende Objekte auch in anderen Ländern zu finden sind.[12]

2.2 Eine Chronologie einer langen Geschichte

Im Folgenden wird ein Vorschlag unterbreitet, die lange Geschichte der Rückgabeforderungen in verschiedene Phase zu unterteilen. Ziel ist es, eine Einteilung anhand qualitativer Veränderungen in den Verhandlungen und Rückführungen zu erstellen. Die Phasen sind dabei nicht scharf voneinander abgegrenzt, vielmehr sind die Übergänge fließend und sollen vornehmlich eine Orientierung darstellen, um die Entwicklung der Restitutionsdebatte im historischen Kontext besser zu verstehen.

Rückgabeforderungen innerhalb kolonialer Machtbeziehungen
1867 wandten sich acht Vertreter der Māori in einem Brief an das neuseeländische Parlament. Sie schilderten, wie die Regierung ein für sie kulturell bedeutsames Versammlungshaus (*Meeting house/ whare tupuna*) abgebaut und später im Kolonialmuseum in Wellington wiedererrichtet hatte. Mit Nachdruck forderten sie die Rückgabe des Gebäudes. Ihre Petition scheiterte.[13]

1872 schrieb Johannes IV. (1831–1889), der neu gekrönte Herrscher von Äthiopien, einen Brief an Queen Victoria in London. Als britische Truppen im Jahr 1868 Maqdala plünderten, entwendeten sie unter anderem eine christliche Ikone und das Manuskript *Kebra Nagast*. Johannes IV. bat die Königin um die Rückgabe dieser kulturell und religiös bedeutsamen Objekte. Während der Verbleib der Ikone zu dem Zeitpunkt unklar war, konnte eine Ausgabe des Manuskripts im

---

to Ghana, in: Africa Report, 22.11.2024, https://www.theafricareport.com/369272/south-africa-returns-19th-century-gold-regalia-to-ghana/ (12.2.2025).
12 Hemasiri De Silva, A Catalogue of Antiquities and Other Cultural Objects from Sri Lanka (Ceylon) and Abroad, Colombo 1975; zu den Niederlanden s. Colonial Collections to be Returned to Indonesia and Sri Lanka, 6.7.2023, Government of the Netherlands, https://www.government.nl/latest/news/2023/07/06/colonial-collections-to-be-returned-to-indonesia-and-sri-lanka (12.2.2025).
13 Raharuhi Rukupo et al., Petition of Natives at Turanga (1867), commented by Toon van Meijl' (3.4.2020), in: Translocations. Anthologie. Eine Sammlung kommentierter Quellentexte zu Kulturgutverlagerungen seit der Antike, https://translanth.hypotheses.org/ueber/turanga (12.2.2025).

British Museum lokalisiert und schließlich an Äthiopien zurückgegeben werden. Der Afrikanist Richard Pankhurst bezeichnet diese Bitte als die erste dokumentierte Restitutionsforderung eines afrikanischen Herrschers. Besonders bemerkenswert sei, dass das British Museum damit erstmals ein Objekt an ein Land der – wie es damals hieß – »Dritten Welt« zurückgab.[14]

Diese besonders frühen Beispiele – gemeinsam mit den bereits zu Sri Lanka und Nigeria genannten – spielen sich alle innerhalb kolonialer Machtverhältnisse ab und verdeutlichen, dass Rückgabeforderungen, teilweise mit Erfolg, bereits in dieser Phase möglich waren. Die Liste solcher Geschichten ließe sich verlängern: von Protesten, die unmittelbar nach dem Entzug von Kulturgütern entstanden und diesen verhindern konnten, bis hin zu Bemühungen, geraubte Objekte nachträglich zurückzuerlangen.[15] Kolonialmächte standen solchen Forderungen nicht grundsätzlich ablehnend gegenüber. Vielmehr wurde individuell abgewogen und die Frage, ob eine Rückgabe auch den politischen Interessen der Kolonialmacht dienlich sein könnte, spielte eine zentrale Rolle. So verfolgte Lord Plymouth die Rückführung der *stools* aus Nigeria, um die Position Großbritanniens als Kolonialmacht zu stärken und nicht aus moralischen Gründen. Ähnlich unterstützte die britische Kolonialregierung ein Verfahren gegen den deutschen Sammler und Ethnologen Leo Frobenius im heutigen Nigeria.[16] Zum einen ermöglichte dies, sich gegenüber einem Konkurrenten abzugrenzen, und zum anderen konnte man den kolonisierten Gesellschaften demonstrieren, dass die britische Verwaltung zu ihrem Vorteil handelte. Solche Entscheidungen sind daher nicht zwangsläufig als Anerkennung der Ansprüche der Kolonisierten anzusehen, sondern waren vielmehr eng mit kolonialpolitischen Überlegungen verknüpft.

---

14 Edward Ullendorff/Abraham Demoz, Two Letters from the Emperor Yohannes of Ethiopia to Queen Victoria and Lord Granville, in: Bulletin of the School of Oriental and African Studies 32/1 (1969), 135–142; Richard Pankhurst, Ethiopia, the Aksum Obelisk, and the Return of Africa's Cultural Heritage, in: African Affairs 9/8 (1999), 229–239.
15 Für weitere Beispiele bzw. weitergehende Informationen zu den genannten Beispielen s. Müller, Returns; Förster u. a. (Hg.), Resist, Reclaim, Retrieve; Jos van Beurden, Treasures in Trusted Hands. Negotiating the Future of Colonial Cultural Objects, Leyden 2017; Jeanette Greenfield, The Return of Cultural Treasures, Cambridge 2017.
16 William Fagg/Leon Underwood, An Examination of the So-Called ›Olokun‹ Head of Ife, Nigeria, in: MAN 49 (1947), 1–7; Amanda Hellman, A Continuation of the German-British Rivalry in Nigeria. The Case of Leo Frobenius, in: Dies. (Hg.), Developing the Colonial Museum Project in British Nigeria, Georgetown 2013, 44–48.

Internationalisierung der Rückgabeforderungen ab dem Ersten Weltkrieg
Die Verträge nach dem Ersten und Zweiten Weltkrieg markierten eine neue Phase in der Geschichte der (post)kolonialen Restitution. In dieser Zeit wurde die Rückgabe von Kulturgütern nicht mehr nur zwischen Kolonisierenden und Kolonisierten verhandelt, sondern auf internationale Ebene gehoben. So enthielt beispielsweise der Versailler Vertrag Bestimmungen zur Rückgabe von drei Objekten, die ursprünglich nicht im Zusammenhang mit dem Ersten Weltkrieg entwendet worden waren: Erstens, ein Koran, der an Seine Majestät, den König von Hejaz, zurückgegeben werden sollte. Diese Rückgabe war jedoch nicht möglich, da das Objekt nie im Besitz Deutschlands war. Zweitens, der Schädel von Chief Mkwawa (1855–1898), eines Widerstandskämpfers aus dem heutigen Tansania. Zum Zeitpunkt der Vertragsunterzeichnung war sein Verbleib unbekannt; später wurde ein Schädel zurückgegeben. Drittens, astronomische Instrumente, die Deutschland während des sogenannten Boxerkriegs 1901 aus China entwendet hatte und die erfolgreich nach China zurückgeführt wurden. Diese Regelungen sind insofern bemerkenswert, als die betroffenen Objekte nicht im Ersten Weltkrieg entwendet wurden und die jeweiligen Länder, in die zurückgeführt werden sollte, nicht Vertragsunterzeichner waren.[17]

Ähnliche Bestimmungen finden sich in Friedensverträgen nach dem Zweiten Weltkrieg. So regelte der Friedensvertrag mit Italien die Rückgabe von Kulturgütern an Äthiopien, was wiederum den Raum für weitere Rückgabeforderungen eröffnete. Beispielsweise versuchten die Māori, ebenso wie Ägypten und die Türkei oder Nigeria, Rückgaben von Objekten aus Deutschland und Österreich in Friedensverträgen zu verankern bzw. im direkten Kontext der Friedensverhandlungen zu fordern. Da jedoch direkt nach dem Zweiten Weltkrieg kein formeller Friedensvertrag mit Deutschland geschlossen wurde, scheiterten diese Bemühungen – wenngleich einige Länder später andere Wege suchten, um ihre Forderungen durchzusetzen.[18]

---

17 Zu Mkwawa und zum Koran s. Artikel 246 des Versailler Vertrages; zu China Artikel 131; s. auch Bettina Brockmeyer u. a., The Mkwawa Complex. A Tanzanian-European History about Provenance, Restitution and Politics, in: Journal of Modern European History 18/2 (2020), 1–23; Erik Goldstein, Cultural Heritage, British Diplomacy, and the German Peace Settlement of 1919, in: Diplomacy & Statecraft 30/2 (2019), 336–357, hier: 344f; W. W. C., Return of Astronomical Instruments to China, in: Publication of the Astronomical Society of the Pacific 33/195 (1921), 272f.
18 Lars Müller, Ringen um Rückgabe. Frühe Forderungen der Maori nach Restitution und Repatriierung, 1945–1947, in: boasblog 2020, https://boasblogs.org/de/dcntr/ringen-um-rueckgabe/ (12.2.2025); Juliette Deplat, The Nefrititi Affair. The History of a Repatriation Debate!, https://

Auch die Unabhängigkeit ehemaliger Kolonien nach dem Zweiten Weltkrieg brachte Rückgabeforderungen mit sich. So erhielt Sri Lanka 1948, im Zuge seiner Unabhängigkeit, die bereits erwähnten sterblichen Überreste des Freiheitskämpfers Keppetipola zurück. Das University of Cambridge Museum of Archaeology and Anthropology gab 1961 – kurz nach der Unabhängigkeit – auf Bitten des ugandischen Bildungsministers, Abubakar Mayaja Kibuuka, Objekte zurück. Ein weiteres Beispiel ist Burma, das 1948 den *Lion Throne* zurückforderte, der im Dritten Anglo-Burmesischen Krieg entwendet worden war – und diese Rückgabe tatsächlich erreichte. Gleichzeitig forderten Burma, Pakistan und Indien die Rückführung von Manuskripten aus der *India Office Library*, in der sich zahlreiche historische Schriften aus ihren Ländern befinden.[19] Diese Beispiele zeigen, dass Rückgabeforderungen im 20. Jahrhundert zunehmend in internationale Verhandlungen eingebettet wurden und eng mit politischen Wendepunkten wie Kriegen, Friedensverträgen und der Dekolonialisierung verbunden waren.

Institutionalisierung der Debatte ab den 1970ern

Durch die Unabhängigkeit zahlreicher ehemaliger Kolonien, insbesondere ab 1960, und ihre Aufnahme in die Vereinten Nationen, veränderte sich auch die Dynamik in den internationalen Beziehungen. Ein bedeutender Meilenstein war die Verabschiedung der UNESCO-Konvention von 1970, die den illegalen Import, Export und Transfer von Kulturgut verbot und einen wichtigen Rahmen setzte. Allerdings gilt diese Konvention nicht rückwirkend und kann daher nicht auf Fälle vor 1970 angewendet werden.[20] Im folgenden Jahr, 1971, veröffentlichte der Internationale Museumsrat (ICOM) die »Ethics of Acquisition«. Darin wird empfohlen sie, dass große Museen mit Sammlungen aus anderen Ländern diesen Ländern helfen sollten, eigene Sammlungen aufzubauen, die ihre jeweiligen Kulturen angemessen repräsentieren.[21] Für die internationale Diskussion erlangte

---

blog.nationalarchives.gov.uk/nefertiti-affair-history-repatriation-debate/ (12.2.2025); Müller, Returns, 31; Haile Mariam, The Cultural Benefits of the Return of the Axum Obelisk, in: Museum International 241/242 (2009), 48–51; Pankhurst, The Case; Hellmann, Making of Museums, 115–117.
19 Wickramasinghe, The Return of Keppetipola's Cranium; Alison Bennett, Diplomatic Gifts. Rethinking Colonial Politics in Uganda through Objects, in: History of Africa 45 (2018), 193–220; Aldrich, The Return of the Throne; Rakesh Ankit, »In trust for the three nations«? The India Office Library & Records Dispute, 1947–72, in: Contemporary British History 37/2 (2023), 165–191.
20 About 1970 Convention, https://www.unesco.org/en/fight-illicit-trafficking/about?hub=416 (12.2.2025).
21 Resolutions adopted by ICOM's 10th General Assembly, Grenoble, France, 1971, https://icom.museum/wp-content/uploads/2018/07/ICOMs-Resolutions_1971_Eng.pdf (12.2.2025); zur Koor-

insbesondere eine Rede des Präsidenten von Zaire, Mobutu Sese Seko (1930–1997), 1973 vor der UN-Generalversammlung große Aufmerksamkeit. Darin forderte er die Rückgabe von Kunstwerken in Länder, die Opfer von kolonialer Ausbeutung geworden waren. In den Jahren danach wurden in den Vereinten Nationen und bei der UNESCO zahlreiche Resolutionen diskutiert, die das Thema weiter vorantrieben.[22] Ein weiterer bedeutender Impuls kam 1978 vom damaligen UNESCO-Generaldirektor Amadou-Mahtar M'Bow (1921–2024), der mit einem öffentlichen Appell für die Rückführung von Kulturgut an die Herkunftsländer eintrat.[23]

Die 1970er Jahre waren geprägt von intensiven Debatten,[24] die schließlich zu konkreten Maßnahmen führten: Die Einrichtung eines speziellen Komitees, das als zentrale Anlaufstelle für Rückgabeforderungen dienen sollte; die Entwicklung standardisierter Formulare, um Rückgabegesuche strukturierter und transparenter einzureichen, sowie das *UNESCO Intergovernmental Committee for Promoting the Return of Cultural Property to its Countries of Origin or its Restitution in Case of Illicit Appropriation*, das Ende der 1970er Jahre seine Arbeit aufnahm. Damit wurde erstmals ein institutionalisiertes Forum geschaffen, das sich systematisch mit Fragen der Restitution befasste und eine neue Phase internationaler Zusammenarbeit einläutete.[25] Das Thema Restitution war nun institutionell verankert, Begriffe wurden definiert und ethische Regeln wurden etabliert. In der Folge nahm aber die öffentliche Aufmerksamkeit für dieses Themenfeld ab.

Eine neue Phase der Rückgabeforderungen?

In den letzten Jahren setzten verschiedene Veränderungen ein, die auf eine neue Phase der Restitutionsdebatte verweisen. Die aktuelle Debatte erinnert zwar teilweise an die öffentliche Debatte der 1970er/1980er Jahre,[26] aber es gibt einige

---

dination auf Seiten der Herkunftsländer s. Resolution and Explanatory Note on Restitution of Works of Art to the Countries from Which They Have Been Expropriated, adopted at the Fifth Conference of Heads of State or Governments of Non-Aligned Countries in Colombo/Sri Lanka, August 1976.

22 Sese Seko Mobutu, 2140th Plenary Meeting, Thursday 4 October 1973, https://undocs.org/en/A/PV.2140 (12.2.2025).
23 Amadou-Mahtar M'Bow, A Plea for the Return of an Irreplaceable Cultural Heritage to those who Created it, in: The Unesco Courier, 31. Juli 1978, 4–5.
24 Bénédicte Savoy, Afrikas Kampf um seine Kunst. Geschichte einer postkolonialen Niederlage, Berlin 2022.
25 https://www.unesco.org/en/fight-illicit-trafficking/return-and-restitution?hub=416 (12.2.2025).
26 Savoy, Afrikas Kampf.

strukturelle Veränderungen: Am auffälligsten ist der Wandel durch die Digitalisierung – nicht wenig Museen präsentieren mittlerweile ihre Sammlungen online und reichern diese auch mit Angaben zur Provenienz an. Während früher Herkunftsgesellschaften nur durch Besuche, den direkten Austausch oder Publikationen auf ihr Kulturgut in Museen in Europa hingewiesen wurden, gibt es nun digitale Wege.[27] Ergänzt wird dies durch verschiedene länderspezifische Datenbanken/Sammlungen von Kulturgütern.[28] Daneben gibt es eine weitere Institutionalisierung: Das Deutsche Zentrum Kulturgutverluste (DZK) hat eine Förderlinie zu kolonialen Kontexten, es wurde eine zentrale Anlaufstelle für Anfragen aus dem Globalen Süden eingerichtet,[29] erste Museen haben fest beschäftige Provenienzforschende, die koloniale Kontexte in ihren Häusern erforschen, es wurde nicht nur die allgemeine Publikationstätigkeit in dem Feld erhöht,[30] sondern mit *Transfer* auch eine entsprechende wissenschaftliche Zeitschrift zu Fragen von Provenienzforschung und Restitution gegründet. Und auch auf der Seite der Herkunftsgesellschaften und -länder gibt es eine verstärkte Zusammenarbeit.[31]

Hinter diesen Veränderungen steht auch eine neue Perspektive, die die Forschung und Zusammenarbeit verändert. Mit einem postkolonialen Anspruch steht nicht mehr nur das Interesse der europäischen Museumsorganisation im Zentrum, vielmehr werden partnerschaftliche Projekte angestrebt, die zu einem neuen Verhältnis führen, womit sich die Qualität der Beziehungen stark verän-

---

27 S. beispielsweise die Online-Kataloge des British Museum, des Ethnologischen Museums Berlin, des Grassi Museums etc. Es gibt auch verschiedene Verbunddatenbanken, wie die PAESE-Datenbank für Niedersachsen.
28 Zusammenstellung für ausgewählte Länder/Objektgruppen wurden in den letzten Jahren erstellt, s. hierfür das Benin Digital Projekt (https://digitalbenin.org/, 12.2.2025), für Kamerun den Atlas der Abwesenheit (Mikaél Assilkinga u. a., Atlas der Abwesenheit. Kameruns Kulturerbe in Deutschland, Heidelberg 2023) oder zu Namibia das Projekt Locating Namibian Cultural Heritage (Gesa Grimme/Larissa Förster, Locating Namibian Cultural Heritage in Museums and Universities in German-Speaking Countries. A Finding Aid for Provenance Research, in: Working Paper Deutsches Zentrum Kulturgutverluste 6, 2024).
29 S. zum DZK https://kulturgutverluste.de/kontexte/koloniale-kontexte; zur Kontaktstelle für Sammlungsgut aus kolonialen Kontexten in Deutschland, https://www.cp3c.de/ (je 12.2.2025).
30 Für einen Überblick s. Larissa Förster u. a. (Hg.). Provenienzforschung zu ethnografischen Sammlungen der Kolonialzeit. Positionen in der aktuellen Debatte, Berlin 2018; Claudia Andratschke/Lars Müller/Katja Lembke (Hg.), Provenance Research on Collections from Colonial Contexts. Principles, Approaches, Challenges, Heidelberg 2023.
31 S. das Beispiel Kamerun, wo eine Delegation des Interministerial Committee for the Repatriation of Illegally Exported Cultural Objects mit Repräsentant:innen der Traditional Royal Houses Deutschland besuchten; Dialogue Meeting: Cameroon and Germany, https://lindenmuseum.de/dialogue-with-cameroon/?lang=en; s. auch Projekte wie Open Restitution Africa, https://openrestitution.africa/ (je 12.2.2025).

dert. Es bleibt abzuwarten, ob diese Veränderungen nachhaltig genug sind, um von einer neuen Phase zu sprechen.

3. Bedeutung der Objekte

Im Jahr 2023 kuratierte die Ethiopian Heritage Authority eine bemerkenswerte Ausstellung, in der Objekte präsentiert wurden, die nach der Eroberung von Magdala im Jahr 1868 geplündert worden waren. Insgesamt umfasste die Schau 20 Objekte, die in den letzten Jahren aus Ländern wie Dänemark, England, den Niederlanden und den USA nach Äthiopien zurückgeführt worden waren. Die Ausstellung sollte u. a. in Äthiopien das Bewusstsein für Themen wie Restitution und den Schutz kulturellen Erbes stärken. Damit berührte sie eine Dimension, die weit über die Bedeutung der einzelnen Objekte hinausgeht. Demerew Dagne, der Direktor des Nationalmuseums, unterstrich dies mit eindringlichen Worten:

> »As heritage is the commemoration of a nation's work and creative activity, when we say that a nation has heritage, it means that it has a history, honor, and evidence that raises its acceptance. Therefore, it is important to understand that the care and protection of heritage is the same as the protection of historical evidence.«[32]

Eine andere Zielsetzung verfolgte die Ausstellung »Re(ad)dress. Return of Treasures«, die 2023 in Zusammenarbeit zwischen dem Archaeological Survey of India und dem National Museum Institute unter der Leitung des indischen Kulturministeriums geplant wurde. Die Ausstellung war Teil der indischen G20-Präsidentschaft und mit ihr war die Hoffnung verbunden, dass »the exhibition creates awareness among professionals and policy makers about the concept and value of repatriation and foster national and international cooperation for an increasing number of successful cases of repatriation.«[33] Gezeigt wurden Objekte,

---

32 Esseye Megiste, Authority Commences Unveiling Artifacts Returned from Abroad, 25.3.2023, https://press.et/herald/?p=70898 (12.2.2025). Ich danke Alula Pankhurst für den Austausch über diese Ausstellung.
33 Mohan Govind (Secretary, Ministry of Culture, Government of India), Message, in: Manvi Seth/Juhi Sadiya (Hg.), Re(ad)dress. Return of Treasures, New Delhi 2023, o. S.

die nach Indien zurückgekehrt sind und zuvor u. a. auch durch illegalen Handel außer Landes geschafft worden waren.[34]

Diese Ausstellungen zeigen, dass die zurückgeführten Objekte eine große Bedeutung für die jeweiligen Länder haben, wobei im Folgenden auf zwei Aspekte näher eingegangen werden soll: Die Nutzung der Objekte nach der Rückführung und die Beziehungen, die durch diese zurückgeführten Objekte geknüpft werden.

3.1 Nutzung zurückgeführter Objekte

Rückgaben sind häufig eng mit Ausstellungen oder der öffentlichen Präsentation der zurückgegebenen Objekte verbunden. Solche Ereignisse werden oft medienwirksam inszeniert und wecken breite Aufmerksamkeit. Beispiele hierfür sind die Rückgabe von Objekten an die Republik Benin im Jahr 2021 oder die Rückführung des Obelisken von Aksum nach Äthiopien 2005.[35] All diese Rückführungen wurden öffentlich gefeiert und unterstrichen die symbolische und kulturelle Bedeutung solcher Restitutionen.

Diese großen Feierlichkeiten überdecken die Frage, was die Rückführung für bestimmte Akteursgruppen bedeutet. So erfuhr beispielsweise die Rückgabe der Bibel und Peitsche von Hendrik Witbooi (1830–1905), einem Anführer der Nama und bedeutenden Widerstandskämpfer gegen die deutsche Kolonialherrschaft, der heute als Nationalheld Namibias gilt, an Namibia eine große mediale Aufmerksamkeit. Die gewaltsame Aneignung der Objekte, ihre enge Verbindung zu einem Nationalhelden und die aktive Beteiligung namibischer Regierungsvertreter:innen bei der Rückführung unterstrichen die historische und kulturelle Relevanz dieser Artefakte für Namibia.[36] Im Kontrast dazu stehen Objekte, die mehr der Alltagsgeschichte angehören. In einem Kooperationsprojekt zwischen dem Ethnologischen Museum Berlin und der Museums Association of Namibia

---

34 S. hierzu auch: National Commission for Museums and Monuments. Return of Lost Treasure. An Exhibition of Repatriated Artefacts. Exhibition Brochure, Lagos 2017.
35 Joshua Surtees: »They fill me with emotion«. Benin celebrates the return of its looted treasure. Priceless treasures stolen by the French army over a century ago have finally been returned to the African nation. Our writer joins the emotional celebrations, in: The Guardian, 22.2.2022, https://www.theguardian.com/artanddesign/2022/feb/22/art-benin-looted-african-nation-french-army-priceless-artefacts-treasure (12.2.2025).
36 Zur Provenienz, Rückgabeverhandlung und Übergabe s. Reinhart Kößler, Die Bibel und die Peitsche. Verwicklungen um die Rückgabe geraubter Güter, in: Peripherie 153/39 (2019), 78–87.

(MAN) wurden 23 Objekte aufgrund ihrer historischen, kulturellen und ästhetischen Relevanz ausgewählt, zunächst als Dauerleihgabe nach Namibia überführt und später vollständig in den Besitz des Landes übertragen. Zu den zurückgegebenen Objekten zählt beispielsweise eine Puppe, die vermutlich in den 1870er Jahren von einem Herero-Mädchen an einen deutschen Missionar übergeben wurde.[37] Dieses Beispiel zeigt eindrücklich, dass selbst scheinbar alltägliche Gegenstände eine tiefe kulturelle Bedeutung haben können – ein Aspekt, der in der Debatte wenig berücksichtigt wird.

Die Bedeutung der Objekte ist dabei deutlich mit der Frage verbunden, was nach der Rückführung mit den Objekten geschehen soll. Dies soll an zwei Beispielen ausgeführt werden: Objekte, die später in (National)Museen ausgestellt werden und Objekte, die in einen kulturellen Zusammenhang zurückgeführt werden.

Museumsobjekte

Regalia bilden eine eigene Kategorie von Kulturgütern. Dabei handelt es sich nicht um ein fest definiertes Set von Objekten, sondern um Gegenstände, die Königen oder Königinnen zugehörten und eine rechtssymbolische Bedeutung besaßen. Objekte wie Kronen oder Zepter spielten eine zentrale Rolle bei der Ausübung legitimer Herrschaft. Auch nach dem Übergang von einer Monarchie zu einer anderen Herrschaftsform behalten solche Objekte oft eine herausragende Bedeutung in der materiellen Geschichte einer Nation. Wie mit diesen Gegenständen nach ihrer Rückgabe umgegangen wurde, lässt sich an zwei Beispielen verdeutlichen.

In Burma (heute Myanmar) gab es acht historische Throne, von denen einer im Dritten Anglo-Burmesischen Krieg von den Briten geraubt und nach Indien gebracht wurde. Zur Unabhängigkeit Burmas im Jahr 1948 übergab Lord Mountbatten, damals Governor General of India, den sogenannten *Lion Throne* an Burma

---

37 Zur Bedeutung der Puppe aus namibischer Sicht s. Staatliche Museen zu Berlin (Hg), Macht || Beziehungen. Ein Begleitheft zur postkolonialen Provenienzforschung in den Dauerausstellungen des Ethnologischen Museums und des Museums für Asiatische Kunst im Humboldt Forum Berlin, 2021, 46f; s. auch: Namibia erhält 23 Artefakte von Deutschland zurück, in: Der Spiegel 31.5.2022, https://www.spiegel.de/kultur/kolonialzeit-namibia-erhaelt-23-artefakte-von-deutschland-zurueck-a-491f0139-9275-489a-a72e-ee3181af54b8; Pressemitteilung, 23.5.2022. Exemplarische Partnerschaft zwischen SPK und Museums Association of Namibia geht in die nächste Phase, https://www.preussischer-kulturbesitz.de/pressemitteilung/artikel/2022/05/23/exemplarische-partnerschaft-zwischen-spk-und-museums-association-of-namibia-geht-in-naechste-phase.html (je 12.2.2025).

– ein symbolischer Akt des Machtübergangs. Während die anderen Throne im Zweiten Weltkrieg zerstört wurden, ist der *Lion Throne* heute eines der bedeutendsten Objekte der burmesischen Geschichte. 1952 begann die schrittweise Eröffnung des Nationalmuseums in Yangon und der Thron, der zunächst im Präsidentenpalast aufbewahrt wurde, wurde in das Museum überführt, wo er bis heute einen zentralen Platz einnimmt. Auch die *Royal Regalia*, die ebenfalls von den Briten geraubt worden waren, kehrten nach langen Verhandlungen Mitte der 1960er Jahre nach Burma zurück und wurden ebenfalls im Nationalmuseum ausgestellt.[38] In den folgenden Jahrzehnten wuchs das Museum, zog 1970 und 1996 in größere Gebäude um und widmete dem Thron und den Regalien jeweils einen eigenen Ausstellungsraum.[39]

Ein weiteres Beispiel sind die Regalien und der Thron der letzten Könige von Kandy in Sri Lanka. Als die Briten 1815 Ceylon (das heutige Sri Lanka) annektierten, wurden diese Objekte in Besitz genommen und nach Windsor Castle gebracht. Dieser Transfer symbolisierte den Machtübergang an Großbritannien. Bereits 1934, als Sri Lanka noch eine britische Kolonie war, bat der State Council of Ceylon um die Rückgabe der *Regalia*. Die Bitte wurde als wohlwollende Geste bewilligt und 1936 erfolgte die Rückgabe der Objekte. Diese wurden anschließend dem National Museum (damals Colombo Museum) übergeben, da sie als bedeutender Teil der nationalen Geschichte angesehen wurden.[40]

Beide Beispiele zeigen, wie in kolonialen Kontexten angeeignete Objekte restituiert und anschließend in Nationalmuseen ausgestellt wurden. Dabei ähnelte die museale Präsentation in vielen Fällen jener von europäischen Museen, die nationale Identitäten und Geschichte durch symbolträchtige Objekte inszenieren.

Rückführung in kulturelle Zusammenhänge

Eine andere Kategorie von Objekten, die für die Geschichte der Restitution aufschlussreich sind, sind Objekte, die nach der Rückführung nicht in einem Mu-

---

38 John Clarke, On the Road Back to Mandalay. The Burmese Regalia – Seizure, Display and the Return to Myanmar in 1964, in: Louise Tythacott/Panggah Ardiyansyah (Hg.), Returning Southeast Asia's Past. Objects, Museums, and Restitution, Singapore 2021, 111–138.
39 Nu Mra Zan, Museums in Myanmar. Brief History and Actual Perspectives, in: Naoko Sonoda (Hg.), New Horizons for Asian Museums and Museology, Singapore 2016, 19–36; zur Rückgabe inkl. historischer Fotografie s. Wei Yan Aung, Looted Throne Comes Home, in: The Irrawaddy 2019, https://www.irrawaddy.com/specials/on-this-day/looted-throne-comes-home.html (12.2.2025).
40 Aldrich, Return of the Throne, 139–162. Hier auch die Diskussion, ob die Regalia an Ceylon oder an die Nobelmen of Kandy gegeben werden sollen.

seum ausgestellt werden, sondern wieder als Kulturobjekt genutzt werden. Ein Beispiel bilden die sogenannten *Medicine Bundles*, die in verschiedenen indigenen Gemeinschaften Nordamerikas eine hohe kulturelle und spirituelle Bedeutung haben. Sie bestehen aus einer Sammlung heiliger Gegenstände, die von einer speziell dafür ausgewählten und geschulten Person verwahrt und in rituellen Zeremonien genutzt werden. Diese Bündel sind nicht für die Öffentlichkeit bestimmt, und sowohl der Zugang als auch die Sichtbarkeit unterliegen strengen Einschränkungen.

Zu Beginn des 20. Jahrhunderts standen die indigenen Kulturen Nordamerikas unter starkem Assimilationsdruck. Im Fall des Walter Buster Clans wurde Small Ankle zum Hüter eines solchen *Medicine Bundles*. Doch als er 1888 plötzlich starb, wurde das Bündel einem christlich missionierten Verwandten übergeben, der nicht geschult war, es angemessen zu verwahren. 1907 gab dieser das Bündel an einen Vertreter des Museum of the American Indian in New York, wo es zum Museumsobjekt wurde.

Einige Jahre später änderten sich die Umstände in der Gemeinschaft. Ab 1934 forderten die Mitglieder die Rückgabe des Bündels und betonten dabei dessen immense Bedeutung als gemeinschaftliches Kulturerbe. Sie argumentierten, dass der Verlust des Bündels tiefes Leid innerhalb der Gemeinschaft verursacht habe und seine Rückkehr die spirituelle und soziale Harmonie wiederherstellen würde. Außerdem erklärten sie, bewusst mit ihrer Forderung gewartet zu haben, bis der Verwandte, der das Bündel abgegeben hatte, verstorben war, um ihn nicht öffentlich bloßzustellen oder seine Entscheidung zu kritisieren. 1937 wurde schließlich beschlossen, das *Medicine Bundle* zurückzugeben – allerdings im Austausch gegen andere kulturelle Objekte. Dieser Fall wird oft als eine der ersten Repatriierungen an indigene Gemeinschaften in den USA angesehen, lange vor der Einführung des *Native American Graves Protection and Repatriation Act* (NAGPRA) im Jahr 1990, der solche Rückgaben rechtlich regelte. Das *Medicine Bundle* wurde nach seiner Rückkehr wieder gemäß den kulturellen Traditionen der Gemeinschaft verwahrt, genutzt und an die nächste Generation weitergegeben.[41]

Während die Debatte um Restitution oft auf kunsthistorische Aspekte, Rückgabeverhandlungen oder die konservatorischen Bedingungen der Objekte fokus-

---

41 Zu diesem Fallbeispiel s. u. a. Jennifer Shannon, Trusting You Will See This as We Do. The Hidatsa Walter Buster (Midi Badi) Clan Negotiates the Return of a Medicine Bundle from the Museum of the American Indians in 1938, in: Arts 8/156 (2019), 1–23.

siert ist, bleibt die kulturelle, soziale und persönliche Bedeutung solcher Rückgaben häufig unterbeleuchtet. In diesem Zusammenhang ragt das Buch *We Are Coming Home. Repatriation and Restoration of Blackfoot Cultural Confidence*, herausgegeben von Gerald T. Conaty, besonders hervor. Es beleuchtet aus verschiedenen Perspektiven die Rückgabe heiliger Objekte an die Blackfoot-Konföderation (bestehend aus den Siksika, Kainai, Apatohsipiikani und Amskapiipikani) ab den 1990er Jahren. Das Werk verdeutlicht eindrücklich die tiefgreifende psychologische und soziale Relevanz, die diese *Medicine Bundles* für die betroffenen Gemeinschaften haben.[42]

3.2 Beziehungen durch Objekte

Die Geschichte eines Objektes endet nicht mit der Rückgabe an ein Herkunftsland oder eine Herkunftsgesellschaft. Vielmehr können durch diese Objekte Verbindungen geschaffen werden, die verschiedene Akteur:innen miteinander verknüpften. Dies ist ein integraler Bestandteil der Geschichte der Restitution und soll an zwei unterschiedlichen Beispielen veranschaulicht werden.

The »Fake Golden Stool«

Die Briten führten verschiedene Kriege gegen die Asanthi – im sogenannten Dritten Anglo-Ashanti Krieg (1873–1874) plünderten die Briten Kumasi, das kulturelle Zentrum der Asanthi. Der vierte Anglo-Ashanti Krieg (1895–1896) endet mit dem Exil von King Prempeh I. (1870–1931) auf den Seychellen. Der *Golden Stool*, das Herrschaftssymbol und nach Peter King, Head of Research and Publicity des Cultural Centre in Kumasi, ein Symbol für die Seele der Asanthi, verblieb im Land. Allerdings forderte der britische Repräsentant Frederick Mitchell Hodgson diesen als Herrschaftssymbol ein. Um ihn wurde 1900 der letzte Krieg geführt. Nach der militärischen Niederlage übergaben die Asanthi einen nachgemachten *stool* an die Briten.[43] Als Elisabeth II. Ghana 1961 – vier Jahre nach der Unabhängigkeit – erstmals besuchte, übergab sie verschiedene Objekte aus den Plünderungen und Kriegen, u. a. auch diesen *stool*. Dieser ist heute im

---

[42] Gerald T. Conaty (Hg.), We are coming home. Repatriation and the Restoration of Blackfoot Cultural Confidence, Alberta 2015.
[43] Für die Hintergrundinformationen und den Austausch danke ich herzlich Peter King, s. Interview Lars Müller mit Peter King, Cultural Center Kumasi/Ghana, 3.11.2021.

vergleichsweise kleinen Prempheh II. Jubelee Museum im Cultural Centre von Kumasi als »Fake Golden Stool« ausgestellt.

Die Art der Rückführung spielt in der Präsentation im Museum eine nachgeordnete Rolle – sie wird vor allem kurz in der Führung angesprochen. Im Zentrum der Darstellung steht der »Verlust« des *stools* und die Verbindung, die mit dem *stool* zu den vorhergehenden Generationen geknüpft wird. Auf die Forderung der Briten sandten die Asanthi *einen* goldenen *stool* zu den Briten – eine Kopie aus Kupfer, der lediglich mit Gold überzogen war. Da die Briten keine Informationen über das Aussehen des Original-*stools* hatten, gaben sie sich damit zufrieden und sahen die Forderung als erfüllt an.

Das Objektschild lautet heute »Fake Golden Stool. This stool was given to deceive the British in their request for the original Golden Stool. It was made with copper and heavily coated with gold.«[44] Bei der Führung durch das Museum – und auch später im Interview mit Peter King – wird diese Geschichte weiter ausgeführt und – anders als bei anderen Verlustgeschichten – als Symbol für den erfolgreichen Widerstand gegen die Briten bzw. ein Überlisten der Briten erzählt. Die physische Präsenz des *stools* in einem Museum in Kumasi, dem kulturellen Zentrum der Asante, ermöglicht es, eine Geschichte zu vermitteln, wie man sich trotz des verlorenen Krieges gegen die Briten behaupten konnte. Im Kontext des Kolonialismus und der militärischen Niederlage und Plünderung des kulturellen Zentrums der Asante sind solche Geschichten des Widerstandes bedeutsam und können mithilfe von zurückgeführten Objekten erzählt und illustriert werden.

Der Mafue-Stein

Der Mafue-Stein, eine Hartsteinplastik in Form eines Krokodils, wurde während einer Expedition in die Republik Liberia 1923/24 vom deutschen Dokumentarfilmer und Geschichtenerzähler Hans Schomburgk (1880–1967) angeeignet und nach Deutschland gebracht. Diese Aneignung stieß auf Proteste der Gola, für die der Stein von großer kultureller Bedeutung war. Infolgedessen erhob Momolu Massaquoi (1869–1938), liberianischer Generalkonsul in Hamburg, im Jahr 1924 Klage gegen Schomburgk. Dieser Fall markierte eines der ersten Gerichtsverfahren im Zusammenhang mit der Aneignung von Kulturgütern aus einer afrikanischen Region – heute würde man von einer Aneignung in kolonialen Kontexten

---

44 Eingesehen 2021.

sprechen. Das juristische Ringen endete mit einem Vergleich, der die Rückführung des Mafues nach Liberia ermöglichte.[45]

Nach der Rückkehr des Steins nach Monrovia wurde er von einer Delegation der Gola inspiziert, die zu dem Schluss kam, dass der Mafue seine spirituelle Kraft verloren habe und daher nicht zurück in das Gola-Gebiet gebracht werden solle. Stattdessen wurde der Stein zunächst in der Residenz des Präsidenten verwahrt und später, mit der Gründung des Nationalmuseums 1958, eines der ersten Ausstellungsstücke des Museums.[46] Obwohl der Mafue Stein nicht in das Gola-Gebiet zurückkehrte, gibt es verschiedene Hinweise darauf, dass seine Abwesenheit von den Gola als Verlust empfunden wurde, auch wenn es keine Rückgabeforderungen an das Nationalmuseum gab.[47] Im Museum erfüllt der Mafue heute eine doppelte Funktion: Zum einen dient er dazu, die Geschichte und Kultur der Gola zu vermitteln, zum anderen erzählt er die Geschichte seiner Rückführung als nationales Kulturerbe Liberias.[48]

2022 bestätigten Interviews, die ich in Zusammenarbeit mit Kollegen vom Nationalmuseum – Kollie Kennedy und Abraham Gatoe – und mit Vertreter:innen der Gola-Gemeinschaft durchführte, dass der Stein seine Kraft verloren habe und nicht wieder für rituelle Zwecke genutzt werden könne.[49] In einem Folgeprojekt mit der Gola Heritage Foundation über historische Filmaufnahmen von Schomburgk, die auch den Mafue zeigten, knüpften Vertreter:innen der Gola

---

45 Lars Müller, The Return of the Mafue Stone in the 1920s and the Struggle of its Collector Hans Schomburgk for his Reputation, in: Förster u. a. (Hg.), Resist, Reclaim, Retrieve, 85–97.
46 Es gibt keine historischen Aufzeichnungen über diese Inspektion. Die Geschichte ist in Dokumenten aus dem späten 20. Jahrhundert im Nationalmuseum vermerkt (s. Historical Information Mafoi Stone, A Brief History of Mafoi. Its Origin, Meaning and Uses [internes Dokument National Museum Monrovia o. D.]); zur Verwahrung in der Präsidenten Residenz s. George Schwab, Tribes of the Liberian Hinterland. Report of the Peabody Museum Exhibition to Liberia, Cambridge 1947, 275.
47 Schwab, Tribes, 275; Jangaba M. Johnson/Bureau of Folklore, Interior Department, Monrovia, The Traditional History and Folklore of the Gola Tribe in Liberia. Vol. I: The Traditions, Monrovia 1961, 60; Interview with Lassana Gatarwell from Jenneh Town Grand Capemount Country, in Demeh Town, 5 May 2022.
48 S. Ausstellung: Ann E. McCleary/Emma Kelley Bussard, Waves of Time: Liberian National Museum, Monrovia, Liberia (review), in: The Public Historian 41/3 (2019), 135–138. Hier muss auch betont werden, dass die Dokumentationslage in Liberia sehr schlecht ist. Das Nationalmuseum verfügt nur über seinen sehr begrenzten Archivbestand zur eigenen Geschichte; das Nationalarchiv wurde stark durch den Bürgerkrieg beeinträchtigt.
49 Lars Müller, Abschlussbericht. Der Afrikareisende Hans Schomurgk – Sammeln, um zu zeigen. Erwerbskontexte von ethnologischen Objekten in der ersten Hälfte des 20. Jahrhunderts, Projekt ID KK_LA05_II2021, 2023.

neue Verbindungen. Nach Aufführungen in drei ausgewählten Gola-Siedlungen (Todien Town/Tehr District, Seah Town/Klay District und Beasao Town/Senjeh District) forderte die Gola Heritage Foundation die Rückführung des Mafue in das Gola-Gebiet und sprach hiermit auch deutlich die deutsche Seite an. Ihr Ziel ist es, ein Museum im Gola-Gebiet zu errichten, das der lokalen Bevölkerung – insbesondere der Jugend – die Kultur und Geschichte der Gola näherbringen soll. Der Stein soll dabei nicht in seinen ursprünglichen rituellen Kontext zurückgeführt werden, sondern als zentrales Museumsobjekt die Geschichte der Gola erzählen.[50] Während auf deutscher Seite mit der Rückführung des Objektes die gemeinsame Geschichte als abgeschlossen betrachtet wurde, kommen nun Stimmen auf, die Deutschland weiterhin als Teil der weiteren Geschichte des Steins in der Verantwortung sehen. Die Einbindung der deutschen Seite in diese Forderung zeigt, dass der Mafue trotz seiner Rückgabe im Jahr 1925 weiterhin als Verbindungsglied zwischen den Gola und den Akteur:innen in Deutschland wahrgenommen wird. Die Geschichte des Steins und die darin verwobenen Akteur:innen bleiben auch fast ein Jahrhundert später eng miteinander verknüpft.

4. Schlussbemerkung

Die Forderung nach Rückgaben von Objekten, die in kolonialen Kontexten angeeignet wurden und die sich heute in europäischen oder amerikanischen Sammlungen befinden, ist kein neues Phänomen, auch wenn die aktuelle Debatte oft diesen Eindruck erweckt. Jüngere Forschung hat eine erstaunliche Vielzahl von Fallbeispielen zutage gefördert: Proteste oder Widerstand gegen einen Kulturgutentzug gab es schon bei der Entwendung von Kulturgut in kolonialen Kontexten. Teilweise wurde zeitnah eine Rückgabe vorangetrieben, teilweise verstrichen – aus unterschiedlichen Gründen – einige Jahrzehnte, bis Rückgabeforderungen in den europäischen Akten oder der Literatur auch dokumentiert wurden. Eine systematische Analyse der langen Geschichte der Rückgabeforderungen im (post)

---

50 Thomas Washington, Gola Heritage Foundation, Report on the Research Project about Collecting Strategies and Filming in Liberia, Bomi Country 2023.

kolonialen Kontext steht aber noch am Anfang,[51] konnte hier aber für Sri Lanka und Nigeria illustriert werden.

Die lange Geschichte lässt sich dabei in vier Phasen einteilen: Erstens, Rückgabeforderungen/Rückgaben innerhalb kolonialer Machtbeziehungen, wo Forderungen und Rückgaben möglich waren – auch wenn diese dann oft als »good will gesture« deklariert wurden und politisch dem Machterhalt der Kolonialmacht dienten (und weniger eine Anerkennung der kulturellen Selbstbestimmung darstellten). Ab dem Ersten Weltkrieg gibt es einen qualitativen Wandel: Rückgabeforderungen werden, zweitens, zunehmend in internationalen Debatten und auch u. a. in Verträgen festgehalten – auch wenn die Entwendung der Objekte lange vor dem entsprechenden Friedensvertrag lag. Die politische Dekolonisierung führte nach dieser Internationalisierung, drittens, ab den 1970er Jahren zu einer Institutionalisierung der Debatte in Foren wie ICOM oder der UNESCO. Mittlerweile befinden wir uns in einer vierten Phase, die strukturell stark von der Digitalisierung von Museumsbeständen, der zunehmenden Institutionalisierung der Forschung und einem neuen Fokus auf kollaborative Projekte gekennzeichnet ist, die für eine qualitative Neuerung der Debatte sprechen. Inwieweit hiermit wirklich ein grundlegend neues Verhältnis zwischen den Akteur:innen eingeleitet wird, wird sich in den folgenden Jahren zeigen.

Der Blick in die Geschichte der Rückgabeforderungen ermöglicht es auch, die Bedeutung der zurückgeforderten Objekte zu diskutieren. Erstens zeigt sich anhand der verschiedenen Beispiele, wie divers die Bedeutung der rückgeführten Objekte sein kann. Während kunsthistorisch aufwendig gestaltete Objekte oft die Debatte dominieren, sind für die Rückführung auch eine Reihe von Alltagsgegenständen relevant. Die Bedeutung ist ebenfalls stark mit der späteren Nutzung der zurückgeführten Objekte verbunden – ob sie in Nationalmuseen ausgestellt werden, wie dies oft mit *Regalia* passiert, oder ob sie in einen kulturellen Nutzungszusammenhang zurückgeführt werden, wie die *Medicine Bundle*. Gerade an diesen Beispielen lässt sich auch die soziale Bedeutung von Rückgaben aufschlussreich illustrieren.

Durch Objekte lassen sich auch Verbindungen zu anderen Akteur:innen herstellen – dies wurde an zwei Beispielen illustriert. Erstens dem sogenannten *Fake Stool*, mit dem eine Verbindung zu den Vorfahren geschaffen wird, und dass diese – trotz des Verlustes des *stools* – nicht als Opfer gezeigt werden, sondern als

---

51 Müller, Returns, 55f.

eigenständige Akteur:innen in einem Konflikt. Die Geschichte des Widerstandes lässt sich anhand eines zurückgegebenen Objekts für ein breites Publikum darstellen und bricht somit mit traditionellen dichotomen Darstellungen des Kolonialismus, eingeteilt in klar unterscheidbare Opfer und Täter. Das Beispiel des Mafue zeigt, wie die Republik Liberia im Nationalmuseum die Geschichte der Rückgabe eines national relevanten Kulturerbes behandelt. Während für Deutschland die Verbindung mit der Rückführung des Objektes 1925 abgeschlossen wurde, argumentieren die Gola heute, dass Deutschland weiterhin über den Stein mit ihnen verbunden ist und entlassen es somit nicht aus seiner Verantwortung. Vielmehr bildet der Mafue einen Knotenpunkt, der verschiedene Akteur:innen über die Zeit hinweg verbindet, an den der Wunsch an eine weitere Zusammenarbeit geknüpft wird.

Die Beispiele zeigen somit, wie aufschlussreich eine historische Analyse der langen Geschichte der Restitution sein kann. Nicht nur zeigen sich Fälle, die noch »offen« sind, d. h. Fälle, die vergessen oder unterdrückt wurden und bei denen über die letzten Jahrzehnte keine zu- oder ablehnende Entscheidung getroffen wurde. Auch zeigt sich, dass bei Fällen, die mit einer Rückgabe endeten, Verbindungen nicht zwangläufig beendet sind, sondern weitere Zusammenarbeit erhofft wird. In diesem Sinn bilden die vielfältigen Beispiele auch eine Möglichkeit, auf ihnen aufzubauen und die Kulturbeziehungen zu verstärken.

(Dr. Lars Müller ist derzeit Postdoctorial Research Fellow am Deutschen Historischen Institut, Washington D.C./USA. Seit 2023 arbeitet er als wissenschaftlicher Mitarbeiter im Projekt *Colonial Histories and Digital Collections* an der Staatsbibliothek zu Berlin.)

ABSTRACT

The current media presence of restitution and isolated returns by museums and collections creates the impression that this is a novel phenomenon. However, prominent studies have already indicated that international debates on the return of cultural property have been ongoing since the 1970s. This paper traces restitution demands even further back to the 19th century and proposes a categorization into different phases. Furthermore, historical case studies are used to highlight the significance of the returned objects. This contextualization contributes to a deeper understanding of the complexity and continuity of the issue.

»Restitution Matters«

Die Bilanz der Bundesregierung in der Aufarbeitung der deutschen Kolonialvergangenheit

Katja Keul

Eine meiner ersten Dienstreisen als Staatsministerin im Auswärtigen Amt führte mich im Frühjahr 2022 nach Tansania. Die Regierungspartner hatten sich im Koalitionsvertrag darauf verständigt, die Aufarbeitung der deutschen Kolonialgeschichte in dieser Wahlperiode voranzubringen. Ein Jubiläum, das 60-jährige Bestehen der deutsch-tansanischen Beziehungen, bot den aktuellen Anlass, Tansania zu besuchen und dort Gespräche mit Regierung und Zivilgesellschaft über die gemeinsame Kolonialgeschichte zu führen. Am Rande der Gespräche trat ein junger Mann an mich heran. Er machte mich auf das Wirken eines deutschen Missionars am Rande des Kilimandscharos in der deutschen Kolonialzeit aufmerksam. Bruno Gutmann, so der Name des Missionars, habe nicht nur im Auftrag des Leipziger Missionswerks das Christentum im damals sogenannten Deutsch-Ostafrika verbreiten wollen, sondern habe sich während dieser Tätigkeit mit der Geschichte, den Überlieferungen, den Sitten und Gebräuchen der Chagga, der dortigen Bevölkerungsgruppe, beschäftigt und diese in zahlreichen Büchern festgehalten. Eine Übersetzung dieser auf Deutsch geschriebenen Bücher würde den heutigen Chagga einen wichtigen Teil ihrer Geschichte und Identität zurückgeben, die zunehmend in Vergessenheit zu geraten drohe. Das ist ein Teil des zwiespältigen Erbes der Missionsgeschichte in Afrika. Die Missionierung hat auf der einen Seite zu einem massiven Kulturbruch geführt. Durch den Übertritt zum Christentum sind viele alte Traditionen, Rituale und die damit verbundenen Überlieferungen verschwunden – zumal dort, wo Erinnerungen mündlich von Generation zu Generation weitergegeben wurden. Auf der anderen Seite waren es vielfach Missionarinnen und Missionare, die Aufzeichnungen über eben diese Traditionen, Rituale und Überlieferungen angefertigt haben und die dazugehörigen Kulturgüter, Artefakte und Ritualgegenstände an die Heimatstandorte geschickt haben. Dort dienten diese dazu, für die Missionsarbeit zu werben, die Spendenbereitschaft für die Mission zu erhöhen und angehenden Missionarinnen und Missionaren eine Vorstellung davon zu geben, was sie bei ihrer Arbeit im Ausland erwarten wird. Diese Aufzeichnungen und Sammlungen bergen heute ein kulturelles Erbe, das in den Herkunftsgesellschaften vergessen zu werden droht. Diesem zwiespältigen Erbe müssen sich Missionsgesellschaften und Missionsorden heute stellen.

In meiner Amtszeit als Staatsministerin im Auswärtigen Amt konnte ich zwischen 2021 und 2025 einen Großteil der Länder besuchen, mit denen Deutschland eine gemeinsame Kolonialvergangenheit teilt, oder genauer, die auf den Gebieten liegen, die Deutschland zwischen 1884 und 1918/19 besetzt, zu Kolonialgebiet erklärt und in der Folge ausgebeutet hat. Ich sprach mit Vertreterinnen und Vertretern von Regierungen und Zivilgesellschaften, um herauszufinden, welche Rolle die Aufarbeitung kolonialer Vergangenheit aus ihrer Sicht spielt. Einige Fragen waren schon von den Vorgängerregierungen aufgegriffen worden. Seit 2015 verhandeln Deutschland und Namibia über eine Gemeinsame Erklärung zur Kolonialgeschichte. 2013 veröffentlichte der Museumsbund »Empfehlungen zum Umgang mit menschlichen Überresten«. 2019 einigten sich Bund, Länder und die kommunalen Spitzenverbände auf Eckpunkte zum Umgang mit Sammlungsgut aus kolonialen Kontexten. Der Museumsbund hat daraufhin 2021 einen Leitfaden zum Umgang mit Sammlungsgut aus kolonialen Kontexten herausgegeben.

Das Deutsche Reich war nicht nur eine der größten Kolonialmächte, sondern hatte 1884 auch die Berliner Konferenz ausgerichtet, die die Grundlagen für die darauffolgende Aufteilung des afrikanischen Kontinents unter den europäischen Mächten schaffte. Für den Diskurs sowohl in Deutschland als auch in den Staaten auf ehemaligem deutschem Kolonialgebiet ist daher die klare Benennung von Schuld und Verantwortung wichtig. Hundertausende Menschen wurden im Zuge der deutschen Kolonialherrschaft in Afrika, Asien und dem Pazifik getötet. Der Genozid an den Herero und Nama im damaligen Deutsch-Südwestafrika (heute Namibia) und der Maji-Maji-Krieg im damaligen Deutsch-Ostafrika (heute Tansania, Ruanda und Burundi) sind nur die Spitzen eines auf Gewalt und Unterdrückung aufgebauten Herrschaftssystems. Das kulturelle Leben zahlreicher Gemeinschaften wurde unwiederbringlich zerstört. Die Kolonialmächte etablierten ein Wirtschaftssystem, das nicht nur auf Ausbeutung setzte, sondern bis heute nachwirkt, indem es die Kolonialgebiete zu Rohstofflieferanten degradierte. Hierfür müssen wir heute Verantwortung übernehmen. Herausragend dafür war in dieser Legislaturperiode der Staatsbesuch von Bundespräsident Steinmeier in Tansania. In einer sehr persönlichen und bewegenden Ansprache bat er gegenüber den Nachfahren des hingerichteten tansanischen Widerstandskämpfers Songea Mbano im tansanischen Songea um Verzeihung für die dort von Deutschen begangenen Verbrechen. Nach seiner Hinrichtung mit 60 anderen Chiefs hatten die deutschen Kolonialherren Songea Mbano den Kopf abgetrennt und für Forschungszwecke nach Deutschland geschickt. Bis heute sucht die Familie nach seinem Kopf – sehr eindrucksvoll dargestellt im Dokumentarfilm »Das leere Grab«. Der Bundespräsident sagte der Familie bei dieser Suche die Unterstützung der Bundesregierung zu. Ich selbst konnte wenige Monate später im tansanischen Moshi auch die Nachfahren der dort hingerichteten 18 Widerstandskämpfer um Mangi Meli sprechen, das Unrecht benennen und um Vergebung bitten. Auch nach der Hinrichtung dieser Widerstandskämpfer wurden Human Remains (menschliche Überreste) von ihnen nach Deutschland gebracht. Ebenso wichtig war auch meine Reise nach Kamerun im Oktober 2022, bei der es vornehmlich um das Gedenken an zwei Hinrichtungen ging: Rudolf Duala Manga Bell und Ngoso Din erinnern uns an den Missbrauch der Justiz zur Sicherung der Kolonialherrschaft. Beide hatten es aus Sicht der Kolonialbehörden gewagt, sich an den Reichstag zu wenden, um Missstände in Kamerun anzusprechen und die Einhaltung der Schutzverträge einzufordern. Wegen Hochverrats wurden beide schließlich verurteilt und hingerichtet. Vor der Familie konnte ich im Namen der Bundesregierung das Unrecht dieser Verurteilung und Hinrichtung und ihre Rehabilitierung aussprechen. Der Umgang mit dem Strafrecht, das in den Kolonien ohne kodifiziertes Recht, ohne gesicherte Verteidigung und ohne Teilung der Rollen von Staatsanwaltschaft und Richter ausgeübt wurde, wollen wir künftig noch näher betrachten.

In der 20. Wahlperiode (2021–2025) lag der 140. Jahrestag der Eröffnung der Berliner Konferenz. Auf Einladung des zuvor in Kolonialangelegenheiten eher zurückhaltenden Reichskanzlers Bismarck kamen Abgesandte der europäischen Großmächte und der USA in Berlin zusammen und legten dort die Grundlagen für die koloniale Aufteilung des afrikanischen Kontinents – ohne jede Beteiligung der Menschen und Staaten Afrikas. In Erinnerung an diese Konferenz von 1884 hat das Auswärtigen Amt 2024 eine neue Veranstaltungsreihe »Aufarbeitung der kolonialen Vergangenheit – Im Dialog mit der Zivilgesellschaft« begonnen, zu der insbesondere auch Gäste aus der Zivilgesellschaft der ehemals kolonialisierten Länder und Regionen eingeladen werden.

Als Bundesregierung haben wir in dieser Legislaturperiode nicht nur die Mittel verstetigt, die für die Erforschung der Provenienz von Human Remains und Kulturgütern aus kolonialem Kontext zur Verfügung stehen und auf Antrag vom Deutschen Zentrum für Kulturgutverluste in Magdeburg (DZK)[1] vergeben werden. Die Bundesregierung hat auch Gelder für Restitutionsmaßnahmen bereitgestellt und die internen Zuständigkeiten hierüber klargestellt. Die Kontaktstelle für Sammlungsgut aus kolonialen Kontexten[2] ist als die künftig zentrale Anlaufstelle benannt, wenn Familien nach den nach Deutschland verbrachten menschlichen Überresten ihrer Vorfahren suchen und Gemeinschaften und Länder das eigene Kulturgut ins Land zurückholen wollen, das die deutschen Kolonialherren selbst geraubt oder von anderen Kolonialstaaten wie von Hehlern unrechtmäßig erworben haben. Transparenz zu schaffen war uns daher auch ein wichtiges Anliegen.

Die Kontaktstelle für Sammlungsgut aus kolonialem Kontext war beauftragt, durch eine Umfrage bei Museen und Forschungseinrichtungen einen Überblick zu erarbeiten, wie viele menschliche Überreste aus der Kolonialzeit sich in deutschen Institutionen befinden. Deutsche Forscher glaubten Ende des 19. und Anfang des 20. Jahrhunderts, insbesondere anhand der Größe und Beschaffenheit von Schädeln den Beweis nicht nur für die Existenz von Rassen, sondern auch für deren Hierarchisierung liefern zu können. So setzte ein schauerlicher Wettlauf nach menschlichen Überresten auf der ganzen Welt ein. Soldaten der sog. Schutztruppen der Kolonialarmeen, Händler, Missionare, Abenteurer – alle Personen, die sich vor allem in kolonisierten Gebieten aufhielten, waren aufgefordert, menschliche Überreste an Forscher und Forschungseinrichtungen zu senden. Und sie schreckten vor nichts zurück: Gräber und Kultstätten wurden geplündert, den Leichen von hingerichteten Widerstandskämpfern wurden die Köpfe ebenso abgetrennt wie den verstorbenen Gefangenen in kolonialen Konzentrationslagern. Noch heute befinden sich fast 17 000 solcher menschlichen Überreste in deut-

---

1 Siehe auch die Homepage: https://kulturgutverluste.de/
2 Siehe auch die Homepage: https://www.cp3c.de/

schen Depots, wie die Umfrage ergab.³ 2024 stellte die NDR-Dokumentation »Handel mit Menschenschädeln – Unser dunkles Erbe« fest, dass mit solchen Schädeln auch heute noch Handel getrieben wird. Hier besteht eindeutig gesetzlicher Regelungsbedarf, den die künftige Bundesregierung dringend angehen muss. Die Umfrage umfasste zudem nur die größten Einrichtungen in Deutschland. Es ist daher nicht auszuschließen, dass sich in anderen Einrichtungen noch weitere Human Remains befinden. Missionssammlungen waren ebenfalls nicht von der Umfrage erfasst. Dies zeigt, dass es weiterhin Leerstellen gibt, die es zu füllen gilt. Auch hierzu wäre eine gesetzliche Regelung sinnvoll, der zufolge dann eine Meldepflicht für Human Remains eingeführt werden könnte.

In dieser Legislaturperiode wurden zwei sehr wichtige Forschungsarbeiten zu Kulturgütern aus kolonialem Kontext, die sich in Deutschland befinden, veröffentlicht. Die TU Berlin konnte unter Bénédicte Savoy den Atlas der Abwesenheit abschließen.⁴ Dieses epochale Werk konnte in deutschen Einrichtungen rund 40 000 Kulturgüter aus Kamerun identifizieren, die in der Kolonialzeit außer Landes gebracht wurden. Demnach gibt es in Deutschland mehr Kulturgüter aus Kamerun als im Land selbst. Das Deutsche Zentrum für Kulturgutverluste hat eine ähnliche Auflistung in einer Findhilfe für Kulturgüter aus kolonialem Kontext aus Namibia erstellt.⁵ Hier geht die Zahl der Kulturgüter gleichermaßen in die Tausende.

Auch Missionsgesellschaften und Missionsorden haben während ihrer Tätigkeit wie bereits erwähnt Kulturgüter gesammelt und zu ihren Heimatgesellschaften bzw. Mutterhäusern geschickt. Hieraus sind Sammlungen ganz unterschiedlicher Größe entstanden, die z. T. für die Öffentlichkeit in eigenen Häusern oder Räumlichkeiten zugänglich sind, andernorts hingegen nur für den Zugriff der eigenen Mission eingelagert in Depots, Kellern oder Dachgeschossen. Diese nicht-staatlichen Sammlungen sind bisher kaum wissenschaftlich erschlossen, auch haben sie sich bisher nicht in großer Anzahl offen für solche Untersuchungen gezeigt. Es ist weiterhin nicht vollends geklärt, wie viele Missionssammlungen es in Deutschland gibt. Bei Besuchen in den Missionssammlungen in

---

3   Umfrage abrufbar unter: https://www.cp3c.de/umgang_mit_menschlichen_ueberresten/
4   Andrea Meyer, Bénédicte Savoy (Hg.), Atlas der Abwesenheit. Kameruns Kulturerbe in Deutschland, Heidelberg/Berlin 2023.
5   Gesa Grimme/Larissa Förster, Locating Namibian Cultural Heritage in Museums and Universities in German-Speaking Countries. A Finding Aid for Provenance Research. Working Paper, hg. v. Deutsches Zentrum Kulturgutverluste, Magdeburg 2024.

St. Ottilien (Benediktiner), Leipzig (Leipziger Missionswerk) und Berlin (Berliner Missionswerk) konnte ich einen Eindruck gewinnen, wie unterschiedlich Erhalt, Aufbau und Perspektive dieser Sammlungen sind. Die bisherige Zurückhaltung vieler Missionsgesellschaften und Missionsorden mag viele Gründe haben, die auch mit ihrer durch viele Schwierigkeiten gekennzeichneten Situation wie Überalterung, geändertes Missionsverständnis oder Krisenmüdigkeit nach der Missbrauchsdebatte zu tun haben. Diese öffentliche Zurückhaltung trägt aber dazu bei, dass sich gerade in den Herkunftsgesellschaften Vorstellungen bilden, was nicht alles in diesen unzugänglichen Sammlungen zu finden sei. Mehr Aufgeschlossenheit gerade der Forschung gegenüber wäre aus meiner Sicht ein Gewinn für alle Seiten – und nichts, wovor sich Missionsgesellschaften und -orden fürchten müssten. Auch hierfür stehen Mittel über das Deutsche Zentrum für Kulturgutverluste zur Verfügung, mit denen die Provenienzforschung in diesen Sammlungen unterstützt werden kann.

Hinsichtlich der Archive erhoffe ich mir ebenso mehr Aufgeschlossenheit der Missionsgesellschaften und Missionsorden. Die Geschichte von Bruno Gutmann zeigt, welche Schätze in Archiven und Bibliotheken der ehemaligen Missionen ruhen. Missionarinnen und Missionare waren Chronist*innen ihrer Tätigkeit. Sie übermittelten Berichte an die Missionen daheim und hielten viel vom Missionsalltag vor Ort fest. Auch heute noch gibt es Anfragen von Staaten, die bei Grundstücksfragen auf Archivmaterial der Missionen zurückgreifen wollen, so diese das denn ermöglichen können. Manche dieser Archive befinden sich noch an den ehemaligen Missionsstandorten. Aufgrund der klimatischen Bedingungen wäre es wichtig, mehr Mühe in ihren Erhalt zu investieren. Doch stellen sich hier neben der Sprachbarriere – die Unterlagen sind auf Deutsch verfasst – noch andere Probleme: Teile der Unterlagen sind handschriftlich, andere Teile in Frakturschrift. Dadurch sind diese Dokumente für Forschende aus den Staaten der ehemaligen Kolonien nur schwer zugänglich. Ich sehe als wichtige zukünftige Aufgabe an, diese Bestände zu erhalten, indem man solche Hürden wie Schriftbild und Sprache abbaut, die Dokumente erfasst, digitalisiert und der Öffentlichkeit zugänglich macht. Dies gilt auch für die in Deutschland vorhandenen Archive von Missionsgesellschaften und Missionsorden. Dies zu unterstützen im Sinne der deutschen Erinnerungskultur, sollte auch Aufgabe von Bund und Ländern sein.

Wenn wir es ernst meinen, gemeinsam mit Herkunftsländern und Herkunftsgesellschaften die deutsche Kolonialgeschichte aufzuarbeiten, müssen wir auch daran mitwirken, die Grundlagen dafür zu schaffen, dass Forschende aus den

Herkunftsländern die Geschichte ihres Landes selbst erforschen können. Das Bundesarchiv hat die Bestände des Reichskolonialamtes mit Hilfe Künstlicher Intelligenz so bearbeitet, dass Nutzende in allen, auch den handschriftlichen, Akten, nach Wörtern suchen können. Die ihnen aufgrund dieser Suche angezeigten Akten können dann, auch wenn sie handschriftlich sind, in moderner Schrift angezeigt werden.[6] Die Deutsche Digitale Bibliothek administriert das CCC-Portal (*Collections from Colonial Contexts*)[7], eine Datenbank, in die Museen Informationen und Bilder über das in ihren Beständen vorhandene Sammlungsgut aus kolonialen Kontexten einstellen können. Dies ist ein wichtiger Fundus für Forschende aus dem In- und Ausland. Der auch vom Auswärtigen Amt geförderte Archivführer zur deutschen Kolonialgeschichte[8] vermittelt eine Übersicht, in welchen deutschen Archiven welche Informationen über die deutsche Kolonialzeit zu finden sind, und bietet Links auf die entsprechenden Seiten an. Der Deutsche Akademische Austauschdienst fördert in seinem Stipendienprogramm »German Colonial Rule«[9] Nachwuchswissenschaftler*innen, die sich historisch mit Aspekten der Kolonialgeschichte ihres Herkunftslandes auseinandersetzen. Das Deutsche Zentrum für Kulturgutverluste setzt sich in den Förderprogrammen für Provenienzforschung an Sammlungsgut aus kolonialem Kontext explizit für die Einbeziehungen von Expert*innen aus den Herkunftsländern ein. Ein gutes Beispiel eines Forschungsprojekts ist der vom Auswärtigen Amt in Auftrag gegebene Sammelband »Das Auswärtige Amt und die Kolonien«[10], denn er führt Perspektiven sowohl aus Deutschland als auch aus den Ländern auf ehemaligem deutschen Kolonialgebiet auf die Geschichte der Kolonialzeit zusammen. Der Sammelband stellt die Rolle des Auswärtigen Amtes bei Erwerb und Verwaltung der deutschen Kolonien dar und zeigt deren Kontinuitäten in die Weimarer Republik und die NS-Zeit bis in die Gegenwart.

Die Forschungsleistungen im Bereich der Provenienzforschung tragen ihrerseits maßgeblich dazu bei, Transparenz herzustellen. Diese bildet wiederum die

---

6 Siehe auch die Homepage: https://www.bundesarchiv.de/im-archiv-recherchieren/archivgut-recherchieren/nach-themen/kolonialgeschichte/
7 Siehe auch die Homepage: https://ccc.deutsche-digitale-bibliothek.de/en
8 Siehe auch die Homepage: https://archivfuehrer-kolonialzeit.de/
9 Siehe auch die Homepage: https://www.daad.de/de/in-deutschland-studieren/stipendien/daad-foerderprogramme/german-colonial-rule/
10 Brigitte Reinwald/Carlos Alberto Haas/Lars Lehmann et al. (Hg.), Das Auswärtige Amt und die Kolonien: Geschichte, Erinnerung, Erbe, München 2024.

Grundlage für Diskurse nicht nur über die Kolonialgeschichte, sondern auch über das kulturelle Erbe der vorkolonialen afrikanischen Gesellschaften. Dabei stellen sich zudem die Fragen, wie und wo und durch wen es bewahrt werden soll. Dass diese Diskurse auch in den Herkunftsländern und vor allem in den Herkunftsgesellschaften geführt werden können, hängt ebenso davon ab, wie zugänglich die erwähnten Forschungsergebnisse sind. Hier geht wiederum die Technische Universität Berlin voran, die mit Unterstützung der Deutschen Forschungsgemeinschaft nun die Ergebnisse des »Atlas der Abwesenheit« in Veranstaltungen in den verschiedenen Regionen Kameruns bekannt macht. So haben die Menschen vor Ort die Möglichkeit, zu erfahren, welche Kulturgüter aus ihrer Region nach Deutschland gebracht wurden, ein Wissen, das heute häufig nur noch bei wenigen präsent ist. In diesem Zusammenhang werden auch die Kirchen eine besondere Rolle zu spielen haben, handelt es sich bei den Kulturgütern doch zum Teil auch um Artefakte und Gegenstände, die für Religions- und Herrschaftsausübung in vorkolonialer Zeit eine wichtige Rolle spielten. Auch hierzu könnten sich Beschreibungen in Archiven oder Buchveröffentlichungen von Missionarinnen und Missionaren finden. Bereits heute werden in den Herkunftsgesellschaften Debatten geführt, wie mit solchen Kulturgütern umgegangen wird: Sollen sie in ein Museum, sollen sie an die (Herrschafts-)Familien zurückgegeben werden, denen sie einst gehörten? Und dann sind da noch die Gesellschaften der ehemaligen Kolonialmächte, die in der Zwischenzeit den künstlerischen Wert einiger dieser Gegenstände erkannt und sie zum Weltkulturerbe ernannt haben, von dem sie nun erwarten, dass es weiterhin so behandelt wird, wie sie es gerne sehen würden. Diese Stimmen sind insbesondere bei der Rückgabe der Benin-Bronzen 2022 laut geworden, vor allem, nachdem der damalige nigerianische Staatspräsident in einem der letzten Dekrete seiner Amtszeit das Eigentum an den Bronzen der Familie des Oba von Benin übertrug, also jener Familie, der die Bronzen durch eine blutige Strafexpedition der Briten geraubt worden waren. Noch ist nicht klar, wie mit den Bronzen vor Ort umgegangen wird und wo sie zukünftig aufbewahrt werden. Die Bundesregierung beteiligt sich weiterhin am Bau eines für die Bronzen vorgesehenen Museums in Benin-City. Aber aus meiner Sicht ist auch klar: Über den Umgang mit zurückgegebenen Human Remains und Kulturgütern wird in den Herkunftsgesellschaften entschieden.

Diese innergesellschaftlichen Debatten spielen im Restitutionsdiskurs eine zunehmend bedeutende Rolle. Die Regierungen der Herkunftsländer haben festgestellt, dass es nicht einfach nur um die Restitution von Kulturgütern oder Human Remains geht, sondern dass diese Restitutionen Auswirkungen auf den gesellschaftlichen Zusammenhang haben. Viele Diskurse über die Aufarbeitung der Kolonialgeschichte sowie die Suche nach Human Remains und Kulturgütern aus kolonialem Kontext gingen von betroffenen Familien und Gemeinschaften aus, oft unterstützt von zivilgesellschaftlichen Gruppierungen und Organisationen sowohl in den Herkunftsländern als auch in Deutschland. Sie haben erfolgreich geforscht und sind an Institutionen herangetreten, um Ausstellungen und Depots zu besichtigen, um dann auch Druck auf diese Institutionen auszuüben, sich der Geschichte zu stellen und Konsequenzen daraus zu ziehen. Diese Zusammenarbeit von Familien, Gemeinschaften und Zivilgesellschaft war erfolgreich darin, das Thema Aufarbeitung in die deutsche Gesellschaft und Politik zu tragen und Veränderungen des politischen Handelns herbeizuführen. Die Gespräche mit Familien, die hier in Deutschland nach den Überresten ihrer Vorfahren suchen, haben mich sehr bewegt. Es ist mir deutlich geworden, wie eng auch nach Jahrzehnten die Verbundenheit mit den Familienmitgliedern ist und wie stark der Verlust das Familienleben bis heute prägt. Aus diesem Grund finde ich es wichtig, im Umgang mit den Human Remains einen Schwerpunkt der Aktivitäten in Deutschland zu setzen. Hier müssen wir verstärkt Ressourcen und Kapazitäten einsetzen, um die Provenienzforschung voranzutreiben, um identifizierte Human Remains an ihre Familien zurückzugeben, aber auch um zu einem würdigeren Umgang mit den in Deutschland noch vorhandenen und insbesondere den nicht identifizierbaren Human Remains zu gelangen. Das sind wir ihnen und ihren Familien und Gemeinschaften schuldig.

Aktuell sind wir in einer Situation, in der manche Regierungen in den Herkunftsländern Geschwindigkeit aus dem Prozess nehmen. Denn sie registrieren, dass die Aufarbeitung der Kolonialgeschichte mit allen Implikationen eine gesamtgesellschaftliche Aufgabe ist oder zumindest ein Thema, das gesamtgesellschaftliche Auswirkungen haben kann. Sie beanspruchen, dass Kontakte zu Deutschland, zumal wenn sie in Verhandlungen über die Konsequenzen der Kolonialaufarbeitung münden, in den Bereich des Regierungshandelns fallen und nicht von zivilgesellschaftlichen Akteur*innen bestimmt werden dürfen. Um diese Kontakte zu begleiten, haben beispielsweise Tansania und Kamerun Regierungskomitees gebildet, die diese Prozesse zukünftig steuern sollen. Als Bundesregierung setzen wir uns gegenüber unseren Partnern dafür ein, dass insbesondere die betroffenen Gemeinschaften angemessen an den Aufarbeitungsprozessen beteiligt werden und bei Repatriierungen und Restitutionen einbezogen werden. Die

Bundesregierung hat aber auch den Weg zu respektieren, für den sich in dieser Frage die Regierungen der Herkunftsländer entscheiden.

Bei meinen Besuchen in Ländern, die zum ehemaligen Kolonialgebiet des Deutschen Reichs gehörten, habe ich in Gesprächen mit Regierungsvertreter*innen überall die deutsche Bereitschaft zu einer gemeinsamen Aufarbeitung und Gesprächen über Restitutionen deutlich gemacht. Hierbei kam klar heraus, dass jedes Land einen eigenen Umgang mit der Kolonialzeit hat und unterschiedliche Herangehensweisen verfolgt. Es wird also kein Schema F geben, nach dem die Bundesregierung künftig mit dem Thema umgehen wird. Unsere Vergangenheit gebietet es uns, dabei mit Demut und Respekt vor den Entscheidungen vor Ort vorzugehen. Dabei kann es auch zu Spannungen innerhalb der Herkunftsgesellschaften kommen, insbesondere in den Fällen, wo die Provenienzforschung in Bezug auf Human Remains und Kulturgüter aus kolonialem Kontext schon weit fortgeschritten ist. Warum können Human Remains, die klar einer Person und damit einer heute auf die sterblichen Überreste eines Angehörigen wartenden Familie zugeordnet werden können, nicht so schnell wie möglich repatriiert werden? Warum kann ein Museum ein klar einer Gemeinschaft zuzuordnendes Artefakt nicht an diese restituieren? Repatriierung und Restitutionen können nicht ohne Wissen und dann nicht ohne Zustimmung der Regierung des entsprechenden Landes stattfinden. Und es gibt schon Fälle, in denen Human Remains durch Regierungen an einen den Angehörigen unzugänglichen Ort gebracht wurden und dort weiterhin aufbewahrt werden, weil man sich im Land nicht einigen konnte. Es gibt Kulturgüter, die in Containern in Häfen liegen, nicht unter ihren Erhalt fördernden Bedingungen, weil keine Einigkeit erzielt werden konnte, wie und wo sie weiterhin aufbewahrt werden sollen. Um das zu verhindern, ist die Einbindung der Regierungen erforderlich.

Das erste Buch von Bruno Gutmann konnte ich im März 2024 übersetzt ins Englische und ins Kisuaheli an Vertreter*innen der Chagga in Tansania übergeben. Bruno Gutmann hat über viele Aspekte des Lebens und der Legenden der Chagga geschrieben, auch diese Bücher werden noch übersetzt und übergeben werden.[11] Die Übersetzung und Übergabe solcher Bücher kann ein Teil der Bemühungen sein, die Geschichte aufzuarbeiten, in der die Wege von Kolonialmacht, Mission und kolonisierten Gesellschaften miteinander verflochten sind.

---

11 Die Übersetzungen der Bücher von Bruno Gutmann werden auf der Homepage www.tuebingen-moshi.de/wachagga-project/gutmann-books-2 zur kostenlosen Nutzung zur Verfügung gestellt.

Sie können nicht das Unrecht wiedergutmachen, das in der Zeit des Kolonialismus von der Kolonialmacht begangen wurde. Sie können auch nicht den Kulturbruch oder -wandel umkehren, den die Missionierung in Bezug auf Glauben, Überlieferungen und Rituale herbeigeführt hat. Aber durch die Aufarbeitung der Bibliotheken, der Archive und der Sammlungen und indem die vorhandenen Bücher, Dokumente und Kulturgüter den Herkunftsländern und Herkunftsgesellschaften zugänglich gemacht werden, kann ein wichtiger Beitrag geleistet werden, fehlende Teile der Geschichte und Identität zurückzugeben, die durch Kolonisierung und Missionierung verloren gingen. Dies sollte eine Verantwortung sein, der wir uns als deutsche Gesellschaft im Allgemeinen, aber auch die in Deutschland sitzenden Missionsgesellschaften und Missionsorden stellen müssen.

(Katja Keul war 2009 bis 2025 Mitglied des Deutschen Bundestages und 2021 bis 2025 Staatsministerin bei der Bundesministerin des Auswärtigen.)

ABSTRACT

During the last legislative period, the Federal Foreign Office has given new priority to the reappraisal of German colonial history. The minister responsible has held talks with both the governments of former colonial territories and local civil society organisations to identify the various interests and needs. Together with the institutions in Germany, knowledge about the holdings of cultural objects, but also of human remains, was determined and made transparent as far as possible. Institutionalised dialogue formats were initiated to discuss the modalities of returns and repatriations, which were always based on a cooperative approach.

›Entfernte Dinge‹

Objektgeschichten aus der Sammlung Basler Mission an Beispielen aus Südchina

Dagmar Konrad

Die 1815 gegründete Basler Mission (BM) sandte ab 1826 Missionare an die Goldküste, 1834 wurde die Missionsarbeit in Südindien aufgenommen. 1847 wurden erstmals zwei Missionare nach China gesandt und 1886 kam Kamerun als deutsche Kolonie hinzu. Bereits seit den 1840er Jahren brachten Missionare[1] Gegenstände aus den afrikanischen und indischen Missionsgebieten nach Basel mit. Das Leitungsgremium der BM, das sogenannte Komitee, legte mit diesen eine Missionssammlung[2] an, die aus ethnografischen, vor allem religiösen Objekten, sowie naturkundlichen Exponaten bestand und im Komiteezimmer des alten Missionshauses in der Rittergasse ausgestellt war. 1860 wurde ein neues Missionshaus vor den Toren Basels in der Missionsstraße erbaut und im Parterre eigens ein Museum für die Sammlung eingerichtet.[3] Bei der Einweihung des Missionshauses im Jahr 1860 wurde das Missionsmuseum der Öffentlichkeit vorgestellt. Es umfasste damals insgesamt 1558 Objekte. Zwei Jahre später erschien der gedruckte »Katalog über die ethnographische Sammlung im Museum

---

1 In der Regel sammelten männliche Missionsangehörige. Missionarsfrauen sandten eher Arbeiten, die in den Missionsmädchenanstalten entstanden waren, nach Basel. Ich verwende die männliche Form, wenn ausschliesslich Männer gemeint sind. Wenn vermutlich auch Frauen beteiligt waren, verwende ich das Gendergap.
2 Vgl. Kerstin Pistorius, Die Schildkröte im Schwarzwald. Ein Netzwerk des Sammelns im Dienst der Mission. Unveröffentlichte Magisterarbeit, FernUniversität Hagen 2007, 63.
3 Wilhelm Schlatter, Geschichte der Basler Mission. Band III: Geschichte der Basler Mission in China, Basel 1916, I:259.

des Missionshauses zu Basel«, der die Gegenstände analog ihrer Präsentation im Missionsmuseum auflistete.

Mit der Einrichtung eines Museums wurde auch die Museumsarbeit professioneller. Seitdem wurden Instruktionen durch den damaligen Inspektor Josenhans verfasst, die den sachgemäßen Umgang mit den Objekten darlegten. Dadurch wurde ein Prozess in Gang gesetzt, der in mehreren Katalogen über die Sammlung[4] und einen immensen Zuwachs an Objekten mündete. Fotografien, Schriftquellen und Artefakte aus Übersee bildeten die Basis zum Erwerb ethnografischen Wissens, das zum einen in der Ausbildung der Missionare, zum anderen für Werbe- und Finanzierungszwecke eingesetzt wurde. Die erste Basler Missionsausstellung von 1908 bot einer interessierten Öffentlichkeit die Möglichkeit, außereuropäische Kulturen in Augenschein zu nehmen. Die Inszenierungen sollten einen ›authentischen‹ Einblick in exotische und fremde, vor allem in fremde religiöse Lebenswelten bieten, das Interesse an diesen wecken und das Publikum von einer finanziellen Unterstützung überzeugen. Es waren Werbeveranstaltungen für die ›Sache der Mission‹. Der Erfolg der Ausstellung war vermutlich Anlass dafür, das Sammeln von Objekten zu intensivieren. Die Missionare wurden vom Leitungsgremium der BM explizit dazu aufgefordert, Gegenstände des täglichen und religiösen Lebens der lokalen Bevölkerung in den Missionsgebieten zusammenzutragen. Missionare wurden so zu Spezialisten, die im Feld Daten und Objekte sammelten, die auch zu einer ethnologischen Wissensproduktion beitragen konnten.

Provenienzforschung und Restitutionsdebatte

Im Zuge der Aufarbeitung zur Herkunft von Objekten aus der NS-Zeit und der Frage nach möglicher Raub- und Beutekunst gerieten auch zunehmend koloniale Sammlungen und deren Entstehungskontext in den Blick. Missionsgeschichte ist Teil der Kolonialgeschichte und die Sammlung Basler Mission (SBM) ist wie andere ethnologische Sammlungen in einem kolonialen Kontext entstanden. Die

---

4 Katalog über die ethnographische Sammlung im Museum des Missionshauses zu Basel 1862; Katalog zur Ethnographischen Sammlung im Museum des Missionshauses zu Basel 1883; Katalog und Beschreibung der Sammlungen im Museum des Missionshauses zu Basel 1888; Erläuterungen zur Basler Missions-Ausstellung 1912.

Abb. 1: Diese Fotografie muss zwischen 1860 und 1862 aufgenommen worden sein, da sich die ethnographische Sammlung bis 1859 im Komiteezimmer des alten Missionshauses befand. Im neuen Missionshaus wurde 1860 im vorderen Parterreraum ein Museum eingerichtet, das im BMA: Katalog 1862 exakt so beschrieben ist, wie auf der Fotografie abgebildet.
© Staatsarchiv Basel

Protagonisten – die Sammelnden – unterscheiden sich insofern, als die Missionare über einen längeren Zeitraum in den überseeischen Gebieten lebten, während Sammler:innen wie Ethnolog:innen, Forscher:innen und Expeditionsteilnehmende sich nur temporär in Übersee aufhielten.

Das Forschungsprojekt[5] zur SBM ist der Provenienzforschung zuzuordnen: Erwerbskontexte der Objekte und ihr Weg nach Basel werden nachgezeichnet,

---

5 Mit Mitteln aus dem Georges und Mirjam Kinzel Fonds finanzierte das Museum der Kulturen Basel (MKB) das Forschungsprojekt zur SBM.

um Hintergründe, Entstehung und Entwicklung der SBM transparent zu machen. Die Artefakte werden in ihrem historischen Kontext untersucht – und vice versa. Dabei stehen folgende Fragen im Vordergrund: Wer sammelte was, wann, wie, wo und warum?

Die Deutung und Interpretation archivalischer Dokumente ergaben Kenntnisse zu den sammelnden Personen selbst und ihrer Sichtweise auf andere Kulturen. Die Bestände aus dem Archiv der BM, heute mission 21, und die Sammlungsakten im MKB ermöglichen darüber hinaus, den ›Geschichten, die die Objekte erzählen‹, auf die Spur zu kommen. Wahrnehmungs-, Denk- und Handlungsmuster nicht nur derjenigen, die sammelten, sondern auch derjenigen, die Objekte verkauften, herschenkten oder als Konvertit*innen abgaben, können so teilweise aufgedeckt und vielfältige Verflechtungen, Abhängigkeiten und Interaktionen aufgezeigt werden, die in die Objekte quasi ›eingeschrieben‹ sind.

Das MKB macht Forschungsergebnisse auch öffentlich zugänglich. Unter dem Titel »Vor aller Augen« wird im Hedi-Keller-Saal regelmäßig ein paar Wochen lang live an Forschungs- und Restitutionsprojekten gearbeitet. Auf diese Weise können die Besucher:innen mit den MKB-Mitarbeitenden direkt in einen Dialog treten. Auch ist der wissenschaftliche Austausch auf lokaler, nationaler und internationaler Ebene für die Forschung an Sammlungsbeständen wichtig. Über diesen Austausch berichtet das MKB in einem Blog. Ebenso werden aktuelle Forschungen auch in Ausstellungen zugänglich gemacht.

Die BM diskutiert ebenfalls Fragen der Restitution der gesammelten ethnographischen und naturkundlichen Objekte. In der regelmäßig stattfindenden Reihe ›Colonialism Revisited‹ setzt sie sich kritisch mit der eigenen Kolonialgeschichte auseinander, so etwa in dem Webinar vom 12.6.2024 unter dem Titel: ›Kolonialer Kulturgüterraub: Restitution, Wiedergutmachung?‹ Welches Bleiberecht haben außereuropäische Kulturgüter in westlichen Museen heute? Wie sieht eine angemessene Rückgabepraxis aus? Die Kulturanthropologin Isabella Bozsa zeigt auf, wie die BM-Objekte nach Basel gebracht worden waren und auf welche Weise missionarisches Sammeln in koloniale und wissenschaftliche Netzwerke verflochten war. Mit dem Kulturwissenschaftler Kokou Azamede von der Universität Lomé in Togo wurden Restitutionsfragen und Herausforderungen beim angemessenen Umgang mit außereuropäischen Kulturgütern in westlichen Museen diskutiert. Eine seiner Hauptthesen ist, dass es weniger um die Menge an zurückgeführten Kulturgütern gehe als vielmehr vor allem um eine symbolische Wiedergutmachung, um eine Begegnung auf gleicher Augenhöhe.

Im Zuge der Debatte zum Umgang mit kolonialen Objekten wurde 2019 auf der Direktor:innenkonferenz der deutschsprachigen ethnographischen Museen die Heidelberger Erklärung verfasst, die von den Vertreter:innen derselben unterzeichnet wurde. Es handelte sich dabei nicht nur um Museen in Deutschland, sondern auch der Schweiz, hier um das MKB, Völkerkundemuseum Zürich, Nord Amerika Native Museum NONAM Zürich, Museum Rietberg Zürich, Bernisches Historisches Museum, Historisches und Völkerkundemuseum St. Gallen.

Die Restitutionsdebatte wurde maßgeblich von Bénédicte Savoy angestoßen, deren neueste Publikation sich ebenfalls diesem Thema widmet. In ›Atlas der Abwesenheit. Kameruns Kulturerbe in Deutschland‹ präsentiert sie die Ergebnisse ihrer Forschung zur Geschichte des kulturellen Erbes von Kamerun in Deutschland. Diese Forschung wurde von einer interkulturellen Forschendengruppe geleistet, zu der auch Mitwirkende aus Kamerun gehörten.[6]

Auf Spurensuche im Archiv

Bei den Quellen aus dem Archiv von mission 21 handelt es sich um Verordnungen, Satzungen, das interne Reglement betreffende offizielle Dokumente, Komiteeprotokolle und Korrespondenz aus den Personalakten der Missionare. Wertvolle Quellen sind die bis jetzt weitgehend ungesichteten und unsignierten Schachteln ›Missionsmuseum‹, in denen sich Material zu einzelnen Sammlern und Zettelkataloge mit Informationen über die Sammlung befinden. Auch die sogenannten Gebietsakten sind interessante Informationsquellen. Es handelt sich dabei um detaillierte Korrespondenz von den jeweiligen Missionsgebieten. Jahres- und Quartalsberichte der einzelnen Missionare und Missionarsfrauen, die die Arbeit auf den Missionsstationen beschreiben, wurden ebenfalls als Hintergrundmaterial herangezogen. Die Protokolle der 1904 gegründeten Missionsmuseumskommission geben Einblick in die Tätigkeit der ehrenamtlichen Kommissionsmitglieder und ihrer Korrespondenz mit den Missionaren. Auch historische Bildquellen aus dem Bildarchiv der BM wurden für eine Objektrecherche ergänzend hinzugezogen. Neben den Archivalien finden sich Publikationen wie das ›Evangelische Missionsmagazin‹ und dessen eher populäre Version, der ›Evangelische Heiden-

---

6 Bénédicte Savoy/Andrea Mayer (Hg.), Atlas der Abwesenheit. Kameruns Kulturerbe in Deutschland, Berlin 2023.

bote‹, in dem Missionare, teils auch Missionarsfrauen, ›Geschichten aus den Missionsländern‹ veröffentlichten. Nicht zuletzt kam den Objekten selbst herausragende Bedeutung zu. Teilweise glich die Recherche zu ihren Biographien einer archäologischen Grabung, bei der Schicht um Schicht freigelegt werden musste. War der Name des Sammlers in der Datenbank des MKB verzeichnet, konnten mit Hilfe seiner Biographie, die allerdings erst rekonstruiert werden musste, Aufschlüsse über Erwerb und Transfer eines Objektes gewonnen werden. Umgekehrt lieferten Geschichten, die Sammler im ›Heidenboten‹ oder dem ›Missionsmagazin‹ veröffentlichten, Hinweise auf interessante Objektbiographien beziehungsweise auf die Art und Weise, wie manche Gegenstände in den Besitz des Sammelnden gelangten.

Die kritische Analyse von Archivalien der BM, ›missionarische Quellen‹, die vielfach ›gegen den Strich‹ gelesen werden mussten, die Bearbeitung der Sammlungsakten und Einträge in der Datenbank (TMS) des MKB sowie hinzugezogenes Bildmaterial ermöglichten eine multiperspektivische Objektrecherche. Im Vergleich zu anderen Sammlungen des 19. Jahrhunderts bietet die SBM aufgrund der detaillierten und vielfältigen Dokumentation von Missionsarbeit eine ungewöhnlich gute Quellenlage. Dennoch zeigte sich bei der Spurensuche, dass manche (Wissens)Lücken nicht geschlossen werden können und etliche Fragen offenbleiben, insbesondere in Bezug auf die Rolle der lokalen Akteur:innen bei den Objekttransfers.

Da das Sammeln nicht direkt mit Mission zu tun hatte, vielmehr eine ›Nebenbeschäftigung‹ war, betätigte sich nur eine Minderheit aller Missionare als Sammler. Das Sammeln wurde der eigentlichen Missionsarbeit grundsätzlich untergeordnet. Frauen tauchen selten auf, außer als Lieferantinnen von unter ihrer Anleitung entstandenen Handarbeiten und später als Lieferantinnen der Nachlässe ihrer Ehemänner.

Im vorliegenden Bericht werden Teile der chinesischen Sammlung in ihrem historischen Kontext unter verschiedenen Objektkategorien genauer betrachtet: 1. religiöse Objekte, die als ›Trophäen‹ einer erfolgreichen Missionierung in die Sammlung kamen; 2. Objekte, die den Missionaren als Geschenke übergeben wurden; 3. Objekte, die den Besitzenden zwangsweise abgenommen bzw. von den Konvertit:innen freiwillig abgegeben wurden. Daran schließen sich Überlegungen zu den Motiven des Sammelns, Beschreibungen von Objekttransfers, und den Einsatz der Dinge als Marketinginstrumente an. Schließlich wird ein kurzer Blick auf die Ausstellungspraktiken geworfen.

1. Religiöse Objekte – Trophäen einer erfolgreichen Mission und Belege des ›falschen‹ Glaubens‹

1859 beschrieb Rudolf Lechler eindrücklich seine erste Ankunft in China zehn Jahre zuvor.

»Läuft man nach langer und ermüdender Seereise endlich in den Hafen von Hongkong ein, so wird das Schiff sogleich von einer Menge kleinerer Boote umringt. Steigst Du nun vermittelst einer Schiffsleiter in eines dieser Boote hinab, so findest Du Dich sofort in eine Atmosphäre versetzt, die ganz neue Eindrücke auf Deine Geruchsnerven ausübt und sich wesentlich unterscheidet von dem Teergeruch, der auf europäischen Schiffen vorherrscht. Es ist ein Geruch des Weihrauchs, den Du einatmest. Siehst Du Dich um von wannen er komme, so wirst Du abermals überrascht durch den Anblick eines Lichtes, das am hellen Tage aus den Ritzen eines verborgenen Gehäuses hervorschimmert. Neugierig, wie man beim ersten Eintritt in ein neues Land ist, verfolgst Du die Spur und versuchst es, ein kleines Thürchen auf die Seite zu schieben, welches das Geheimnis verhüllt. Und indem Du es öffnest, tritt es Dir zum ersten Mal mit überwältigender Lebendigkeit ins Bewusstsein, dass Du in einem Heidenlande angekommen bist. Jenes Gehäuse nämlich ist der Götterschrein, der sich in jedem chinesischen Fahrzeug findet und je nach Dimensionen des Schiffes grösser oder kleiner ist. Ein überaus schmerzliches Gefühl durchbebt den Missionar beim ersten Anblick dieser Götzen, bei dem ersten Zusammentreffen mit dem heidnischen Wesen, welches er im Namen seines Gottes zu bekämpfen gekommen ist.«[7]

Dieses Zitat wirft ein Licht auf Einstellungen, Vorstellungen, Urteile, Ziele sowie Ängste nicht nur von Lechler, sondern auch von anderen Missionaren in allen Missionsgebieten der BM. Der Missionsgedanke mit all seinen Facetten kommt deutlich zum Ausdruck. Vor allem in den fremden religiösen Objekten wurde die andere Welt, die es zu verändern galt, offenbar. Sie waren Manifestation des ›falschen Glaubens‹ und somit ›Undinge‹, die am besten zu beseitigen waren. Auch aus diesem Grund mussten sie bei einer erfolgreichen Konversion zum Christentum entweder vernichtet oder den Missionaren übergeben werden.

Die Figur, die Lechler in dem Götterschrein erblickt hatte, war Tienhouseabo: Beschützerin der Seefahrer, auch Himmelskönigin oder Himmelsgöttin genannt, und wurde höchstwahrscheinlich von Lechler nach Basel in das Missionsmuseum eingeliefert. Dass er sich für die chinesische Kultur und Lebenswelt interes-

---

7 Rudolf Lechler, Reisebericht, in: Evangelischer Heidenbote 20 (1847), 87.

Abb. 2: Göttin Tienhouseabo;
Slg. Basler Mission, © Dagmar Konrad

sierte, belegt auch seine Korrespondenz. Es finden sich allgemeine Beschreibungen chinesischen Alltagslebens, Schilderungen traditioneller Zeremonien und dergleichen.

Nicht nur die ›Himmelskönigin‹, sondern auch andere Göttinnenfiguren, vor allem die Göttin der Barmherzigkeit (Guanyin), wurden von verschiedenen Missionaren gesammelt. Auch Theodor Oehler (1877–1966), damaliger Inspektor der BM, brachte von einer Visitationsreise durch China eine Göttin der Barmherzigkeit mit: »Diesen Götzen schenkte die Mandarinfrau Lo geborene Trung von Hinnen, welche am zweiten Advent 1888 ebendaselbst durch Missionar Dilger in Gegenwart des Herrn Inspektor Oehler getauft wurde, dem Museum. Vor diesem Götzenbild verbrannte die Geberin im Lauf der Jahre für circa 3000 Dollar Räucherwerk, wovon deutliche Spuren zu sehen sind.«[8] Offenbar war die Taufzeremonie auf den Zeitpunkt des Besuches von Oehler gelegt worden, um konkrete ›Bekehrungen‹ vorweisen zu können. Die Göttinnenfigur war somit ebenfalls eine Trophäe des Missionserfolges. Mit der Taufe wurde sie für die Besitzer:innen wirkungslos und erfuhr so eine Umdeutung als Trophäe einer erfolgreichen ›Bekehrung‹.

8   BMA/MKB Zuwachsbuch Teil II, 1909.

Abb. 3: Gebetskette mit Buddhafiguren,
China vor 1915; Pfirsichkern, Schnur;
Slg. Basler Mission; IId 9071
© MKB, Foto: Omar Lemke

Heinrich Ziegler (1853–1915), der von 1877 bis 1915 in China lebte, brachte einen ›buddhistischen Rosenkranz‹ in die Sammlung ein. Dabei handelt es sich um eine Gebetskette aus Pfirsichkernen, die zu winzigen Buddhafiguren geschnitzt wurden (IId 9071): »Stammt von einer Christin Li sau in Hinnen, welche in der Nähe der Station wohnt und früher eine eifrige Buddhistenverehrerin war.« Offenbar war sie zum Christentum konvertiert und hatte als Beweis dafür ihre Gebetskette abgegeben.

2. Ankunfts-, Abschieds- und diplomatische Geschenke – Zeugnisse einer symmetrischen Begegnung?

In der Sammlung finden sich nicht nur durch Kauf, Tausch oder Zwangsmaßnahmen erworbene Objekte, sondern auch Geschenke, die den Missionaren übergeben wurden – mal von der lokalen Bevölkerung, mal von lokalen Herrschern – etwa, wenn eine neue Missionsstation bezogen wurde, oder es handelte sich um Abschiedsgeschenke, wenn ein Missionar mit seiner Familie das Missionsgebiet wieder verließ und nach Europa zurückkehrte. Diese Sorte von Geschenken war häufig diplomatischer Natur, sie sollten die wechselseitigen guten Beziehungen symbolisieren. Sie wurden den Missionaren meist durch lokale Autoritäten übergeben. Geschenke persönlicherer Art waren etwa Hochzeitsgeschenke, die einem Missionspaar gemacht wurden.

Heinrich Ziegler etwa (1853–1915) übergab 1901 dem Basler Missionsmuseum eine umfangreiche Sammlung an Objekten. Unter diesen befindet sich ein sogenannter Ehrenschirm (IId 7787). Außer Ziegler erhielt Missionar Martin Maier einen Ehrenschirm. Ihm und seiner Braut wurde anlässlich ihrer Hochzeit im Juli 1901 in Hinnen ein Ehrenschirm aus Seide geschenkt (IId 13163). Das Aufstellen eines Ehrenschirmes anlässlich der Heiratszeremonie eines Missionspaares bedeutete zugleich die Erhöhung dessen sozialen Status innerhalb der lokalen Bevölkerung, da der Ehrenschirm als Statussymbol für Macht und Würde stand. Nicht nur Ehrenschirme waren Symbole der Ehrerbietung. Rudolf Lechler beispielsweise erhielt zu seinem 50-jährigen Jubiläum im Jahr 1896 von verschiedenen chinesischen Gemeinden mehrere rote Tücher, die mit goldenen und schwarzen Inschriften versehen sind, die Dankesbezeugungen, Glückwünsche und dergleichen bedeuten.[9]

Vom 2. September 1913 bis 1. Juni 1914 bereiste Inspektor Heinrich Dipper (1868–1945) sämtliche Missionsstationen in China. Von diesem Aufenthalt brachte er acht Wandbehänge (*pin* genannt) mit, die ihm zu Ehren angefertigt und ihm von verschiedenen Gemeinden geschenkt worden waren (IId 7596–IId 7603). Die Wandbehänge, teilweise aus Seide, teilweise aus Papier, waren mit chinesischen Zeichen beschriftet, die Segenswünsche, Danksagungen und so weiter bedeuteten. Sie stammen vor allem aus Pyngthong, Tschonglok und Hinnen. Aufgrund seiner Reisedaten können die *pins* in diesen Zeitraum eingeordnet werden, da sie extra für diese Anlässe angefertigt worden waren. Einer dieser Wandbehänge ist im Hinblick auf die Machart interessant. Der Wandbehang IId 7597 besteht aus acht zusammengenähten Rangabzeichen, an die ein purpurnes Stoffstück angenäht ist. Dass für diesen Wandbehang Rangabzeichen gewählt wurden, ist auffallend. Möglicherweise wurden sie nur rein dekorativ eingesetzt – oder aber sie wurden ganz gezielt und speziell für den Wandbehang eines Inspektors der BM verwendet. Vielleicht sollte ihm mit dieser Geste in etwas verschlüsselter Weise von den christlichen Gemeinden ›Tribut gezollt‹ werden, was seine hohe Position betraf, die mit dem Status eines Mandarins vergleichbar war.

Christian Gottlieb Reusch (1848–1915) sandte aus Hongkong »ein seidenes Taschentuch, Geschenk der Kaiserin-Mutter von China an die Christenfrauen, gegeben als Gegengeschenk für ein ihr gegebenes Neues Testament (mit chinesischem Futteral).« Dies ist ein bemerkenswertes Objekt, als es die missionarischen Beziehungen zur höchsten Regierungsebene symbolisiert. Offenbar war der Kaiserinwitwe das Neue Testament zu ihrem 60. Geburtstag übersandt worden. Es

---

9 Führer zur Missionsausstellung Basel 1912, 10, IId 9255.

war in gewissem Sinne ein diplomatisches Geschenk, garantierte es doch die guten Beziehungen zum Kaiserhaus. Umgekehrt verwies das Gegengeschenk der Kaiserin ebenfalls auf das gute gegenseitige Verhältnis. Das Seidentaschentuch könnte als Objekt betrachtet werden, das die wechselseitigen Beziehungen und Abhängigkeiten von Mission und chinesischem Herrscherhaus widerspiegelt. Es ist ein Beispiel für Reziprozität (Gabe und Gegengabe), das die Positionierung der Missionspaare in der chinesischen Gesellschaft verdeutlicht.

Die meisten Objekte, die den Missionaren als Geschenk überreicht wurden, zeugen immer auch von einer Art kultureller Partizipation der Missionare: Dazu gehören Reziprozität, Gabe und Gegengabe, Positionierung in der dortigen Gesellschaft häufig verbunden mit einer Statusaufwertung (insbesondere, wenn die Missionspaare Eltern wurden, auch dann wurden Geschenke übergeben), gegenseitige Verstehensprozesse und wohl auch Wertschätzung der Missionare durch die indigene Bevölkerung.

3. Historisch-politischer Kontext

Missionare konnten sich diesem Kontext selbstverständlich nicht entziehen. Daher sind ihre Handlungen mitunter stark davon geprägt. In bestimmten Situationen gingen sie zu aktiver Unterstützung der Bevölkerung oder aber der Kolonialverwaltung über.

Veränderte kulturelle oder politische Kontexte in den jeweiligen Ländern wirkten sich auf die Missionsangehörigen aus und spiegeln sich wiederum in bestimmten Objekten. So kamen in die chinesische Sammlung durch Direktor Hartenstein, der von 1926 bis zum Ausbruch des Zweiten Weltkrieges Direktor der BM war, erneut einige Wandbehänge, die ihm als Gastgeschenk von den Missionsgemeinden überreicht wurden. Er bereiste während seiner Dienstzeit sämtliche Missionsgebiete der BM, so auch China. Ein Wandbehang, den er erhielt, wurde von Missionar Ernst Wunderli (1882–1951), der die chinesischen Zeichen auf dem Textil übersetzte, äußerst kritisch beurteilt und wirft ein Licht auf die veränderten politischen Verhältnisse in China, vor allem die veränderten Verhältnisse in der ›Mission‹. Die chinesische Hakka-Kirche war 1924 selbstständig geworden, die europäischen Missionare unterstanden der chinesischen Leitung. 1925 war der Religionsunterricht in Missionsschulen verboten worden. Über be-

Abb. 4: »Chinesen auf der Missionsstation mit abgeschnittenem Zopf«, 1911, aufgenommen von Wilhelm Maisch in Hoschuwan; BMA: A-30.54.001 © BM

sagten Wandbehang (IId 7583) schrieb er: »Auf gut Deutsch heisst der Spruch also: Zum Andenken an den Besuch des Direktors Hartenstein in China. Man beachte, dass gegenüber den Widmungen für frühere Besucher nichts steht von Inspektion, Aufsicht oder anderer Ausübung einer Autorität, sondern nur Besuch. Das ist Jung-China.« Der Wandbehang war also bewusst ohne inhaltlichen Bezug zum Zweck des Besuchs von Hartenstein gestaltet und als latente Provokation gegenüber Hartenstein und seinem Amt interpretiert worden.

In der chinesischen Sammlung findet sich unter der Inv.Nr. IId 7620 eine schwarze Kappe mit rotem Knopf, an welche ein Zopf aus Menschenhaar genäht ist. Dieses Objekt wurde 1911 von Otto Lohss (1881–1961) gesammelt. Lohss war der Schwager von Wilhelm Maisch, beide waren zur gleichen Zeit in China, Lohss ab 1904, Maisch ab 1907. Maisch fotografierte auch eine Gruppe chinesischer junger Männer vor und nach der Revolution: einmal mit Zopf, einmal ohne Zopf, quasi ein ›Vorher-Nachher‹-Bild. Auf einer weiteren Fotografie mit zwei

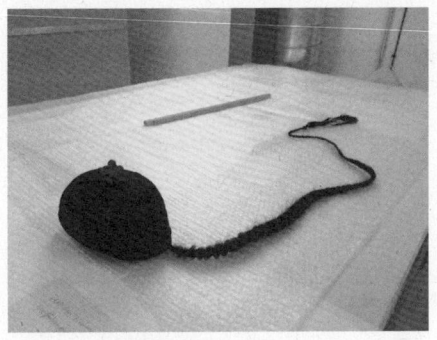

Abb. 5: Zopf als Theaterrequisit;
Slg. Basler Mission, ©Dagmar Konrad

jungen Männern, der eine mit Zopf, der andere hält einen abgeschnittenen Zopf in den Händen, findet sich die Bemerkung: »Ein Schüler aus Hoschuwan, der sich vier Monate vor der Revolution trotz unserem Verbot den Zopf abschnitt und sich dann bis zur Revolution verbergen musste, da vor dieser das Zopfabschneiden bei Todesstrafe verboten war.« Hier wird deutlich, wie stark auch das Leben auf der Missionsstation von der bevorstehenden Revolution, also dem speziellen historischen Kontext, geprägt worden war. Womöglich gelangte der abgeschnittene Zopf später in die Hände von Otto Lohss. Doch dies ist reine Spekulation. Dass er an einen Hut angenäht ist, könnte auch bedeuten, dass es sich um ein Theaterrequisit handelte, das nach der Revolution, als es massenhaft abgeschnittene Zöpfe gab, angefertigt worden war.

Objektgeschichte: Streit um eine Ahnentafel

Im Heidenboten, dem populären Publikationsorgan der BM, publizierte Missionar August Nagel 1899[10] eine Geschichte: eine Demonstration missionarischer Macht und politischer Einflussnahme mit Hilfe von christianisierten Amtsträgern gegen Nicht-Christ:innen. In einem chinesischen Dorf namens Ho-hon lebte der Chinese Miao Schit-San, der mit seiner gesamten Familie zum Christentum übergetreten war. Er hatte in der Christengemeinde die Position eines Kirchenältesten, verfügte also über einen gewissen Einfluss. Lediglich seine Schwiegertochter war nicht konvertiert. In der Ahnenhalle, die er mit seinen ›heidnischen‹ Verwandten zusammen besass, befand sich noch das Bild der Göttin der Barm-

---

10 August Nagel, Streit um eine Ahnentafel, in: Evangelisches Missionsmagazin 1899, 56f.

herzigkeit, die von den Verwandten weiter angebetet wurde. Aus seinem Haus waren alle ›Götzen‹ verbannt. Der Streit zwischen ihm und seinen Verwandten um die Nutzung der Ahnenhalle eskalierte, als diese eine Ahnentafel eines kurz zuvor Verstorbenen in die Ahnenhalle bringen wollten, da ihnen der Vater von Miao Schit-San seinerzeit versprochen habe, dies tun zu dürfen. Miao Schit-San brachte die Angelegenheit auf der Missionsstation zur Sprache und man einigte sich darauf, mit den Verwandten zu sprechen und ihnen mitzuteilen, dass sie die Ahnentafel nicht in die Ahnenhalle stellen sollten. Miao Schit-San schlug seinen Verwandten vor, ihnen ihren Anteil an der Ahnenhalle abzukaufen, da er als Christ eine Ahnentafel in seinem Haus nicht dulden konnte und wollte. Mit Berufung auf die Erlaubnis des bereits verstorbenen Vaters von Miao Schit-San weigerten sich die Verwandten, seinen Vorschlag anzunehmen. Nachdem einige Wochen vergangen waren und sich die Fronten weiter verhärtet hatten, schrieb Missionar Nagel im Namen von Miao Schit-San an den christianisierten Kreismandarin und legte Klage gegen die Verwandten ein. Die Gegenpartei reichte ebenfalls Klage ein und verfertigte den Schrein für die Ahnentafel. Eine weitere Eskalationsstufe erreichte der Konflikt, als in Abwesenheit von Miao Schit-San die Verwandten, die in kurzer Entfernung von der Ahnenhalle lebten, begannen, Schrein, Räucherurne und Ahnentafel in die Nähe der Ahnenhalle zu tragen und Anstalten machten, diese dort aufzustellen. Die Christ:innen verbarrikadierten die Tür und verwehrten ihnen den Zutritt. Nach diesem Ereignis wurde Miao Schit-San zum Schutz von Soldaten des Mandarins begleitet sowie seine Verwandten vor Gericht geladen. Während die zerstrittenen Parteien vor Gericht erschienen, versuchten die daheim gebliebenen nichtchristlichen Verwandten gewaltsam in die Ahnenhalle einzudringen, indem sie auf das Dach stiegen und den Schrein durch eine Dachluke ins Innere zu befördern versuchten. Diese Aktion veranlasste den Kreismandarin letztendlich, sie zu verurteilen: Sie hatten sämtliche Prozesskosten zu tragen, durften die Ahnentafel nicht in der Ahnenhalle aufstellen, sie verloren ihren Anteil an der Ahnenhalle, wurden zu Stockschlägen verurteilt und eine Nacht in Gewahrsam genommen. Das Urteil war, dass es Christ:innen erlaubt sei, ihre Religion auszuüben und sie somit auch das Recht hätten, sich gegen das Aufstellen von Ahnentafeln und dergleichen zu wehren.

Im letzten Abschnitt schrieb Nagel:

> »Wir freuten uns alle mit dem Kirchenältesten Miao Schit-San des Sieges über ein Stück Heidentum, den wir allerdings mit Hilfe der obrigkeitlichen Gewalt erringen mussten. Das Haus des Kirchenältesten wurde nun vom Be-

lagerungszustand befreit, der Schrein mit der Ahnentafel zu einem in der Nähe sich befindenden Strohschuppen getragen, wo er heute noch steht und auch das oben erwähnte Götzenbild der Guanyin fand nach über hundertjähriger Existenz seinen Untergang im Feuer, welches man eigens zu dessen Vernichtung angezündet hatte.«

Was Nagel als ›christlichen Sieg‹ bezeichnete, kam für die indigenen Nichtchrist:innen einer Katastrophe gleich: Anstatt die Ahnentafel in einer reich geschmückten Ahnenhalle zu wissen, wurde sie in einen Strohschuppen verbannt, das Götterbildnis, das sie angebetet hatten, war zerstört worden. Diese missionarische ›Erfolgsstory‹, in deren Mittelpunkt ein religiöses Objekt stand, erzählt ›gegen den Strich gelesen‹ weitere Geschichten. Es ist auch die Geschichte einer zerrissenen Familie, zerrissen durch die Unvereinbarkeit der unterschiedlichen Glaubensrichtungen, die durch die Konversion einzelner Familienglieder ausgelöst wurde. Das gegeneinander Agieren vor dem Hintergrund tatsächlich oder strategisch nicht vereinbarer Glaubensrichtungen, das in zerstörten Familienstrukturen mündete, wurde von den Missionaren, deren christliche Überzeugung vor allem auch den Wert der Familie fokussierte, mindestens billigend in Kauf genommen. Statt eine Eskalation zu vermeiden, waren sie an einer strikten Durchsetzung ihrer eigenen Position interessiert. Konflikte zwischen ›traditionellen‹ und ›christlichen‹ Chines:innen führten oft dazu, dass sich letztgenannte an die Missionare wandten, die dann mithilfe örtlicher christlicher Mandarine den Rechtsweg beschritten. Häufig wurde der Streit zugunsten der Christ:innen entschieden. Sehr interessant ist, dass dieses Ereignis im Jahre 1899 während der Boxerbewegung stattfand. Dass die Nichtchrist:innen so vehement auf ihre Rechte pochten, mag womöglich damit in Zusammenhang gestanden haben. Die Machtdemonstration der Missionare mit ihrer Vehemenz und Konsequenz verhärtete umgekehrt die Fronten und trug dazu bei, dass sich die antimissionarischen und antichristlichen Einstellungen der Boxer bestätigten und verstärkten.

In dieser Geschichte wurde die Durchsetzung der eigenen Position auf beiden Seiten an einem Objekt, der Ahnentafel und dem Bildnis der Guanyin, festgemacht. Die Symbolkraft des Objektes und die Bedeutung desselben nahmen beide Seiten gleich ernst: natürlich unter verschiedenen Vorzeichen. Für keine Seite waren die Objekte inhalts- oder bedeutungsleer. Sie waren im wahrsten Sinne des Wortes ›Streitobjekte‹.

Nicht nur die aktive Beteiligung der Missionare am politischen Geschehen, ihre konträre oder positive Haltung der Kolonialregierung gegenüber, wie die

Abb. 6: Rangabzeichen; China; Seide, Metall; Slg. Basler Mission, IId 7911
© Dagmar Konrad

vorigen Beispiele zeigen, spiegelt sich in einigen Objekten. Die grundsätzlichen jeweiligen politischen Kontexte in den Missionsgebieten, aber auch in Europa, beeinflussten die Sammlungen gleichermaßen. Für die chinesische Sammlung ist die chinesische Revolution im Jahre 1911 eine Zäsur. Ab diesem Zeitpunkt konnten vermehrt Rangabzeichen höherer Beamter erworben werden, da auch diese an Funktion, Wert und Bedeutung verloren hatten. Aber auch das Fehlen von Objekten beziehungsweise das erschwerte Sammeln von Gegenständen hängt mit der jeweiligen Global- und Lokalgeschichte zusammen. Während der sogenannten Boxerbewegung in China 1901 kamen nur vereinzelt Objekte nach Basel, da viele Missionspaare die Missionsstationen verlassen und in Hongkong Zuflucht gesucht hatten und ihr Fokus insgesamt nicht auf den Erwerb von Gegenständen gerichtet war.

Aber vor allem waren die beiden Weltkriege ein Hauptgrund dafür, dass in den Kriegsjahren nur sehr wenig außereuropäische Gegenstände nach Europa verbracht werden konnten. Hier finden sich ›Lücken‹ in den Sammlungen. Die Selbstständigwerdung der christlichen Gemeinden in China veränderte die Missionsarbeit in der Nachkriegszeit dann wiederum grundlegend und ist mit ein Auslöser dafür, dass die Sammeltätigkeit weitgehend eingestellt wurde. Insgesamt waren nicht mehr so viel Missionare wie zuvor in China tätig und auch nicht mehr über einen längeren Zeitraum, da sie nur noch befristete ›Einsätze‹ hatten. In China wurden ausserdem bis 1950 alle Missionarsfamilien des Landes verwiesen. Auch dies ist letztendlich mit ein Grund dafür, dass die spätesten Objekterwerbungen aus den fünziger Jahren des 20. Jahrhunderts datieren, sich also keine Gegenstände neueren Datums finden.

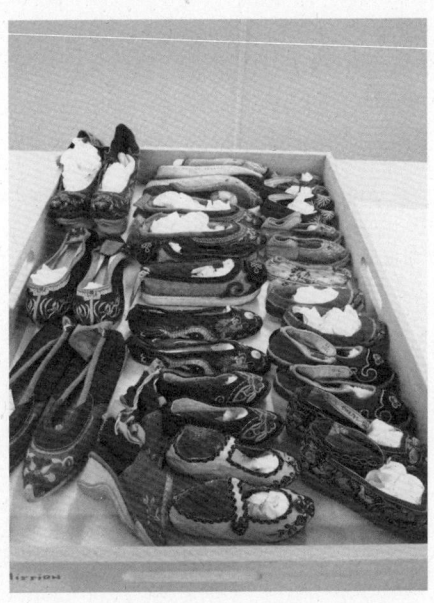
Abb. 7: Schuhsammlung; Slg. Basler Mission, © Dagmar Konrad

In vielen Objekten spiegeln sich also Missionsgeschichte, chinesische Politik-, Kultur- und Sozialgeschichte sowie deren Zusammenhänge wider. Die Schuhsammlung etwa ›erzählt‹ ein Stück Hakkageschichte, ebenso wie die Rangabzeichen ein Stück chinesischer Politikhistorie ›erzählen‹. Dass es viele Frauenschuhe in Normalgröße gibt, verweist darauf, dass sich insbesondere die Hakkafrauen nicht die Füße verkrüppelten, vielleicht auch deshalb, weil die Hakka-Chines:innen vorwiegend Bauern und Bäuerinnen waren und auf den Feldern auch Frauen arbeiten mussten, was mit gebundenen Füßen nicht möglich gewesen wäre. Außerdem verweist dies auch auf die Rolle der Frau innerhalb der Hakka-Gemeinschaft. Sie waren zwar nicht gleichberechtigt, aber doch höhergestellt als in anderen chinesischen Ethnien. Die Mandarinzeichen wiederum ›erzählen‹ von der einstigen Macht der Mandarine und dem Niedergang der Quing-Dynastie. Ebenfalls chinesische (Alltags-)Geschichten ›erzählen‹ die Modelle aus Holz. Einige davon stellen ländliche Maschinen und Tätigkeiten dar: eine Ölpresse (IId 9814), eine Reismühle (IId 9751), ein Schöpfrad und ein chinesisches Wohnhaus mit Ausstattung (IId 9592).

6. Missionsmarketing

Otto Schultze, der viele Jahre in China zubrachte, hatte in Zusammenhang mit den Missionsausstellungen auf die Notwendigkeit eines ›Marketings‹ hingewiesen und begründete dies mit folgenden Ausführungen, die gewissermassen als Leitsätze auch für alle anderen Werbemaßnahmen gelten konnten.

»Mit einem Wort: Die Mission weckt das Interesse für die fremden Völker. Dieses Interesse fördert aber auch umgekehrt das Verständnis für die Mission [...]. Welche die genauesten und zuverlässigsten Berichte über die dortigen Verhältnisse liefern können sind nicht sowohl die Reisenden, die sich nur flüchtig im Lande aufhalten, es sind vielmehr die Missionare, die dort ihre Wohnung haben, die unter und mit dem Volke leben.«[11]

Missionsausstellung 1908 in Basel

Die effektivste Werbemaßnahme war die große Missionsausstellung von 1908. Als Wanderausstellung wurde sie in mehr als 50 Städten – in größerem oder kleinerem Rahmen – gezeigt. Offenbar wurde sie in den Jahren nach dem Ersten Weltkrieg eher in Orten der Schweiz präsentiert.

Für die chinesische Abteilung wurde eine eigens in Kayintschu angefertigte Ahnenhalle, die aus einer Vorhalle und der eigentlichen Ahnenhalle bestand, nach Basel gesandt. In der Missionsausstellung wurden vor dieser Ahnenhalle zwei Ehrenschirme platziert sowie Steinlöwen und Steintrommeln, die allerdings Nachbauten aus Holz waren und somit leichter zu transportieren. Es gab auch ein sogenanntes ›Chinesenzimmer‹ beziehungsweise zwei Zimmer, eines davon das Zimmer eines Mandarins, das andere das Zimmer einer Chinesin, genauer gesagt einer chinesischen Braut. Sie waren mit zwei lebensgrossen Figuren bestückt.[12]
Am 24. September 1908 hatte Missionar Kammerer »eine Figur in Lebensgrösse, darstellend eine Hakka-Chinesenfrau (im Festgewand) aus dem Stationsgebiet Nyenhangli« gesandt. Die Figur war komplett als Braut ausgestattet. Über ihre Accessoires heisst es im Zuwachskatalog:

---

11 Otto Schultze, Bilder aus dem Leben der Chinesen, in: Evangelisches Missionsmagazin 34 (1890), 10–25, 49–56.
12 Diese Figuren sind im Gegensatz zu indischen lebensgroßen Figuren in der Sammlung nicht mehr vorhanden.

Abb. 8: Eingang zur chinesischen Ausstellung 1908 in Basel.
Im Vordergrund: Ehrenschirme und Säulen aus Holz, Slg. Basler Mission, © Dagmar Konrad

»Der Silberschmuck im Haar und an der Kleidung wird der Braut vom Bräutigam geschenkt. Ersteren trägt sie vom Tag der Verheiratung und darf sich ohne denselben nie (auch nicht bei niederen Arbeiten) öffentlich zeigen. Zu der Frisur, welche von Zeit zu Zeit neu geordnet wird, bedient sie sich bei Nacht eines Blocks (Kopfkissen) zur Stützung des Nackens. Strümpfe und Schuhe tragen die Frauen meist nur im Festgewand, die Christen beim Kirchenbesuch.«[13]

Die Inszenierung der Zimmer zeigt deutliche genderspezifische Unterschiede. Sie waren missionarische Stereotypisierungen chinesischer Frauen- und Männerrollen. Die Frauenfigur stand vor einem Tisch, auf dem verschiedene ›Hausgötzen‹ aufgebaut waren, unter anderem die Figur der Göttin der Barmherzigkeit, dazu Requisiten, die zur Anbetung benötigt wurden. Desweiteren fand sich in

13 Einlaufbuch BM Teil II (1908–1913), Jahr 1908.

dem Zimmer ein Hakka-Hut, das übliche Kleidungsstück der Hakka-Frauen. Begräbniskleidung hing an einer Wand, außerdem waren ein Körbchen, das als Ofen diente, und ein Spinnkörbchen mit Hanf zu sehen. Als besonderes Objekt wurde noch der Gipsabdruck eines gebundenen Fußes ausgestellt. Dieses Objekt fand wohl 1906 Eingang in die Sammlung. Es war der Gipsabguss eines gebundenen Fußes einer 16-Jährigen, den der amerikanische Missionsarzt Kerr in seiner Klinik in Kanton angefertigt hatte (IId 9171). Jakob Lörcher, der offenbar mit Kerr in Kontakt gestanden hatte,[14] brachte ihn vermutlich bei seiner Rückkehr im Jahr 1906 nach Basel mit.[15] Insgesamt wurde mit der Inszenierung des chinesischen ›Frauenzimmers‹ auf die angeblich vor allem von Frauen praktizierte ›Götteranbetung‹ hingewiesen, der Ofen und das Hanfkörbchen fokussierten auf ihre Rolle der Hausfrau und die gebundenen Füße waren ein Symbol ihrer Restriktion. Ganz anders das männliche Zimmer: Die Figur trug die Amtstracht eines chinesischen Beamten und saß am Schreibtisch, vor sich Schreibwerkzeug. Briefpapier und ein Siegel fehlten ebenfalls nicht. Auf dem Tisch lagen Spielkarten, auf einem Bücherbrett fanden sich chinesische Klassiker. Auch einige Tabakpfeifen waren zu sehen. An den Wänden hingen verschiedene Musikinstrumente: Geigen, Gitarren und Blasinstrumente. Es stellte also das Zimmer eines gebildeten, weil schreibkundigen Mannes, der an Literatur interessiert war, dar. Gewissermassen aus dem Rahmen fallen hier die Spielkarten, sie sind Symbol der Spielleidenschaft, die von der Mission verurteilt wurde. Und: Es fand sich eine Bettstelle mit Moskitonetz. Das Wichtigste aber war eine Opiumpfeife mit dazugehöriger Öllampe, denn: »die Chinesen legen sich aufs Bett, wenn sie Opium rauchen«[16]. Damit wurde gewissermaßen das Bild des hochrangigen Gelehrten konterkariert, denn er war, wie alle Chinesen, Opiumraucher, also süchtig. Dennoch bleibt festzuhalten: Dem Bild der ungelehrten, Götzen anbetenden Hausfrau steht das Bild des höherrangigen, auch der Frau überlegenen Mannes gegenüber. Um es aus heutiger Sicht und etwas überspitzt auszudrücken: Sie wurde als geschmücktes und schmückendes ›Beiwerk‹ des ›hochdekorierten Mannes‹ darge-

---

14 Zumindest ist sein Name auf die Rückseite des Gipsabdruckes geschrieben. Offenbar war er also in irgendeiner Weise an dieser Transaktion beteiligt.
15 Im Einlaufbuch der Basler Mission wird als Missionsarzt Dr. Herr vermerkt, dies muss allerdings ein Schreibfehler sein, denn die Klinik, in der der Gipsabdruck hergestellt worden war, wurde von Missionsarzt Kerr geleitet. Da Kerr bereits 1901 verstarb, kann davon ausgegangen werden, dass der Abdruck vor 1901 angefertigt wurde. (Anm. D. K.)
16 BMA, Erläuterungen zur Basler Missions-Ausstellung, Basel 1912, 12.

stellt. Allerdings unterschieden sich diese Inszenierungen nicht grundlegend von zeitgenössischen europäischen Auffassungen der Geschlechterrollen. Auf Missionsfotografien, die das Missionspaar in häuslicher Atmosphäre abbilden, sehen wir nicht selten den Missionar bei einer Schreibarbeit am Schreibtisch, respektive ein Buch lesend, während die Missionarsfrau häufig mit einer Handarbeit beschäftigt neben ihm sitzt. Ebenso was den Arbeitsraum betrifft: Missionare sind oft im ›Feld‹ zu sehen, bei der Predigt, auf Missionsreisen, also bei der ›eigentlichen Missionsarbeit‹, die Frauen meist auf der Veranda mit Mädchen ihrer Nähschulen.

Fazit

Missionare und Missionarsfrauen brachten das Evangelium nach Übersee, das sie verbreiten wollten, zugleich brachten sie aber auch sich selbst und ihr ›kulturelles Gepäck‹ mit.

Wenn sie nach Jahren und Jahrzehnten in Übersee wieder nach Europa zurückkehrten, hatte sich ihr ›kulturelles Gepäck‹ angereichert, verändert oder erneuert. Auch sie nahmen etwas mit von der zweiten Heimat, wie sie oft genannt wurde, die aber meist schon zur ersten geworden war. Sie waren selbst zu einem Teil der anderen Kultur geworden. Diese Übernahme fremder Kulturelemente manifestierte sich nicht nur immateriell, sondern auch materiell in Objekten. Ihnen kam vor allem eine spezielle Bedeutung bei der Rückkehr nach Europa zu. Sie wurden mitgenommen und dienten wiederum in der ›alten Heimat‹ einer speziellen Erinnerungskultur, die die ›neue Heimat‹ vergegenwärtigen half. Bei der Rückkehr in die ›alte Heimat‹ fand also ein ähnlicher Prozess wie beim Einzug in die ›neue Heimat‹ statt. Ein *musée sentimentale* wurde hier wie dort errichtet. In das ›Missionsland‹ wurden europäische Gegenstände importiert, nach Europa exotische Objekte exportiert. Manche Missionsleute richteten sich in Europa eigens chinesische Zimmer ein, manche bewahrten afrikanische Goldgewichte in extra dafür angefertigten Vitrinen auf, wieder andere benutzten spezielle afrikanische Hocker und so fort. Im Privatleben sollten die Objekte die Verbindung zu der anderen Kultur verdeutlichen, vielleicht sogar tagtäglich herstellen. Ihre kulturelle Aneignung hatte einen emotionalen Mehrwert. Das zeigt sich darin, dass ›privat‹ gesammelte Artefakte meist erst als Nachlass Eingang in die Sammlung fanden und dem Missionsmuseum in Basel selten schon zu Lebzeiten übergeben wurden. Im Gegensatz hierzu dienten die Objekte in den öffentlichen Missions- und Kolonialausstellungen grundsätzlich der Darstellung kultureller Differenz. Hier wurde immer das Trennende betont: Kulturelle Entwicklungsstufen sollten sichtbar gemacht werden, die mit Hilfe von Objekten definiert wurden, ›falsche‹ Glaubensvorstellungen durch Zeremonialobjekte der anderen Kultur veranschaulicht werden, um so die Dichotomie zwischen ›Eigenem‹ und ›Fremden‹ zu betonen. Nicht nur Unterschiede wurden markiert, zugleich wurde Über- und Unterlegenheit festgeschrieben. Die Wahrnehmung der Welt mit Europa als Zentrum, also der ethnozentrische Blick diente dabei der Konstruktion des Anderen sowie der Konstruktion des Selbst.

Nur eine Minderheit aller Missionsangehörigen sammelte für das Missionsmuseum und reagierte auf Aufrufe der Missionsleitung. ›Offizielles Sammeln‹, außer bei religiös konnotierten Gegenständen, die bei Konversionen abgegeben wurden, wurde von vielen als reine Nebenbeschäftigung angesehen, die der Hauptaufgabe, der Missionsarbeit, untergeordnet werden musste. Viele verstanden die Aufforderung der Missionsmuseumskommission zu sammeln vielleicht auch eher als eine Art Bitte, der man nachkommen konnte oder eben auch nicht, je nachdem ob man Zeit erübrigen konnte.

Letztendlich lag also die Entscheidung bei den Missionaren, was und ob sie überhaupt etwas nach Basel sandten. Sammelleidenschaft, gar Sammelwut findet sich eher selten. Womöglich auch deshalb, weil sie, anders als Forschungsreisende, die nur einen kurzen Zeitraum für das Sammeln zur Verfügung hatten, oft jahrelang in den fernen Regionen lebten und mit der materiellen Kultur insgesamt vertrauter waren, sie teils zu ihrem Umfeld, ihrem täglichen Leben gehörte? Und somit vielleicht auch den ›Reiz des Neuen und Ungewöhnlichen‹ verloren hatte? Eine gewisse Form von ›Sammelleidenschaft‹, auch vielleicht sogar Sammelwut, lässt sich umgekehrt eher bei den Missionsangehörigen in Basel ausmachen. Die sogenannten Zettelkataloge, die ab 1912 als Vorarbeiten für weitere Kataloge angelegt, dann aber nicht realisiert wurden, können ein Beleg für diese Vermutung sein. In diesen ›Katalogen‹ wurden von vielen Gegenständen akribisch genaue Zeichnungen angefertigt. Es finden sich Musikinstrumente, Schmuck, Schnitzereien, Werkzeuge für die Landwirtschaft und Utensilien für die Nahrungszubereitung. Fotografien herzustellen war wahrscheinlich zu teuer und die Qualität möglicherweise nicht optimal. Eine nüchterne Auflistung der eingesandten Objekte schien nicht ausreichend gewesen zu sein, was wiederum ein Hinweis darauf sein könnte, dass sich das Missionsmuseum in Basel im Hinblick auf das Sammeln von Daten auch an den zeitgenössischen ethnographischen Museen orientierte.[17] Aber nur die wenigsten Missionare lieferten ausführliche Beschreibungen und Hintergrundinformationen zu den mitgebrachten oder eingesandten Objekten. Wenn sie es taten – wie Rudolf Lechler in China –, steckte häufig ein professionelles Interesse dahinter. In der Regel waren die Informationen zu den Artefakten spärlich. Dies korrespondiert in gewissem Sinne damit, dass es wiederum auch nur einige wenige Missionare waren, die viel sammelten: Ihre Namen tauchen gehäuft in den Eingangsbüchern auf, wohingegen die Mehrheit derjenigen, die überhaupt sammelten, meist nur einige wenige Objekte nach Basel schickten. Manche verlegten sich lieber auf die Produktion von Lichtbildern, wie etwa Wilhelm Maisch in China. Er hinterließ Tausende von Fotografien, aber nur wenige gesammelte Objekte.

Kulturen als geschlossene Entitäten zu verstehen war im historischen Kontext des 19. Jahrhunderts die Regel. Die einheimische Bevölkerung, die nicht zum Kreis der Händler:innen oder Produzent:innen zählte, war sich sicher der Bedeutung, die ›ihre‹ Objekte für die Sammelnden hatten, bewusst. Einheimische Akteur:innen bestimmten wahrscheinlich in weitaus größerem Ausmaß als vermutet mit, was überhaupt in den Besitz der Missionare gelangen konnte. Manches wurde sicherlich auch zurückgehalten. Insofern ist die Sammlung, wie sie heute besteht, nicht nur das Werk missionarischer Sammler, sondern ebenso indigener Besitzer:innen, die Dinge hergaben oder behielten. Das Zustandekommen der Sammlung spiegelt also auch interkulturelle Kontaktsituationen, Verflechtungen, Austauschprozesse und Begegnungen wider. Zugleich symbolisieren aber manche Objekte auch die ambivalente Position der Missionare vor Ort, zeigen Konfliktsituationen, Grenzziehungen, kurz eine gebrochene Diskursrealität auf. Die meisten Missionare und ihre Frauen bemühten sich um ein Verständnis der Anderen, ähnlich den Ethnolog:innen, allerdings unter umgekehrten Vorzeichen. Das Verstehen der Anderen war für Missionare nicht Selbstzweck, sondern Mittel zum Zweck, nämlich die vorgefundene Kultur zu verändern.

---

17 Vgl. dazu auch Anna Schmid, Eine ethnografische Missionssammlung, in: Museum der Kulturen Basel (Hg.), Mission Possible? Die Sammlung der Basler Mission. Spiegel kultureller Begegnungen, Basel 2015, 207–223, hier: 218 ff.

Nicht nur die religiösen Objekte hatten in den Ausstellungen eine Art Stellvertreterfunktion, auch Alltagsgegenstände dienten dazu, bestimmte selektive Bilder der anderen Kulturen zu vermitteln, dies nicht immer nur im negativen Sinne, teilweise auch positiv konnotiert, aber immer einem Ziel untergeordnet, nämlich den Missionsgedanken und die Notwendigkeit der Mission in den Ausstellungen beim Publikum zu implantieren. Durch die ausgewählten ausgestellten Objekte wurde die missionarische Interpretation der anderen Kulturen vorgestellt. Zum Einsatz kamen meist spektakuläre und exotische Objekte mit auratischer Wirkung, die aus strategischen und dramaturgischen Gründen gezeigt wurden, weil sie am effektivsten die Spendenbereitschaft erhöhten. Dies ist insofern von Bedeutung, als die chinesische Sammlung weit mehr Alltagsgegenstände als reine Prestigeobjekte oder sogenannte ›Kuriosa‹ aufweist. Insgesamt wäre es interessant zu prüfen, ob und inwieweit sich die Missionsausstellungen eigentlich von den zeitgenössischen Völkerschauen und/oder anderen ethnologischen Ausstellungen unterschieden oder ob sie sich überhaupt unterschieden. In einem Bericht der Missionsmuseumskommission aus dem Jahre 1908 heisst es: »Das Museum wird sich nie mit Museen hiesiger Stadt verschmelzen, sondern betrachtet sich als selbstständige Schwesteranstalt derselben, welche im Hinblick auf ihre besondere Eigenschaft als Missionsmuseum auch eine Sonderstellung vor anderen gleichartigen Instituten einzunehmen berechtigt ist.«[18] Dieses Statement war relativ selbstbewusst, zeigt den Wunsch, sich professionell zu präsentieren, und weist auf ein übergeordnetes Ziel hin: den Aufbau einer religionsgeschichtlichen Sammlung. Das schloss nicht aus, dass sich das Missionsmuseum trotz der Betonung der Eigenständigkeit durchaus vom Besuch von anderen Ausstellungen und Museen inspirieren ließ und sich mit diesen verglich. Möglicherweise folgte die Missionsausstellung also auch zeitgenössischen ›Trends und Moden‹ bei der Präsentation. Bereits seit den 1850er Jahren bestanden Kontakte zur Naturhistorischen Gesellschaft in Basel, später wurden weitere zum Völkerkundlichen Museum in Berlin sowie in Bern geknüpft, die teils auch für Expertisen zu bestimmten Objekten angefragt wurden. Auch Anfragen aus Genf für eine Gewerbeausstellung sind ein Beleg dafür, dass es Kontakte zu anderen Institutionen gab, die das Missionsmuseum als Leihgeber und Anlaufstelle für Objekte nutzten. Der Vorteil des Basler Missionsmuseums gegenüber den herkömmlichen ethnographischen Sammlungen war sein gut ausgebautes großes Samm-

---

18 BMA, Q-8-4,26 Protokoll der Missionsmuseumskommission. Vierte Sitzung 1908.

lernetzwerk in den ›Missionsländern‹. Diese Vertretungen vor Ort bildeten eine dauerhafte Sammlerbasis, besser noch eine Art ›Sammlerpool‹. Es mussten keine kostspieligen Expeditionen durchgeführt werden, um an Exponate zu kommen. Dadurch, dass Missionare auch an andere Einrichtungen Objekte verkauften, obwohl dies von der BM nicht gern gesehen wurde, kam es zu einer Erweiterung von Kontakten, so zum Beispiel zum damaligen Ethnographischen Museum in Neuchâtel. Außerdem gab es Interaktionen des Missionsmuseums mit zeitgenössischen Museen, auch Missionsmuseen und insbesondere mit den Weltausstellungen (Paris 1867, Berlin 1896). Die Missionsmuseumskommission war ehrenamtlich tätig, professionalisierte ihre Arbeit aber zunehmend. Dies zeigt sich beispielsweise an für die damalige Zeit nahezu modernen Marketingstrategien. Die ›Selbstvermarktung‹ beinhaltete Faktoren, die an heutiges ›*Eventmanagement*‹ und *Fundraising* erinnern, wenn etwa der Kaufmännische Verein von Basel zu seinem 50-jährigen Jubiläum eine Museumsführung auf dem Programm hatte. Die Kontakte zur Stadt Basel, beziehungsweise die Außenwahrnehmung des Museums zeigt sich auch daran, dass etwa Schüler:innen der Gewerbeschule ins Missionsmuseum kamen, um Objekte wie Figurinen, Vasen, aber auch Textilien abzuzeichnen. Diese Zeichnungen befinden sich in den bis jetzt noch unsortierten Museumskisten im Archiv der mission 21.

Die Frage, inwieweit sich diese Missionssammlung von anderen kolonialen Sammlungen unterscheidet, muss offenbleiben. Auch konnte keine erschöpfende Sammlungsbiographie geleistet werden. Hierfür wären umfassendere Untersuchungen nötig. Durch die vorgelegten Mikrostudien konnten erste Einblicke geliefert werden.

Vielleicht besteht ein Unterschied zu anderen kolonialen Sammlungen darin, dass die SBM einen äußerst langen Zeitraum abdeckt, nämlich rund 100 Jahre, in denen mehr oder weniger kontinuierlich gesammelt wurde. Die BM hatte – wie bereits erwähnt – gegenüber anderen Völkerkundemuseen neben dem strukturellen den Vorteil, eine eigene ›Sammlerbasis‹ vor Ort zu haben, und zwar in mehreren Ländern, und keine kostspieligen Expeditionen finanzieren zu müssen. Sie hatte allerdings den Nachteil, dass nur wenige ›Experten‹ vor Ort dadurch, dass ihr Hauptaugenmerk eben gerade nicht auf die Sammeltätigkeit gerichtet war, überhaupt sammelten.

Die chinesische Sammlung besteht aus 3969 Objekten. Im Zeitraum von 1846 bis 1949 befanden sich 196 Missionare und ihre Familien in China. Im statistischen Mittelmaß würde dies bedeuten, dass rund 40 Objekte pro Jahr gesammelt wurden.[19] Der Unterschied zu anderen kolonialen Sammlungen liegt wahrscheinlich auch in der Idee, die hinter der Sammlung stand: Sie war im doppelten Sinne ›Mittel zum Zweck‹: als Lehrmittel für angehende Missionare, die sich durch die eine erste ›Berührung‹ mit der anderen materiellen Kultur der Länder, die sie zu missionieren gedachten, an diese im Vorfeld bereits ein wenig ›annähern‹ konnten und als ›Missionsinstrument‹ für potentielle Geldgebende, die die Notwendigkeit, die Richtigkeit und den Erfolg des ›Unternehmens‹ befürworten sollten. Im historischen Kontext zielte das Ausstellen der Objekte darauf ab, das Trennende zwischen der eigenen und der anderen Kultur zu demonstrieren, im heutigen Kontext könnten mit denselben Objekten gemeinsame Geschichten erzählt und das Verbindende zwischen den Kulturen gezeigt werden.

(Dr. Dagmar Konrad ist Lehrbeauftragte im Fachbereich Kulturwissenschaft und Europäische Ethnologie an der Universität Basel.)

ABSTRACT

In 1847, the Basel Mission sent two missionaries to southern China for the first time. The first objects in the ›Chinese collection‹ also date from this year. Parts of this collection are examined more closely in their historical context under various object categories: Religious objects that came into the collection as ›trophies‹ of successful missionary work; objects that were given to the missionaries as gifts and objects that were forcibly taken from their owners. This is followed by reflections on the motives for collecting, descriptions of object transfers and acquisition histories. Their significance for the local cultures, their selection by the missionaries and the process of their transition to museum artifacts as well as their use as a marketing tool in the mission museum and in the exhibitions are also examined.

---

19 Zu berücksichtigen ist dabei natürlich, dass während Kriegszeiten sehr viel weniger eingeliefert wurde, wohingegen 1908, als die erste Missionsaustellung stattfand, sehr viele Objekte nach Basel gesandt wurden.

Von der Arktis bis Afrika

Missionsgeschichte im Spiegel der Lübecker Sammlung Kulturen der Welt

Lars Frühsorge

1. Eine vielschichtige Sammlung

Die Sammlung Kulturen der Welt (bis 2024: Völkerkundesammlung) im Verbund der Lübecker Museen zählt zu den kleineren, aber ältesten ethnologischen Museen Deutschlands. Sie verfügt aktuell über keine eigenen Ausstellungsräume, veranstaltet aber jährlich mehrere Sonderausstellungen in anderen Museen und hat ihren historischen Objektbestand digital erfasst, so dass er gut zu erforschen ist.[1] Ihr aktueller Aufbewahrungsort, das Zeughaus, welches buchstäblich im Schatten des Lübecker Doms liegt und das in der Zeit des Nationalsozialismus ein Foltergefängnis und Ausgangspunkt der Deportation von Sinti und Roma sowie Menschen jüdischen Glaubens war, symbolisiert in vielerlei Hinsicht das schwierige historische Erbe, aus dem die heutige deutsche Ethnologie erwuchs. Eine solche Arbeitsstätte gemahnt uns tagtäglich, für ein besseres Miteinander der Kulturen und Religionen in Gegenwart und Zukunft einzutreten. Anstelle einer Fortsetzung der klassischen ethnographischen Fremdrepräsentation (also der Vermittlung von Wissen über »exotische« Kulturen von deutschen Kurator:innen für ein deutsches Publikum) gilt es in der zukünftigen Museumsarbeit nach neuen Formen von Dialog und Selbstrepräsentation zu streben. Mit den be-

---

1 In den kommenden Jahren ist eine Online-Präsentation der Daten geplant. Aktuell gibt lediglich ein Katalog der kulturhistorisch bedeutendsten Objekte einen breiten Überblick über den Sammlungsbestand: Brigitte Templin, Einblicke in den Bestand der Völkerkundesammlung der Hansestadt Lübeck, Lübeck 2011.

schränkten finanziellen und personellen Mitteln der norddeutschen Provinz sind dies hohe Ansprüche, die sich aber etwa durch die Zusammenarbeit mit migrantischen Communities in Deutschland, durch digital geführte Dialoge und die Einräumung eines Veto-Rechts für die Herkunftsgemeinschaften hinsichtlich sensibler Themen und Objekte zumindest ansatzweise realisieren lassen.[2]

Die Sammlung umfasst rund 30 000 Objekte (etwa 60 % davon aus kolonialen Kontexten), die mehrheitlich von Lübecker Bürger:innen im Rahmen von Reisen und beruflichen Auslandsaufenthalten gesammelt wurden. Es handelt sich somit um eine im Kern bürgerliche – und keine wissenschaftliche oder höfische – Sammlung, auch wenn der Bestand immer wieder durch Erwerbungen aus dem Kunsthandel, durch Tauschgeschäfte mit anderen Museen und eben auch durch Käufe und Schenkungen von sammelnden Missionaren[3] bereichert wurde. Lange Zeit dienten diese Objekte in Ausstellungen nur als eher zeitlose Zeugnisse bestimmter Aspekte ihrer Ursprungskulturen. In den letzten Jahren bemühen wir uns aber herauszuarbeiten, dass jedes Objekt nur eine historische Momentaufnahme repräsentiert und die Sammlung durch den Weg der Objekte aus aller Welt nach Lübeck auch ein Spiegel unserer eigenen Geschichte mit all ihren globalen Verflechtungen ist. Im Zentrum steht dabei naturgemäß unsere verdrängte Kolonialgeschichte.

Auch wenn das öffentliche Interesse an kolonialen Museumssammlungen erst um das Jahr 2018 aufgrund der medialen Debatte um das Berliner Humboldtforum und der Arbeiten von aktivistischen Historiker:innen wie Benedict Savoy und Jürgen Zimmerer eine wirklich breite Öffentlichkeit erreichte, hat es bereits seit Gründung postkolonialer Staaten z. B. aus Afrika regelmäßig Rückgabeforderungen bezüglich bestimmter Objekte gegeben.[4] Und auch in den verschiedenen deutschen Regionen hat sich die Thematik sehr unterschiedlich entwickelt. Während in Hamburg oder Bremen schon seit den 1980er Jahren über das Thema

---

2 Exemplarisch für diesen kooperativen Ansatz ist die mit Geflüchteten aus der Ukraine gestaltete Ausstellung »In Krieg und Frieden« zu nennen (https://skw.die-luebecker-museen.de/in-krieg-und-frieden [25.1.2025]) sowie Lars Frühsorge, Hoffnung am Ende der Welt. Von Feuerland zur Osterinsel, Lübeck 2023.
3 In dem vorliegenden Artikel wird ausschließlich die maskuline Form verwendet, da nur männliche Missionare als Sammler von Objekten dokumentiert sind. Allerdings sollte im Fall von Friedrich Langheinrich, der zusammen mit seiner Lübecker Ehefrau in Tansania tätig war, ein weiblicher Anteil an den Objekttransfers nicht ausgeschlossen werden.
4 Gert von Paczensky/Herbert Ganslmayr, Nofretete will nach Hause. Europa – Schatzhaus der »Dritten Welt«, München 1984.

Kolonialismus gestritten wird und viele lokalhistorische Details bekannt sind, erreichte diese Thematik in Lübeck erst durch unseren Ausstellungszyklus »Afrika und Lübeck« im Jahr 2022 ein breites Publikum. Die Sammlung Kulturen der Welt, genauer gesagt die Fragen, wie ihre Objekte nach Lübeck kamen und welche Rolle ihre Sammler:innen im Geflecht kolonialer Herrschaft spielten, ist so zu einem Ausgangspunkt geworden, um diverse vergessene Akteur:innen, Orte und Ereignisse der Lübecker Kolonialgeschichte wiederzuentdecken und in das öffentliche Bewusstsein zurückzuführen.[5] Von Kaufleuten, die durch Kolonialwaren zu viel Macht und Reichtum kamen, ohne Deutschland verlassen zu haben, reicht die Liste über Plantagenbesitzende, Verwaltungsbeamte und medizinisches Personal bis zu Lübecker Soldaten in kolonialen Völkermorden.

Die Missionsgeschichte ist ein nicht unwesentlicher Teil dieser verdrängten »kolonialen Kultur«, auch wenn die meisten der in der Sammlung vertretenen Missionare nicht aus Lübeck stammen. Unsere Erforschung der Missionssammlungen steht also noch ganz am Anfang und bedarf professioneller Unterstützung. Die folgende Präsentation einer Auswahl dieser Objekte soll einerseits den fachlichen Austausch stimulieren und Interessierte zu weiterführenden Erforschungen der Lübecker Bestände ermutigen. Der vorliegende Beitrag soll andererseits aber auch ganz allgemein das enorme Potential verdeutlichen, das sich durch eine differenzierte Erforschung von Objekten in Missionssammlungen jenseits der Fragen nach Raubgut und Restitutionen eröffnet.

Ein dramatischer Einschnitt in der Geschichte Lübecks war die Nacht zum Palmsonntag 1942, als die damals im Museum am Dom gezeigte Sammlung von britischen Bomben getroffen wurde. Dabei verbrannte praktisch der gesamte Bestand an Archivalien, sodass aus der Zeit vor dem Zweiten Weltkrieg nur noch die Inventarbücher Auskunft über die Herkunft der Objekte geben. Auch die Objektsammlungen selbst wurden im Krieg erheblich dezimiert. Aufgrund dieser Einschränkungen verbleiben nach aktuellem Stand der Recherche nur noch 403 Objekte, die als eindeutig aus missionarischen Kontexten stammend identifizierbar sind.[6] Trotz dieses geringen Umfangs finden wir mit den Objekten sehr un-

---

5 Lars Frühsorge, Spuren der Lübecker Kolonialgeschichte, Lübeck 2022.
6 Hiermit sind Objekte gemeint, die von Missionaren an das Museum gegeben wurden, oder Kunsthandwerk, das in Missionsstationen gefertigt wurde. Hinzu kommen Einzelobjekte wie christliche Bücher in außereuopäischen Sprachen, die offensichtlich missionarischen Zwecken dienten. Wahrscheinlich war und ist der Bestand von missionarischen Objekten in der Sammlung aber weitaus größer. So zeigen unsere Recherchen, dass viele frühe bürgerliche Sammlungen aus fernen

terschiedliche Zeiten, Orte und Dimensionen der Missionsgeschichte repräsentiert. Neben den im Folgenden noch näher zu besprechenden arktischen und afrikanischen Beständen (Sammlungen von Melle, Groth, Langheinrich) stechen vor allen Dingen die Missionare in Indien ins Auge, von denen die an Objekten zahlenmäßig größten Sammlungen stammen. Zu ihnen zählen der für das Leipziger Missionswerk in Jimba (Kenia) und Chennai (Indien) tätige Ernst Martin Brutzer sowie Alfred Nottrott, ein gewisser Dr. Pusching und Theodor Rotte, die für die Gossner Mission in Ranchi und Darbangha tätig waren. Ein weiterer Missionar und Sammler namens Anton Renken wirkte für die Barmer Mission auf Borneo. Leider sind uns diese asiatischen Bestände und die biographischen und historischen Hintergründe ihrer Sammler noch praktisch unbekannt und können daher hier nicht näher vorgestellt werden.

2. Dokumentation oder Vorurteil?

Die Schriften und Sammlungen von Missionaren aus dem 19. und frühen 20. Jahrhundert stellen aus museumsethnologischer Sicht ebenso wichtige wie ambivalente Zeugnisse dar. Einerseits hatten die Missionare bessere Sprachkenntnisse und tiefere Einblicke in die lokalen Kulturen als die Kaufleute oder Tourist:innen, von denen die meisten Objekte der Sammlung stammen. Und im Unterschied zu jenen von persönlichen Interessen (und europäischer Vorstellung von Ästhetik) getriebenen Privatsammler:innen enthalten die missionarischen Bestände zahlreiche Alltagsgegenstände, die einen breiten Einblick in die damalige Lebenswelt der Kolonisierten ermöglichen. Andererseits gilt es zu beachten, dass Missionssammlungen (wie jedes historische Zeugnis) nicht wertneutral sind, sondern mit einer klaren Agenda zusammengetragen wurden.

Fragen wirft etwa ein Rollbild mit erotischen Szenen auf, das zwar Teil einer Indiensammlung ist, aber chinesischer Machart. Was veranlasste einen Missionar dazu, so ein Stück zu erwerben und warum wollte er es in einem deutschen Museum bewahrt wissen? Ging es ihm vielleicht darum, die vermeintliche Triebhaftigkeit der Ostasiaten zu dokumentieren, um sein missionarisches Werk als

Weltgegenden nicht von den Lübecker:innen selbst zusammengetragen, sondern als komplette Konvolute von unbekannten Dritten übernommen wurden. So sind z. B. im Falle einiger Objekte und sterblicher Überreste aus Neuguinea britische Missionare als die ursprünglichen Sammler anzunehmen.

notwendigen Akt der gesellschaftlichen Neuordnung zu legitimieren? Ironischerweise weist diese Bildrolle einige markante Abweichungen vom üblichen chinesischen Stilkanon auf und ist insgesamt von eher mittelmäßiger künstlerischer Ausführung, wie sie für damalige chinesische Exportware typisch ist. Ähnlich wie die seinerzeit bei Seeleuten populäre *Doctor's Lady*[7], in Wahrheit Erotika für den westlichen Markt sind, ist es gut möglich, dass auch das hier gezeigte Rollbild niemals mehr war als ein gut verkäufliches Spiegelbild europäischer Fantasien, derer sich der chinesische Urheber dieses Werkes nur allzu bewusst war. Wie destruktiv und wirkungsmächtig derartige Klischeebilder sexualisierter asiatischer Frauen bis heute sind, führen uns nicht nur das Internet, sondern auch der globale Sextourismus tagtäglich vor Augen. Somit zeigt dieses Objekt eben auch, dass die Beschäftigung mit kolonialer Geschichte immer auch mit Fragen nach gegenwärtigen Verhältnissen zu verknüpfen ist.[8]

Abb. 1: Chinesisches Rollbild mit erotischen Szenen, aus der Sammlung Nottrott/Pusching, Indien vor 1900 (Ausschnitt)

3. Ritualobjekte

Besonders auffällig an den in Lübeck bewahrten Missionssammlungen ist die große Zahl an nichtchristlichen Ritualgegenständen. Die in diesen Objekten reflektierte intensive missionarische Beschäftigung mit den einheimischen Glaubenssystemen ist wenig überraschend, bot sie doch die Grundlage für eine erfolgreiche Bekehrungsarbeit. Dabei entbehrt es aus heutiger Sicht nicht einer gewissen Ironie, dass die Missionare gerade durch das Sammeln solcher Zeugnisse der von ihnen bekämpften Glaubensinhalte auch

---

7 Hierbei handelt es sich um kleine Skulpturen unbekleideter Frauen, mit denen angeblich schamhafte Damen der Oberschicht Ärzten die von ihrer Krankheit betroffene Körperregion mitteilten.
8 Lars Frühsorge, Sex und Vorurteil. Begleitheft zur Ausstellung, Lübeck 2021.

die materielle Grundlage dafür erschufen, dass an diese bis heute erinnert, sie gewürdigt und z. T. sogar in den Herkunftsgemeinschaften revitalisiert werden können.

In der heutigen öffentlichen Wahrnehmung ist das Bild missionarischer Objekttransfers selbst unter den Angehörigen einiger christlicher Kirchen sehr negativ.[9] In Gabun etwa kursiert die Legende, dass ein Missionar eine Dorfgemeinschaft aufforderte, alle alten Götterbilder auf einem Haufen zu versammeln und mit Laub zu bedecken, um sie am nächsten Tag zu verbrennen. In der Nacht entnahm er die Objekte aber, um sie heimlich zu verkaufen. So verbrannte am nächsten Tag nur das Laub. Die Sammlungstätigkeit der Missionare beschränkte sich jedoch nicht zwangsläufig auf Raub und Betrug. Einheimische könnten Teile ihrer Ritualobjekte bisweilen auch mehr oder minder freiwillig abgeliefert haben, um sie zu verkaufen oder ihre Zugehörigkeit zum neuen Glauben zu unterstreichen. Vielleicht versprachen sie sich von einer Allianz mit den Kirchenleuten eine bessere Verhandlungsposition bei den neuen europäischen Machthabenden oder zumindest einen besseren Schutz vor Ausbeutung und Misshandlungen durch die Kolonialherr:innen. Besonders differenzierte Blicke erfordern frühe Sammlungen. Nicht immer waren Missionare vor der Etablierung einer formellen Kolonialherrschaft überhaupt in der Machtposition, althergebrachte Rituale zu verbieten und Objekte zu konfiszieren. So könnten einige offenkundig ungeweihte Ritualobjekte ganz regulär auf einheimischen Märkten gekauft worden sein. Auch ist zwischen Geweihtem, Entweihtem und Ungeweihtem zu unterscheiden. Dies gilt etwa für ein Amulett aus der frühen Sammlung Groth (siehe unten), dass erst in Blut getaucht werden musste, um seine Wirkung zu entfalten.

Insbesondere in West- und Zentralafrika scheinen Einheimische schnell die europäische Faszination insbesondere für figürliche Darstellungen von Ahnen, Geistern und Gottheiten erkannt zu haben und boten entsprechende Objekte, teils entweiht, teils als ungeweihte Neuware, europäischen Reisenden aktiv zum Kauf an.[10] Auch wenn diese Transaktionen stets im generellen Unrechtskontext

---

9 Die folgenden Ausführungen über Ansichten der Herkunftgemeinschaften basieren auf formellen und informellen Gesprächen, die ich seit 2018 mit Gästen unseres Museums oder bei anderen Anlässen über den richtigen Umgang mit und Verbleib von Objekten und sterblichen Überresten ihrer Ahnen geführt habe. Hinzu kommen Daten von privaten Reisen, die mich seit 1999 in rund 30 postkoloniale Staaten führten.
10 Vgl. Stella Barsch u. a., Beiträge zur Tagung »Koloniale Objekttransfers und Indigene Agency«, Lübeck 2025.

Abb. 2:
»Kriegsamulett« aus Ghana, Sammlung Groth, um 1850

des Kolonialismus stattfanden, also keinesfalls als »fairer Handel« gelten oder gar als Argument gegen Restitutionen angeführt werden können, müssen wir anerkennen, dass sich in diesen Veräußerungen eine gewisse Handlungsfähigkeit der Einheimischen manifestiert. Der Verkauf von Ethnographica war für die einheimische Bevölkerung in den deutschen Kolonien eine der wenigen Möglichkeiten, an Bargeld für die koloniale Kopfsteuer zu kommen und so dem System der Zwangsarbeit zu entgehen. Ebenso sind Fälle von diplomatischen Geschenken dokumentiert, mit denen die Objektgeber konkrete Ziele verfolgten. All dies in der postkolonialen Geschichtsschreibung weiterhin zu ignorieren, birgt letztlich die Gefahr, überkommene europäische Allmachtsfantasien unbewusst weiter zu tradieren. Ein ganz anderes Bild zeichnet die große Zahl an frühen touristischen Souvenirs in der bürgerlichen Lübecker Sammlung, welche Ende des 19. Jahrhunderts schon in praktisch allen Erdteilen und mit wachsendem Bewusstsein für den europäischen Geschmack gefertigt wurden.[11] Die indigenen Produzent:innen dieser Objekte erscheinen mitnichten als die vermeintlich naiven »Eingeborenen«, die der kolonialen Sammlungswut angeblich nichts entgegensetzen konnten, sondern als geschickte *Global Player* in den Netzwerken ihrer Zeit.

11 Lars Frühsorge, Gustav Pauli (1824–1911). Die Reiseberichte und Sammlungen eines frühen Weltreisenden aus Lübeck, Lübeck 2018.

4. Das Depot als »spirituelles Endlager«?

Die religiöse Natur vieler Museumsobjekte kann heute christlichen Herkunftsgemeinschaften eher unangenehm sein, repräsentieren sie für manche Menschen doch einen als überwunden empfundenen Glaubenszustand oder werden – meist fälschlicherweise – mit Praktiken wie Hexerei assoziiert. Während der postkoloniale Aktivismus in Deutschland dazu neigt, die Rückgabe solcher Objekte mit der Erwartung einer Revitalisierung der alten Kulte gleichzusetzen, ist das potentielle Interesse der Nachfahren unserer Erfahrung nach häufig treffender mit Begriffen wie »Kulturerbe« umschrieben. Man erhofft sich von den zurückzuführenden Objekten Inspiration für heutige Kunstschaffende, die Möglichkeit, alte Fertigungstechniken zu studieren und wiederzubeleben, oder schlichtweg eine Stärkung des eigenen ethnischen oder nationalen Bewusstseins. Sofern es nur um die künstlerische Inspiration oder das Handwerk geht, ist eine »Rückgabe von Wissen« bisweilen vordringlicher als die Frage ihres finalen Verwahrungsortes.

Heutige Anhänger:innen vorchristlicher Glaubensformen hingegen kritisieren z. T., dass die Objekte durch ihre lange Verwahrung in europäischen Museen ihre spirituelle Macht verloren hätten oder dass sie aufgrund des verlorenen Wissens um den richtigen Ablauf der Zeremonien nicht mehr nutzbar wären. Die heutige Rückgabebereitschaft erscheint ihnen als der bloße Versuch europäischer Museen, sich von ihrer historischen Verantwortung reinzuwaschen oder sich wertlos gewordener Dinge zu entledigen. Rückgabeangebote werden demnach als ein Akt der Respektlosigkeit oder der Verdrängung historischen Unrechts abgelehnt.

Gleichwohl kann auch die andauernde spirituelle Macht ein Argument gegen Rückgaben sein. In diversen Kulturen von Lappland bis Australien waren Ritualobjekte oft an eine ganz bestimmte Person oder Familie gebunden, und es wurde vermutet, dass ihre Nutzung durch Uneingeweihte großen Schaden verursachen könnte. Wenn die genaue familiäre Zuordnung eines solchen Objektes nicht mehr ermittelbar ist oder die korrekten Rituale in Vergessenheit gerieten, dann kann ein Verbleib im deutschen Museum – verbunden mit der Verpflichtung, es niemals auszustellen – als geringeres Übel erscheinen. Eine Rückgabe an eine unvorbereitete Gemeinschaft ist etwa im Falle der australischen *tjurungas* hingegen mit dem Zünden einer spirituellen Atombombe verglichen worden, womit auch ein Museumsdepot mit derart »toxischen« Sakralobjekten als »spirituelles Endlager« aufgefasst werden könnte.

Dass im Museum der Gedanke des Bewahrens im Zentrum steht, wird auch von den Herkunftsgemeinschaften durchaus anerkannt. Nicht selten sind Besuche von Delegationen aus den Herkunftsländern nicht von Rückgabeforderungen geprägt, sondern von der Freude, wieviel vom Vermächtnis ihrer Ahn:innen im fernen Europa die Zeiten überdauerte. Wenn im Zeichen von Christianisierung und Globalisierung alte Glaubensvorstellungen erlöschen, wenn ganze Inseln durch den Klimawandel zu verschwinden drohen, wenn die junge Generation das Interesse an den Traditionen verliert, dann kann die sichere Verwahrung der entsprechenden Figuren und Utensilien in einem Museum am anderen Ende der Welt durchaus als sinnvoll erscheinen. Das potentiell noch machtvolle Material bleibt so vor Zerstörung bewahrt (könnte im Zweifelsfall von zukünftigen Generationen sogar reaktiviert werden) und eventuelle negative spirituelle Konsequenzen treffen tendenziell eher das Museum im fernen Europa. Bisweilen werden solche Götter- und Heiligenbilder sogar mit einer konkreten Verpflichtung zu einer minimalen rituellen Pflege veräußert. Und ebenso kann das Wissen um die sakrale Natur dazu führen, dass im Kontext von Forschungen und Ausstellungen neue Formen der Verehrung entstehen.[12] Ob derartige Gedanken rezenter Objekttransfers auch den Hintergrund für manche koloniale Transaktion in neu christianisierten Gemeinden bildeten, bleibt indes Spekulation.

Wir hören auch immer wieder Stimmen aus den Herkunftsgemeinschaften, die nicht getrieben von einem Rückgabewunsch oder aufgrund eigener verletzter religiöser Gefühle, sondern aus ehrlicher Sorge um das Wohlergehen von Museumspersonal und Ausstellungsgästen höflich davon abraten, bestimmte Objekte zu zeigen. Ebenso empathisch wurde wiederholt die Durchführung von Ritualen zur spirituellen Reinigung von Museumsräumen oder zur Entweihung von bestimmten Objekten angeboten, um uns in unserem augenscheinlichen Unwohlsein im Umgang mit kolonialen Sammlungen zu helfen. Die Idee einer solchen »spirituellen Entwicklungshilfe« für europäische Museen ist ausgesprochen reizvoll, weil sich in ihr die globalen Machtverhältnisse rund um koloniale Sammlungen für kurze Zeit umkehren. Gleiches gilt für Besuche von Delegationen aus den Herkunftsgemeinschaften. Sie bieten Raum, damit das Museumspersonal und die indigenen Gäste gemeinsam Rituale durchlaufen, bevor sie die Depot-

---

12 Bernd Schmelz/Lars Frühsorge, Maximón. Ein wundersamer Heiliger, auch in Hamburg, in: Mitteilungen aus dem Museum für Völkerkunde Hamburg 42 (2011), 348–384.

räume betreten, wobei die Kontrolle über das Museum für den Tag symbolisch an die Gemeinschaft abgetreten wird und das »spirituelle Endlager« des Archivs zu einem »heiligen Tempel« wird. Gerade für den wissenschaftlichen Nachwuchs können dies prägende Erfahrungen sein, wobei sich jedoch bei Ausstellungen und Publikationen für das europäische Publikum weiterhin die Frage nach der individuellen Positionierung im Spannungsfeld von religiösem Respekt und wissenschaftlichem Selbstverständnis stellt.

5. Sterbliche Überreste

Ähnlich komplex wie Ritualobjekte erweist sich auch die Frage nach einem angemessenen Umgang mit den sterblichen Überresten von aktuell noch 24 Personen, die sich im Bestand der Lübecker Sammlung befinden.[13] Während die meisten deutschen Museen sich inzwischen (abgesehen von archäologischen »Funden«) in der Regel eine Rückführung der Verstorbenen zur Bestattung im Heimatland wünschen, können fehlende Herkunftsangaben, aber auch die nach wie vor unzureichende Anerkennung der Herkunftsgemeinschaften in ihren Ländern gegen eine Rückgabe sprechen. Dies gilt etwa für die Selk'nam in Feuerland (Chile), die den Verbleib eines/einer ihrer Ahnen in unserem Depot als großes Unrecht empfanden, zumal in ihrer Tradition Gräber nicht angetastet und Verstorbene nicht namentlich angesprochen werden durften. Diese Tabus wurden von europäischen Forschern wie dem Missionar Martin Gusinde nicht respektiert, der Gräber plünderte und ein ganzes Buch über seine Schädelvermessungen (darunter auch den in Lübeck bewahrten Schädel) veröffentlichte.[14] Die Emotionalität dieses Falls ist auch dadurch bedingt, dass Selk'nam nicht nur in Form von Gebeinen für die Pseudowissenschaft der europäischen Rassenkunde herhalten mussten, sondern im Rahmen der berüchtigten Völkerschauen auch wie Tiere in deutschen Zoos präsentiert wurden. Entsprechend schwierig war am Anfang die Etablierung guter Beziehungen, die letztlich nur durch gegenseitige private Besuche in Chile und Deutschland kultiviert werden konnten. Die Notwendigkeit,

---

13 Der folgende Abschnitt basiert auf den Ergebnissen einer von 2022 bis 2024 durch das Deutsche Zentrum Kulturgutverluste geförderten Provenienzforschung, https://vks.die-luebecker-museen.de/provenienzforschung (25.1.2025).
14 Martin Gusinde, Die Anthropologie der Feuerländer, Wien 1939.

mit dem unbekannten Ahnen in Lübeck umzugehen, lösten die Selk'nam, indem sie ihn symbolisch auf einen neuen Namen tauften. Obwohl alle Beteiligten eine Heimkehr des nun als Hoshkó bekannten Mannes wünschten, entschied sich die Gemeinschaft aufgrund der Angst, ihr Vorfahr könnte auf seiner Heimreise in diplomatischen Kanälen weitere entwürdigende Untersuchungen erleiden, für eine Bestattung auf einem Lübecker Friedhof. So konnte Hoshkó zwar nicht in seine Heimat zurückkehren, durch seine Überführung aus dem Depot in ein würdiges Grab wurde er für die Selk'nam aber wieder von einem Exponat zu einem vollwertigen Menschen.

Die Mehrheit der in der Lübecker Sammlung verbliebenen Verstorbenen sind jedoch kunstvoll verzierte Schädel aus Neuguinea, die teils von in der Gemeinschaft verehrten Ahnen, teils von Opfern aus Kriegen mit Nachbardörfern stammen. Solche Schädel wurden z. T. von deutschen »Strafexpeditionen« als vermeintliche Zeugnisse des Kannibalismus konfisziert, und es wurde versucht – ganz im Sinne der Missionierung –, nur noch christliche Bestattungspraktiken als einzige Form des Umgangs mit sterblichen Überresten zuzulassen. Allerdings gab es in Europa auch ein enormes Interesse an Schädeln von Ahnen, dessen sich die Einheimischen auf Neuguinea durchaus bewusst waren und (wohl nicht mehr als spirituell bedeutsam angesehene) Schädel durchaus aktiv zum Kauf anboten, ja vielleicht sogar gezielt für den Markt »produzierten«.

Da Schädel getöteter Feinde von denen verehrter Ahnen kaum zu unterscheiden sind, besteht stets die Gefahr, dass eine Restitution unbeabsichtigt die Nachfahren der Täter:innen und nicht der Opfer erreicht. Entsprechend verhalten waren all unsere Bemühungen um eine Rückführung jener Verstorbenen. So lange nicht das genaue Dorf bekannt ist, aus dem die Gebeine einst geraubt oder verkauft wurden, so wird sich kaum jemand bereitfinden, mit der Annahme solcher Überreste nicht nur potentiell spirituelles Unheil, sondern auch die Verpflichtungen der Organisation einer aufwendigen Bestattungszeremonie auf sich zu nehmen.

Nicht selten hören wir schließlich, dass indigene Gemeinschaften im Kampf um nationale Anerkennung, für den Erhalt ihrer natürlichen Umwelt oder gegen transnationale Konzerne dringendere Sorgen haben, als sich in die Dienste eines Drangs deutscher Museen zur Aufarbeitung ihrer institutionellen Geschichte zu stellen. Kurzum, die Debatte um Restitutionen kann durchaus die Basis für einen produktiven Dialog sein, so lange beide Seiten daran ein Interesse haben. Niemals sollte sie jedoch von europäischer Seite erwartet oder aufgedrängt sein.

Rückgaben sind auch kein Allheilmittel, kommen niemals einer Wiedergutmachung gleich und dürfen nicht als ein Weg missverstanden werden, sich der eigenen historischen Verantwortung zu entledigen.

6. Von Afrika in die Arktis

Wenn wir uns wieder den Anfängen der Lübecker Missionsgeschichte zuwenden, sei vorab erwähnt, dass es in der Stadtgeschichte auch Missionare gab, die nicht durch Objekte in unserer Sammlung repräsentiert sind. Hierzu zählt Peter Heyling (ca. 1607–1652), der als erster Deutscher Äthiopien besuchte. Heyling entschloss sich – inmitten des Dreißigjährigen Krieges – die Reformation nach Afrika zu tragen. Ab 1634 war er am Hofe des Königs Fasilides (1632–1667) als Minister, Lehrer, Arzt und Theologe tätig. Er soll das Neue Testament erstmalig ins Amharische übersetzt und die erste protestantische Gemeinde im Land gegründet haben. Später musste er das Land verlassen und kam auf seiner Rückreise durch den Sudan ums Leben. Dies bot Anlass zu einer Legendenbildung. Die Lübecker Stadtbibliothek bewahrt ein Exemplar einer Biographie Heylings aus dem 18. Jahrhundert,[15] die wesentlich dazu beitrug, ihn posthum zu einer Art evangelischem Märtyrer zu stilisieren.

Die Urzelle des heutigen Lübecker Museumsbestandes bildet die Sammlung des Pastors Jacob von Melle (1659–1743), einem Universalgelehrten, der eine private Kunst- und Naturaliensammlung betrieb. Vier Objekte aus seiner Sammlung können klar als Zeugnisse der Missionsgeschichte gewertet werden. Bei zweien handelt es sich um auf Palmblättern geschriebene Briefe in der tamilischen Sprache Südindiens. Jahrhundertelang lagerten sie unübersetzt in unserer Sammlung. Erst 2022 konnten sie als Schreibübungen eines jungen Tamilen namens Timotheus Kudian aus Tranquebar, identifiziert werden, der 1703 in Begleitung eines deutschen Missionars auf dem Weg nach Kopenhagen als wohl erster Inder Lübeck besuchte.

---

15 Johann Heinrich Michaelis, Sonderbarer Lebens-Lauff Herrn Peter Heylings, Aus Lübec, Und dessen Reise nach Ethiopien. Nebst Zulänglichem Berichte Von der in selbigem Reiche zu Anfange des nächst-verwichenen Sæculi enstandenen Religions-Unruhe, Halle 1724.

Für die Frage kolonialer Machtverhältnisse sind auch zwei europäische Objekte, eine Trommel und ein Kalender der Sami aus Lappland, von Interesse.[16] Trommeln waren als wichtigstes Utensil des schamanischen Glaubens auch zentrale Objekte in der alten Kultur der Sami, eine Tatsache, die in der samischen Bezeichnung der vorchristlichen Ära als »Trommelzeit« besonders deutlich wird. Mit Ankunft der ersten deutschen und skandinavischen Missionare in Lappland im 17. und 18. Jahrhundert wurde der Schamanismus verdrängt und als vermeintliche Hexerei zeitweise sogar mit dem Tode bestraft. So begann die »Zeit, in der man die Trommeln verbergen musste«. Tatsächlich wurde damals eine große Zahl von Trommeln konfisziert oder verbrannt, so dass heute nur noch etwa 70 Exemplare von diesem einstmals zentralen Objekt der Sami-Kultur verstreut über Museen in aller Welt verbleiben. Wann und wie die Trommel nach Lübeck gelangte, bleibt unklar. So ist keinesfalls erwiesen, dass sie gewaltsam geraubt wurde. So waren diese machtvollen Trommeln sehr stark an eine bestimmte Person gebunden und konnten nicht einfach vererbt und weiterverwendet werden, ohne möglicherweise Unheil heraufzubeschwören. Theoretisch wäre es denkbar, dass die in Lübeck bewahrte Trommel mit ihren starken Gebrauchsspuren, Beschädigungen und Reparaturstellen gar nicht mehr in Gebrauch war, sondern nach dem Tod eines Schamanen von seinen Nachfahren als einfache Form der Entsorgung, als Zeichen der Loyalität zum neuen christlichen Glauben oder zum Schutz vor möglicher Verfolgung abgegeben wurde. So oder so bleibt die Trommel aber ein Zeugnis der religiösen Verfolgungen und gewaltsamen Veränderungen in der Kultur der Sami jener Zeit. Dieser Übergang manifestiert sich auch in der 2020 digital rekonstruierten Bemalung der Trommel, auf der sich neben Symbolen des alten Glaubens auch durch Kreuze erkennbare Darstellungen von Kirchen finden. Es handelt sich hierbei um eine Art Karte, die bestimmte Heilige Orte und Gottheiten der Region zeigt. Zeitgenössische Quellen berichten, dass zu jener Zeit Sami je nach Bedarf gleichermaßen an christlichen und vorchristlichen Orten beteten.

Von eben diesem religiösen Umbruch zeugt auch ein Kalender der Sami aus der Sammlung von Melle. Das aus Rentierknochen gefertigte, kleinformatige Objekt war optimal an die nomadische Lebensweise der Sami angepasst. Es stellt sich jedoch die Frage, welche Bedeutung eine solche Tageszählung nach der christlichen Zeitrechnung haben mochte. Die dort markierten Sonntage und

---

16 Für nähere Informationen zu diesen Objekten und ihrem historischen Kontext vgl. Lars Frühsorge, Nordwärts-Südwärts. Begegnungen zwischen dem Polarkreis und Lübeck, 2020.

kirchlichen Feiertage lassen unweigerlich an die Tatsache denken, dass Ende des 17. Jahrhunderts eine allgemeine Verpflichtung zum Kirchgang eingeführt wurde, und dass Sami, die einen Gottesdienst verpassten, mit Geld- und sogar Haftstrafen rechnen mussten. Ob die Sami selbst auf die Idee kamen, solche Kalender zu produzieren oder ob sie von den Missionaren dazu angeleitet wurden, sei dahingestellt. Es wäre aber durchaus denkbar, dass von Melle dieses Objekt als ein Beispiel für den Erfolg der Missionare bei ihrer Christianisierung der Sami wertete. In späteren Publikationen wurde das Objekt jedoch in die Nähe des vorchristlichen Glaubens gerückt, oder als Beispiel für eine erfolgreiche Integration der neuen Zeitrechnung in der Kultur der Sami dargestellt. Tatsache bleibt jedoch, dass mit diesem Objekt bereits eines der ältesten ethnographischen Exponate der Lübecker Museen nicht bloß ein Zeugnis der indigenen Kultur ist, sondern ein »hybrides« Objekt, das als Beleg interkultureller Begegnungen und globaler Netzwerke ebenso viel über den Kolonialismus wie die Kolonialisierten aussagt.

Wenn wir nach den ältesten Objekten unserer Sammlung aus Afrika fragen, so stoßen wir auf den weitgehend vergessenen Lübecker Pastor Friedrich Groth,

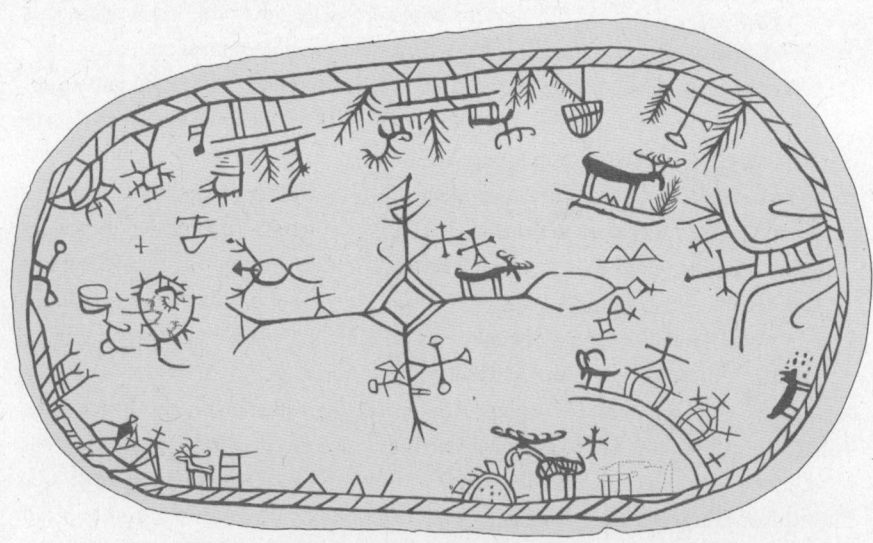

Abb. 3: Rekonstruktion der Bemalung auf der Schamanentrommel aus der Sammlung von Melle, Schweden, 17. Jahrhundert. Das Original wird aus Respekt vor den religiösen Gefühlen einiger Sami nicht mehr abgebildet.

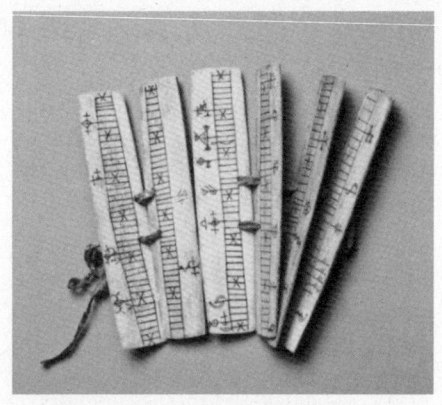

Abb. 4: Runenkalender der Sami, aus der Sammlung von Melle, Lappland, 17. Jahrhundert

der 1848 bis 1851 im Auftrag der Norddeutschen Missionsgesellschaft im heutigen Togo und Ghana tätig war, ohne auch nur einen einzigen Menschen zu bekehren.[17] Einige wenige Objekte, die nach Groths Tod 1893 in den Museumbestand gelangten, zeugen von dieser Episode und repräsentieren mit Arbeitswerkzeugen und einem Geschenk des Königs sowie Ritualgegenständen erstaunlich viele Facetten der damaligen Lebenswelt. Bei einer Ausstellung dieser Stücke im Sommer 2022 wurde bekannt, dass in der Familie Groth noch ein Tagebuch dieser Afrikareise existiert, welches vielfältige Einblicke in die damaligen Geschehnisse liefert und hoffentlich bald der Öffentlichkeit zugänglich gemacht werden kann. An bildlichen Zeugnissen sind neben einem Foto auch Zeichnungen Groths erhalten, die ihn auf einem Schiff und von Einheimischen getragen zeigen. Neben diesen kolonialen Transportverhältnissen gibt es jedoch auch Episoden in dem Tagebuch, in denen die afrikanische Bevölkerung – sehr zu Groths Verwunderung – ihm auf gleicher Augenhöhe gegenübertrat. Es drängt sich so die Frage auf, ob das Scheitern dieser frühen Missionsbestrebungen nicht auch mit der noch geringen politischen und militärischen Machtbasis zu erklären ist, auf die sich diese frühen Missionare berufen konnten.

Von deutlich anderen Machtverhältnissen zeugt rund ein Dutzend Objekte der Sammlung Langheinrich. In den Jahren vor dem Ersten Weltkrieg waren Fritz Langheinrich und seine Lübecker Ehefrau Emilie Gleiss für die Bethel-Mission im heutigen Tansania tätig. Sie schenkten dem Lübecker Museum bei einem Hei-

---

17 https://www.ndr.de/nachrichten/schleswig-holstein/Zeitreise-Der-erfolglose-Missionar,zeitreise3918.html (25.1.2025).

maturlaub Kunsthandwerk und Gebrauchsgegenstände der Shambaa aus der Region Usambara. Lebenserinnerungen von Langheinrich im Archiv der Vereinigten Evangelischen Mission in Wuppertal geben Aufschluss über sein intensives Engagement in Ostafrika. Sie betonen die zahlreichen Krankheiten und Hindernisse der Missionsarbeit. Ebenso deutlich wird aber, dass das Ehepaar die Einheimischen recht paternalistisch betrachtete und sie im Gegensatz zu manch anderen Missionaren nicht vor allzu großen Übergriffen schützte, sondern im Zweifelsfall eher mit der deutschen Kolonialregierung kooperierte. In der kleinen Sammlung Langheinrich fällt neben offensichtlich für den europäischen Markt bestimmtem Kunsthandwerk ein Schriftstück ins Auge, bei dem es sich um die Erstausgabe der Zeitung *Mukumela Nbuli* handelt. Durch die Übertragung der afrikanischen Sprachen in die europäische Schrift wurde nicht nur eine Übersetzung der Bibel möglich. Vielerorts entstanden im Umfeld der Missionen auch die ersten Schulbücher oder Zeitungen in diesen Sprachen. Darin erschienene Beiträge von Einheimischen gelten oft auch als neues Kapitel einer bis dahin nur mündlich überlieferten literarischen Tradition jener Länder. Zweifellos bot die Fähigkeit, lesen und schreiben zu können, bessere Möglichkeiten des Überlebens und der Selbstbehauptung in dem System kolonialer Herrschaft. So waren nicht selten Absolvent:innen der Missionsschulen auch Vordenker:innen im Kampf um die Unabhängigkeit ihrer Nationen von Europa.

7. Kunsthandwerk

Doch kehren wir in die Arktis zurück. Das Modell eines grönländischen Schlittens machte uns auf einen wichtigen Akteur der Missionsgeschichte in Lübeck aufmerksam. Bereits 1819 wurde in der Stadt ein *Verein zur Beförderung evangelischer Missionen unter den Heiden* gegründet, über den ein umfangreicher Dokumentenbestand im Landeskirchlichen Archiv existiert. Der Verein hatte laut seinen Spendenlisten ein überregionales Netzwerk von Förder:innen, das weit über Lübeck hinaus bis in das heutige Estland reicht. Lübecker Frauen spielten in diesem Missionsverein eine wesentliche Rolle. Sie sammelten Spenden und fertigten Handarbeiten an, die sie auf Basaren verkauften, um die Missionssta-

Abb. 5: Erstausgabe der Zeitung Mukumela Nbuli aus der Sammlung Langheinrich, Tansania, 1905

MUKOMELA MBULI,

++++++++++++++++++++++++++++++++

No.1. Mlalo, 15.Oktober 1905.

Mukomela mbuli ni ndai?Si mutuhu, ni miyo nwenye neiza aha kwe miluyusha; kangi sina zina tuhu, zina jangu ni Jijo. Nizajiyuwa, kangwe nimionyeshe na ijo zina jangu ndima yangu niyobasha kwenyu; ndima yangu shinu: nakunda kumikomela mbuli zoshe zemitala, mzitaile. Kuja kale Washambala ne wakisheanga vyedi, ne wakishetaila mbuli za weya wawe, Wamlalo wangi ne wakishetaila Vuya ao Bumbuli. Miya ija mishi izabinda kuomboka; Wazungu wazahinya Washambala kuanga na kutamba kungi muno, wakiwatuma kweinula miziyo na kwe iyala baluwa, kangi wakiwaitanga kwe ndima. Lushe wantu wakianga ivyoho waaria kuteyeleza mbuli za weya wawe, vikibinda waziiyala na kaya kwawe. Miya uko kaya nkawalonga sawasawa viya waenevyo, haidu waivilevyo, wangi watebadika mbuli za ulongo; ne ulongo uvyoyenela mwe shi yetu. Kangwe unu ulongo usheisize, nizakunda kuanga mwe mizi yetu mikulu, hata mwe mizi yetu midodo, awa weshu weikala ikeike niwashangalze wohe. Inywi nyosheni mwenihokela, nenimitamwile viya vyoshe vyeoneka mwe mizi yetu mituhu, ati ni mbuli ya nyemi, kangwe woshe watamilwe ndiyo; ati ni mbuli ya ukiwa, kangwe toshe tiambizanye, muntu munwe ao muzi munwe usheashiywe ike na ukiwa wakwe. Kangi sikunda kulonga mbuli za kunu Shambalai du, hata nikiona kutuhu mbuli yeagiza kutamwilwa kwetu nitamiyambila vivyoho, ati yaanduka mwe shi ntuhu ya Afrika, ati yaanduka Ulaya kwa wababa zetu. Vikibinda nitaminka mbuli ya Mulungu ya kila mushi, mwifyome, mshangalze nayo myoyo yenyu, isheaze sila.

tionen zu fördern. Bei Vorlesungen von Missionsnachrichten und Gastvorträgen von weitgereisten Missionaren in Lübeck konnten sie sich mit fremden Ländern und Kulturen beschäftigen. Im Gegensatz zu Lübecks Geographischer Gesellschaft etwa, die bis 1918 nur Männer als vollwertige Mitglieder akzeptierte, war der Missionsverein für Frauen mit Weltneugier somit ein ebenso seltenes wie attraktives Betätigungsfeld. Zunächst konzentrierte sich das Engagement des Vereins auf die Missionsarbeit der Herrnhuter in Grönland und Kanada, eine aus Lübecker Sicht durchaus logische Wahl, da diese Region bereits durch den Lübecker Walfang seit dem 17. Jahrhundert im öffentlichen Bewusstsein war und die Herrnhuter als deutsche Missionare im dänischen und britischen Kolonialgebiet teils einen schweren Stand hatten. Mit dem Beginn der deutschen Kolonialpolitik in Afrika verlagerte sich auch der Schwerpunkt des Engagements des Missionsvereins dorthin und spendete eher für die Rheinische Mission und andere dort tätige Institutionen. Das Verhältnis des Lübecker Missionsvereins zur afrikanischen Bevölkerung blieb jedoch zwiespältig. Einerseits wurden ihre Religionen verteufelt und als eine Form geistiger Sklaverei gebrandmarkt, andererseits setzte sich der Verein für die Befreiung von Versklavten ein, wollte Armut lindern und kritisierte, dass im deutschen Kolonialreich mehr Interesse an der Arbeitskraft der afrikanischen Bevölkerung bestand als an deren Seelenheil.

Auffällig an dem Schlittenmodell des Missionsvereins ist, dass es sich offenkundig um ein Exportprodukt handelt. Es wurde zwar in Grönland gefertigt, jedoch unter teilweiser Verwendung importierter Industriematerialien. Auch andere Lübecker Objekte wie eine dekorative Papierscheibe aus Südafrika oder Bootsmodelle aus Feuerland belegen, dass bereits im späten 19. Jahrhundert rein dekorative Objekte in Missionsstationen rund um den Erdball eigens für den Export produziert wurden. Die Entwicklung war dabei stets die gleiche: Ursprünglich sollten die Arbeiten den Erfolg der Missionare belegen, die Einheimischen zur Produktivität zu erziehen, sie sollten deren Vernunftbegabung unterstreichen und wurden zunächst in kleiner Stückzahl an Freundinnen und Förderer verschickt. Mit der Zeit entstanden aber auch Hoffnungen, eine neue Einnahmequelle zu schaffen. Es entwickelte sich eine umfangreichere Produktion für vorbeireisende Schiffsbesatzungen, frühe Tourist:innen und schließlich auch den europäischen Kunst- und Ethnographicamarkt. So wurde u. a. eine neue Form christlich-afrikanischen Kunsthandwerks wie die Krippenfiguren der Makonde geschaffen, die bis heute nicht nur in der Sammlung Kulturen der Welt, sondern auch auf jedem größeren deutschen Weihnachtsmarkt zu finden sind, aber kaum

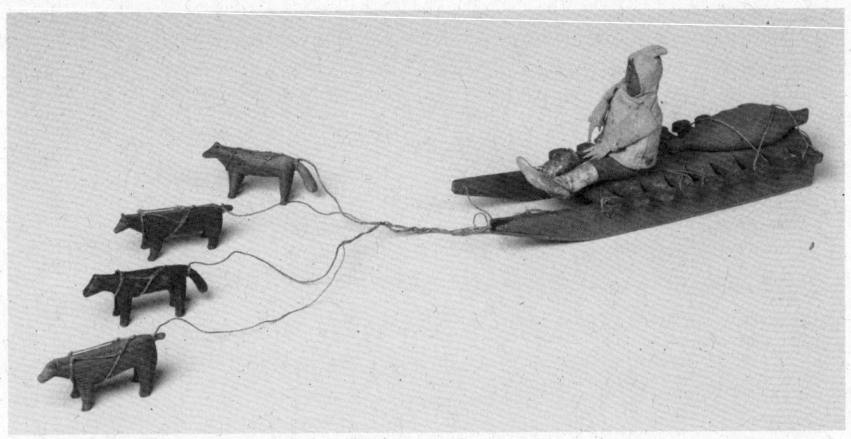

Abb. 6: Schlittenmodell der Inuit Grönland, Geschenk des Lübecker Heidenmissionsvereins, der Misssionstationen der Herrnhuter in der Arktis mit Spenden unterstützte.

in christlichen Kirchen oder Haushalten der Makonde selbst zum Einsatz kommen. Inwiefern solche Schnitzereien also als genuiner Ausdruck eines ostafrikanischen christlichen Glaubens gelten dürfen, oder ob sie uns doch wieder nur unser Wunschbild einer vielfältig-bunten Christenwelt vorhalten, sei dahingestellt. Ähnliche Fragen drängen sich freilich für viele andere Objekte auf, so etwa für ein türkisches Taschentuch aus dem 19. Jahrhundert, das mit dem Vaterunser in arabischer Schrift bestickt wurde und von dem wir nicht wissen, ob es eine missionarische Auftragsarbeit war oder nicht.

8. Die Natur ethnographischer Sammlungen

Mit dem Aufkommen des Massentourismus hat sich die vielerorts durch Missionare initiierte Objektproduktion für den Export vervielfacht. Die vermeintlich »alten« Masken und Figuren aus Afrika und Ozeanien, die allein den Lübecker Museen Jahr für Jahr hundertfach als Schenkung angeboten werden, führen uns dies dramatisch vor Augen. Fragen werfen aber auch ältere Ritualobjekte in historischen Museumssammlungen wie die neuirländischen *Malanggane* oder die fidschianischen »Kannibalengabeln« auf, von denen weltweit weitaus mehr Exemplare existieren, als von den jeweiligen Kulturen jemals genutzt werden konnten. Natürlich wechselten während und nach der Kolonialzeit auch immer wieder genuine Ritualobjekte ihre Besitzer:innen, wobei selbst diese Fälle nicht zwangsläufig mit einem Raub gleichzusetzen sind. Absichtliche Beschädigungen an west- und zentralafrikanischen Skulpturen werden als Akte der Entweihung zum ethisch unbedenklichen Verkauf gedeutet.[18] Und natürlich gibt es inzwischen auch geschäftstüchtige afrikanische Händler:innen, die eben solche minimalen Beschädigungen an ihrer Ware vornehmen, um sie als vermeintliche Originale besser verkaufen zu können. Ob ein Objekt also wirklich im rituellen Gebrauch war, vermag kein noch so moderner naturwissenschaftlicher Test zu beweisen. Der Kreis europäischer Sammler:innen sogenannter *Tribal Art* entpuppt sich bei genauer Betrachtung also auch als eine Art Glaubensgemeinschaft, die den fantasievollen Ausführungen einheimischer und europäischer Kunsthändler:innen erstaunlich unkritisch vertraut.

Die Frage von Original oder Replik stellt sich dabei nicht nur für Ritualobjekte, sondern eigentlich für jede Art dekorativer Gebrauchsgegenstände. Was Einheimische wirklich (noch) nutzen, konnte und kann der europäische Durchreisende kaum erkennen. Ohnehin hat die Obsession der frühen Ethnologie, Vorchristliches und Vorindustrielles zu sammeln, dazu geführt, dass viele Sammlungen ein recht anachronistisches Bild der Herkunftsgemeinschaften zeichnen. Und so fand manches längst nur noch als Kunsthandwerk produziertes Objekt als vermeintlicher Gebrauchsgegenstand seinen Weg in Museumssammlungen. Wie hoch die Zahl solcher Exportwaren in ethnologischen Museen ist, wie viele genuine Objekte als Neuware auf Märkten erworben, vielleicht sogar von Einheimischen unaufgefordert und gezielt für den Verkauf angefertigt wurden, ist schwer zu sagen. Zweifellos handelt es sich aber um eine substantielle Menge deutscher Museumsbestände. Fragen nach Original und Fälschung greifen hier zu kurz, zumindest solange es keine bloßen Plastik-Imitate *made in China* sind. Denn auch neue Arbeiten in alter Tradition und von einheimischer Hand sind letztlich Produkte einer Beschäftigung mit der eigenen Kultur und Identität oder – genau wie die ältesten Missionsobjekte – relevante Belege kultureller Austauschpro-

---

18 Auch aus Nordamerika sind solche Fälle bekannt. Einem Medizinbündel der Navajo im Bestand der Lübecker Sammlung etwa wurden offenkundig verschiedene Bestandteile entnommen, um es vor dem Verkauf zu »entschärfen«. Ebenso werden religiös bedeutsame Muster von Textilien und Sandbildern der indigenen Gemeinschaften aus dem Südwesten der USA häufig in kleinen Details verändert, um nicht mehr spirituell wirkungsmächtig zu sein und bedenkenlos als Vorlage für touristische Waren dienen zu können.

zesse, Zeugnisse der Globalisierung. Es ließe sich sogar provokant fragen, ob diese nachgeschaffenen Objekte in zukünftigen Ausstellungen nicht sogar bedenkenloser zur Illustration spezifischer kultureller Aspekte verwendet werden als manches unter fragwürdigen Umständen erworbenes altes Ritualobjekt.

(Dr. Lars Frühsorge ist Ethnologe und seit 2018 Direktor der Sammlung Kulturen der Welt bei den Lübecker Museen. Schwerpunkte seines Interesses sind materielle Kulturforschung, das Verhältnis von Wissenschaft und Spiritualität, Erinnerungskulturen, Tod und Bestattung im Kulturvergleich sowie Kolonialismus und die Geschichte des Tourismus.)

ABSTRACT

About 400 objects in the Collection of the Cultures of the World in Lübeck originate from missionary contexts of the colonial era. For museum ethnology as well as missionary history, this small collection offers surprisingly complex insights and challenges us to scrutinise previous views. For a long time, such objects were viewed completely ahistorically as evidence of pre-Christian cultures. With the current boom in provenance research, however, the question of looted objects has moved to the centre of interest. As the Lübeck collection shows, both approaches fall short. Missionary collections prove to be much more productive if we interpret them as evidence of encounters, relationships and exchanges between people and cultures. Some objects clearly bear witness to the injustice of colonialism, which often went hand in hand with Christianisation. Others are evidence of indigenous production for the European market. They raise interesting questions about authenticity and the nature of ethnological collections in general. Above all, they can contribute to no longer labelling the indigenous people merely as defenceless and naive victims of almighty European powers, but help to value them as historical actors with their own agency.

Das Legba-Dzoka Projekt

Wie der Bestand, den Missionar Spiess 1892–1914 in Westafrika zusammengetragen hat, zum Ausgangspunkt eines Dialoges des Übersee-Museums mit Menschen aus Ghana und Togo wurde und was sich daraus lernen lässt.

Silke Seybold

Urheber: Carl Spiess[1]; Sammler: Carl Spiess; Autor: Carl Spiess. Seit ich am Übersee-Museum Bremen arbeite, stoße ich im Historischen Bildarchiv, im Sammlungsmagazin oder in der Bibliothek immer wieder auf diesen Namen. Wer war dieser Mann? Was hat ihn dazu bewegt, all das Vorliegende abzubilden, zu sammeln und zu notieren? Und was sind das für Dinge, die oft unscheinbar aussehen, aber in einer unglaublichen Anzahl vorhanden sind? Was bedeuteten diese in ihrer Herkunftskultur? Wie bekam Carl Spiess sie in seinen Besitz? Und wie nutzte das Museum sie?

Im Folgenden möchte ich den Weg skizzieren, der mit der historischen Forschung zu der Person Carl Spiess, der ethnologischen Betrachtung des von ihm in Westafrika zusammengetragenen Bestandes und dessen musealer Nutzung startete und dann letztendlich – über einige glückliche Umstände – zu einem Dialog mit Menschen aus Ghana und Togo führte, aus dem sich viel lernen lässt.[2] Inzwischen hat sich daraus ein kollaboratives Provenienzforschungsprojekt entwickelt.

---

1 Carl Spieß oder Carl Spiess? In den Quellen finden sich regelmäßig beide Schreibweisen. Für unser internationales Forschungsprojekt haben wir uns auf Carl Spiess als Schreibweise geeinigt.
2 Dieser Artikel basiert im Wesentlichen auf einem Vortrag, der am 23.5.2023 in der Missionsakademie Hamburg bei der Tagung »Raub, Restitution, Repräsentation« gehalten wurde.

Carl Spiess

Carl Spiess wurde am 9.4.1867 in Bremen geboren. Er wuchs mit drei Geschwistern in einer aktiv protestantisch lebenden Familie auf. Vor allem die Mutter soll sehr glaubensstark gewesen sein. Die Gemeinde der Friedenskirche in Bremen und deren Pastor Otto Funcke wurden für den jungen Spiess zu wichtigen Begleiter*innen. In der Friedenskirche besuchte er auch einem Gottesdienst, der zwei junge Missionare nach Afrika verabschiedete. Er war davon tief beeindruckt.[3]

> »Von der Stunde an habe ich den Herrn angerufen: Ob er mich zu seinem Rüstzeuge erwählt habe und wenn er mich berufen hätte, so würde ich seinem Rufe willig folgen. Kein Tag verging in welchem nicht immer in meinem Herzen die Stimme ertönte: ›Auch Du bist berufen‹.«[4]

Seine Lehre zum Handelskaufmann schloss er noch ab, tat dann aber alles, um Missionar zu werden. Auch Otto Funcke setzte sich für ihn bei der in Bremen ansässigen Norddeutschen Missionsgesellschaft ein.[5] Diese war zu klein, um selber eine Missionars-Ausbildung anbieten zu können und kooperierte deshalb mit der Basler Mission, die in der Nähe des Spalentors eine große Ausbildungsstätte aufgebaut hatte. Im Herbst 1886 war es soweit – Carl Spiess wurde in die Schweiz geschickt, um mit vielen anderen jungen Männern für den missionarischen Dienst in aller Welt ausgebildet zu werden. Über mehrere Jahre wurden sie in zahlreichen Fächern wie Sprachen, Mathematik, Zeichnen und Singen, vor allem aber zu vielen theologischen und missionsrelevanten Themen unterrichtet. Sie lebten unter bescheidenen Verhältnissen und strengen Regeln. Und von Anfang an war auch für Carl Spiess und die anderen Schüler der Tod eine mögliche Option, denn regelmäßig wurden Todesnachrichten von Missionaren vermeldet, die zuvor in Basel ausgebildet worden waren.[6] An seinem Glauben und seinem Wunsch, Missionar zu werden zweifelte Spiess trotzdem nicht.

Ordiniert wurde Carl Spiess im Jahr 1892. Bereits Ende desselben Jahres entsandte die Norddeutschen Missionsgesellschaft ihn in ihr Missionsgebiet in

---

3 Staatsarchiv Bremen, 7,1025 73/5, in der Personalakte von Carl und Sophie Spiess finden sich zahlreiche Lebensdaten. Einen schnellen Überblick gibt der Nachruf, den Inspektor Schreiber nach dem Tod von Carl Spiess (5.10.1936) verfasste.
4 Staatsarchiv Bremen, 7,1025 73/5, Carl Spiess an den Inspector, Bremen, 27.12.1884, Lebenslauf.
5 Staatsarchiv Bremen, 7,1025 73/5, Otto Funke an Michael Zahn, 21.12.1884, Brief.
6 Staatsarchiv Bremen, 7,1025 73/5, Carl Spiess an den Inspector, Basel, 10.1.1890, Brief.

Portrait von Carl Spiess, Fotograf unbekannt, Datum unbekannt, Sammlung Norddeutsche Missionsgesellschaft, Staatsarchiv Bremen, 7.1025-1839.

Westafrika. Dieses erstreckte sich damals über ein Gebiet, das heute im Bereich der südlichen Grenzregion zwischen Ghana und Togo liegt. Die meisten Orte, an denen Spiess in den Folgejahren stationiert war, bis er 1914 das Missionsgebiet dauerhaft verließ, gehören heute zu Ghana. Aber seine Missionsreisen führten ihn auch an Orte, die im heutigen Togo liegen. Da die deutsche Kolonie Togo größer war als das heutige Togo, bedeutete es aus der Sicht von Spiess, dass er während seinen Zeiten in Keta und Peki auf dem Gebiet der britischen Kolonie Goldküste arbeitete, sich aber in Ho, Amedzowe und Lome mit den Regeln und Gesetzen der deutschen Kolonie Togo auseinandersetzen musste. Kulturell waren es vorwiegend die Ewe und ihre gleichnamige Sprache, die das gesamte Gebiet prägten. Und diese Sprache zu lernen wurde in den ersten Jahren die Hauptaufgabe von Missionar Spiess, der auf der Station Ho von erfahrenen Missionaren in seinen Dienst eingeführt wurde. Kontakt zu der lokalen Bevölkerung hatte er anfangs vorwiegend über zum Christentum konvertierte Personen oder über seine Arbeit auf der Krankenstation. In späteren Jahren übernahm er neben den pragmatischen Alltagsarbeiten immer mehr kirchliche und missionarische Tätigkeiten. Predigtreisen führten ihn durch das ganze Missionsgebiet und mit dem wachsendem Sprachwissen verstärkten sich auch direkte Kontakte zu der lokalen Bevölkerung, auch wenn sie noch nicht von der Mission beeinflusst war.

Das Städtische Museum für Natur-, Völker-, und Handelskunde und Heinrich Schurtz

Zum Rhythmus des Dienstes der Missionare gehörte es, nach drei Jahren im Missionsgebiet für ein sogenanntes Erholungsjahr nach Deutschland zurückzukehren. Als Carl Spiess 1896 nach seiner ersten dreijährigen Arbeitsperiode in Bremen eintraf, hatte er zahlreiche Kulturgüter mit im Gepäck. Es waren vor allem Gegenstände des täglichen Gebrauchs, wie Mausefalle, Sieb oder Sandale, aber auch drei spirituelle Dinge. Dieses Konvolut schenkte er dem gerade zwei Monate zuvor in Bremen eröffneten Museum,[7] das damals Städtisches Museum für Natur-, Völker-, und Handelskunde hieß und heute das Übersee-Museum ist. Solche Geschenke zu machen war nicht unüblich. Es gab bereits andere Sammlungen in Bremen, die im Zusammenhang mit der Norddeutschen Missionsgesellschaft standen und schon an die Vorgängerinstitution des Museums abgegeben worden waren. Was nun aber dem Ganzen eine andere Richtung gab, war der Kontakt von Carl Spiess mit Heinrich Schurtz, dem neuen ethnographischen Assistenten am Städtisches Museum für Natur-, Völker-, und Handelskunde, den man heute als Kurator bezeichnen würde. Schurtz verfolgte seine eigene Sammlungspolitik. Er wollte nicht von allem immer mehr, sondern wollte bestimmte Schwerpunkte aufbauen. So bat er Spiess zwar, weitere Gegenstände für das Museum zu sammeln, aber er wollte, dass sich Spiess auf »Amulette und Zaubergeräthe«[8] konzentriere. Und Spiess tat es. Bereits 1898 und 1899 schickte er dem Städtischen Museum für Natur-, Völker-, und Handelskunde zwei weitere Konvolute, die sich nun auf spirituelle Gegenstände beschränkten. Und so sollte es auch weitergehen: jedes Mal, wenn er nach drei Jahren Missionsarbeit nach Deutschland zurückkam, übergab er weitere Dinge an das Städtische Museum für Natur-, Völker-, und Handelskunde in Bremen. Ab und zu überbrachten auch seine missionarischen Brüder seine Sammlungen auf ihren Heimreisen. Es waren übrigens nicht nur Kulturgüter, sondern auch botanische und zoologische Belege, zum Beispiel Holzproben oder in Alkohol konservierte Schlangen, die

---

7 In dem am Bahnhof neugebauten Gebäude wurden verschiedene in Bremen bereits vorhandene naturkundliche und ethnographische Sammlungen zusammengeführt und durch Bestände der temporären Handelsausstellung (Teil der Industrie- und Gewerbeausstellung von 1890) ergänzt. Siehe Herbert Abel, Vom Raritätenkabinett zum Bremer Überseemuseum, Bremen 1970, hier: 65ff.
8 Heinrich Schurtz, Zaubermittel der Evheer, in: Internationales Archiv für Ethnographie, Band XIV, 1901, hier: 1.

Ein Teil der von Carl Spiess gesammelten Gegenstände in der Ausstellung in Bremen, Fotograf unbekannt, vor 1939, Historisches Bildarchiv Übersee-Museum Bremen, P23632.

so von Westafrika mit dem Dampfer nach Bremen kamen. Und alles übergab er dem Städtischen Museum für Natur-, Völker-, und Handelskunde als Geschenk. Wegen einer schweren Krankheit verließ Spiess das afrikanische Missionsgebiet 1914 für immer. Er sollte dann noch lange als Missionssekretär für die Norddeutsche Mission von Bremen aus tätig sein.

Seine jüngste Tochter Julie, die im Jahr nach der Rückkehr geboren wurde, durfte ich im Rahmen der Museumsarbeit noch kennenlernen. Mit über 90 Jahren erinnerte sie sich lebhaft an die sonntäglichen Besuche, welche die Familie Spiess in das Städtische Museum für Natur-, Völker-, und Handelskunde unternahm. Der Vater war stolz auf das Mitgebrachte. Um die 500 Kulturgüter gehen auf seine Sammeltätigkeit zurück.[9] Das entspricht ca. einem Viertel des heutigen Gesamtbestandes der ethnographischen Sammlung zu dem Gebiet der damaligen Kolonie Togo. Und ca. 300 Gegenstände haben einen spirituellen Bezug.

---

9 Ein Überblick über die naturkundlichen Belege, die Spiess an das Städtische Museum für Natur-, Völker-, und Handelskunde gab, wurde bisher noch nicht zusammengestellt. Auch hier dürfte es sich um eine nicht unbedeutende Anzahl handeln.

Bis zum Zweiten Weltkrieg wurden quasi alle vorhandenen Gegenstände in der Ausstellung gezeigt. Nur Weniges war magaziniert. Die spirituellen Gegenstände der Sammlung von Carl Spiess wurden in einer großen Doppelvitrine gezeigt, die an prominenter Stelle im ersten Lichthof des Museums aufgestellt war. Fotographien, die ebenfalls von Spiess stammten, ergänzten die Präsentation in der Vitrine. Familie Spiess hatte also bei den Sonntagsbesuchen leichtes Spiel, die Kulturgüter zu finden. Das Lieblingsstück der jüngsten Tochter war jedoch an einer anderen Stelle zu finden, es war ein naturkundliches Exponat, eine Schlange, eingelegt in einem Glas mit Alkohol.

Das Übersee-Museum

Nach dem Zweiten Weltkrieg mühten sich die Museumsmitarbeiter*innen den Mangel zu verwalten. Das von Bomben beschädigte Gebäude musste repariert, die im Krieg ausgelagerte Sammlung wieder zurückgeholt und die Ausstellung eingerichtet werden. Und ein neuer Name wurde auch gefunden: Übersee-Museum.[10] Für Kreativität blieb wenig Platz und die Ausstellung erinnerte in Vielem an das, was vor dem Krieg zu sehen war. Doch bereits in den 1960er Jahren, als zahlreiche afrikanische Staaten unabhängig wurden, deutete sich an, was dann ab Mitte der 1970er Jahre von dem damals neu bestellten Direktor Herbert Ganslmayr umgesetzt wurde: ein Umdenken, das zu einem kompletten Umbruch in Bezug auf die Ausstellungen führte. Alle Gegenstände aus den ehemaligen deutschen Kolonien in Afrika kamen in das Magazin – auch der gesamte Bestand von Spiess. Für die Ausstellung suchte man nach neuen, aktuellen Themen und Wegen fern vom deutschen Kolonialismus.[11]

Herrn Ganslmayr habe ich nicht mehr kennengelernt. Ein Praktikum führte mich erst einige Jahre nach seinem Tod in das Übersee-Museum. Ich war überrascht über die offene Grundhaltung der Mitarbeiter*innen, die zu spüren war.

---

10 Herbert Abel, Vom Raritätenkabinett zum Bremer Überseemuseum, Bremen 1970, hier: 205ff.
11 Umgesetzt wurde Anfang der 1980er Jahre eine Ausstellung zu unterschiedlichen Lebensweisen in Mali, die auf einer Kooperation mit der Universität in Bamako und dem dortigen Nationalmuseum basierte.

Das Thema Restitution spielte in den Publikationen des Museums eine Rolle.¹² Eine Magisterarbeit zur Sammlungsgeschichte von Ethnographika wurde geschrieben.¹³ Im Jahr 1996 erlebte ich mit, wie Unterlagen von Hendrik Witbooi, die unrechtmäßig von einem Bremer Kaufmann aus dessen Haus entwendet worden waren, an das Staatsarchiv in Namibia zurückgegeben wurden. Heute zählen diese zum Weltdokumentenerbe. Auch Human Remains fanden auf stille Art und Weise Ende der 1990er Jahre ihren Weg nach Hause.¹⁴ Und ich durfte das Historische Bildarchiv aufbauen, erfassen und in das 1998 eröffnete neue Magazingebäude konservatorisch angepasst umlagern.

Dies brachte mich in Kontakt mit Rainer Alsheimer, der an der Universität Bremen ein Forschungsprojekt initiiert hatte, in dem die Begegnung und Vermischung der Kultur der Missionare der Norddeutschen Mission und der Ewe-Bevölkerung anhand des Quellenbestandes der Norddeutschen Missionsgesellschaft untersucht wurde. Neben Akten gehören dazu ca. 5000 Fotografien, bei deren Erfassung und Auswertung ich mit meiner Erfahrung aus dem Historischen Bildarchiv behilflich sein konnte.¹⁵ Als ich dann kurz darauf Kuratorin für die Afrikasammlung wurde und anfing, den Afrika-Bestand des Übersee-Museums kennenzulernen, entwickelten wir einen Plan: Wir wollten eine Ausstellung mit Studierenden der Universität Bremen konzipieren, bei der alle Quellenarten – Schrift, Bild, Gegenstand – eine Rolle spielen sollten und wir uns thematisch mit Transkulturalität auseinandersetzten.

Auch zu Missionar Spiess arbeitete eine Gruppe und es war spannend, über die schriftlichen Quellen viele neue Einblicke zu diesem Sammler zu bekommen. Er schrieb an den Inspektor oder andere offizielle Stellen. Dabei berichtete er über seine missionarischen Aufgaben, das tägliche Leben und seine Bemühungen,

---

12 Dorothee Schulze, Die Restitution von Kunstwerken. Zur völkerrechtlichen Dimension der Restitutionsresolution der Generalversammlung der Vereinten Nationen, in: Veröffentlichungen aus dem Übersee-Museum Bremen, Reihe D, 12 (1983); Gerd v. Paczenski/Herbert Ganslmayr, Nofretete will nach Hause. Europa – Schatzhaus der »Dritten Welt«, München 1984; Bernhard Walter, Rückführung von Kulturgut im internationalen Recht, in: Veröffentlichungen aus dem Übersee-Museum Bremen, Reihe D, 15 (1988).
13 Bettina von Briskorn, Zur Sammlungsgeschichte afrikanischer Ethnographica im Übersee-Museum Bremen 1841–1945, Bremen 2000.
14 Auf der Webseite des Übersee-Museum werden die Provenienzforschungsprojekte und auch die Rückgaben mit weiteren Informationen aufgeführt, https://www.uebersee-museum.de/ueber-uns/projekte-positionen/provenienzforschung/#rückgaben (3.2.2025).
15 Über die Webseite des Staatsarchiv Bremen https://www.staatsarchiv.bremen.de (3.2.2025) kann man sowohl eine Übersicht über die Bestände der Norddeutschen Missionsgesellschaft erhalten, als auch alle dazugehörenden Fotografien online aufrufen.

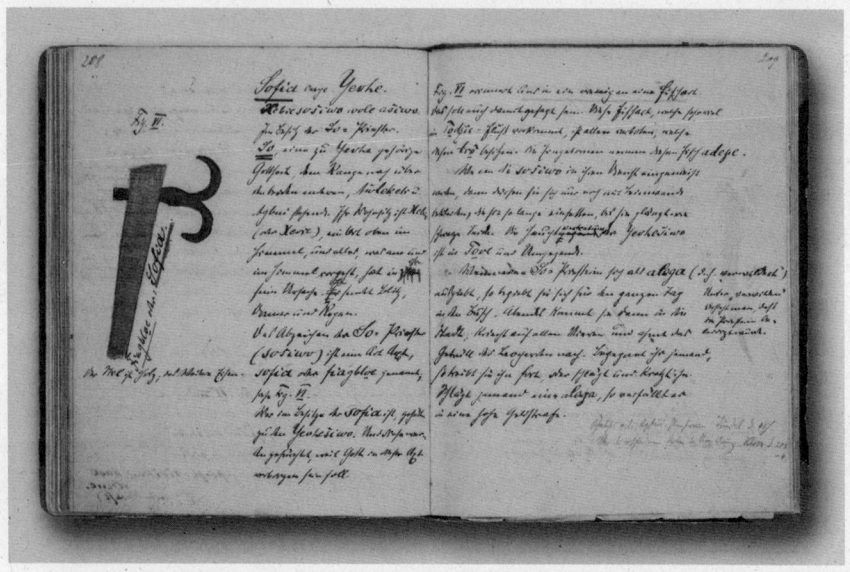

Notizen von Carl Spiess zu dem Gegenstand »Sofia«, Sammlung Norddeutsche Missionsgesellschaft, Staatsarchiv Bremen, 7.1025-76-6-III, S.108-109.

die Sprache Ewe möglichst gut zu lernen. Er notierte seine Beobachtungen zur Erziehung, zum Umgang mit der medizinischen und gesundheitlichen Versorgung sowie mit dem Tod, aber auch über die Frage der Landnutzung und des Rechts. Er berichtete von Meinungsverschiedenheiten zwischen der norddeutschen Missionsgesellschaft und der Kolonialverwaltung. Und in mehreren Notizbüchern hielt er Bemerkungen zu seinen Missionsreisen, über die Landschaft, die Architektur und die Menschen fest. Übrigens fanden sich auch Passagen, in denen er einige der Gegenstände, die er an das Museum in Bremen gegeben hatte, beschrieb und erklärte. Was bereits auffiel: Wie er an diese gekommen ist, dazu fanden wir fast nichts. Höchstens einen Halbsatz notierte er, wie im Fall eines Dinges, das wie eine kleine Axt aussieht, Sofia genannt wurde und welches er auf einer Predigtreise von einem »Heiden« geschenkt bekam.[16] Wie ist dieses »Geschenk« zu bewerten? Ist es möglich, dass ein solcher Gegenstand als Geschenk gegeben wurde? Wer hat es verschenkt? Stand diese Person der Sofia

16 Staatsarchiv Bremen, 7,1025 76/3 West Africa III, Notizbuch von Carl Spiess, hier: 124.

und ihrer Bedeutung nahe? Wie war der Kontakt von dieser Person zu Spiess? Wie stark war der koloniale Druck? Wie stark war der Druck der Mission? Interessant an diesem Beispiel ist auch, dass Spiess die Axt mitnahm, obwohl er vor möglichen negativen Auswirkungen gewarnt wurde. Was bedeutet das für seine Zuhörer*innen der Predigten auf der Reise, denen er die Sofia vorführte? Und deutet dies auf sein Gefühl der Überlegenheit hin, demzufolge ihm ein solcher Gegenstand nicht schaden konnte?

Im Rahmen des studentischen Projekts konnten wir nur ansatzweise Quellen auswerten. Allerdings hatten wir bereits die Möglichkeit, zu dem Kulturgut und den Quellen mit jemanden aus Togo zu diskutieren. Ein Teilnehmer des Projektes war Kokou Azamede aus Lomé, der als Doktorand bei Rainer Alsheimer forschte.[17]

Erste Projektideen

Mein Interesse an dieser Sammlung war geweckt. Aber im regen Museumsalltag blieb nur wenig Zeit für eine Vertiefung. Wenn möglich, suchte ich nach Gelegenheiten und brachte den ein oder anderen Gegenstand in einer Ausstellung unter oder bot Vorträge an. Entscheidet war jedoch der Kontakt zu Birgit Meyer, die ich kennenlernte, als ich sie im Rahmen einer Sonderausstellung zu einem Vortrag über ihre Doktorarbeit, *Translating the Devil. Religion and Modernity Among the Ewe in Ghana*, einlud. Durch diese Arbeit kennt sie die Archivmaterialien der Norddeutschen Missionsgesellschaft sehr gut. Im Jahr 2015 gewann Birgit Meyer den Spinoza-Preis, das ist der größte Preis, der Wissenschaftler*innen in den Niederlanden verliehen werden kann und der hoch dotiert ist. Sie baute damit an der Universität Utrecht das Forschungsprogramm »Religious Matters – in an Entangled World« auf. Erfreulicherweise richtete sich ihr Interesse dabei auch auf materielle Dinge. Und so kamen wir erneut in Kontakt und überlegten, wie wir uns den Gegenständen aus der Sammlung Spiess nähern könnten. Da Birgit Meyer seit langem in Ghana forscht, kam sie auf die Idee, dort bei einem

---

17 Kokou Azamede, Transkulturationen? Ewe-Christen zwischen Deutschland und Westafrika, 1884–1939 (Dissertation Januar 2008), Stuttgart 1910.

Birgit Meyer und Christopher Voncujovi im Gespräch mit Fotographien der Objekte aus dem Bremer Museum, Accra, 2020, Foto: Birgit Meyer.

ihrer Aufenthalte mit einem spirituellen Experten anhand von Fotographien Interviews zu der Bremer Sammlung zu führen.

Der aus Hohoe stammende und in Accra praktizierende Vodu[18]-Priester Christopher Voncujovi begann sich sofort bei dem Gespräch mit Birgit Meyer über das Leben und die Macht der Gegenstände Gedanken zu machen. Er wollte wissen, wie es ihnen gehe und ob sie hungrig seien. Für ihn sind es Entitäten mit spirituellen Kräften, mit denen man kommunizieren muss und, ja, für ihn sind sie in Bremen eingesperrt. Wie stark sich das doch unterscheidet zu der Sichtweise eines Museums, in dem man diese Gegenstände als »Objekte« betrachtet und sie bestmöglich mit Schutzmaßnahmen im Magazin zu erhalten versucht.

Diese Interviews waren erstaunlich und bestärkten Birgit Meyer und mich darin, diese Gegenstände als »religiöse Angelegenheiten« zu betrachten, in denen koloniale und postkoloniale Verflechtungen von Menschen, Gegenständen und Ideen in Afrika und Europa zum Ausdruck kommen. Die Idee war, diese Verflechtungen zu verfolgen und zu entschlüsseln, indem man den Weg der Gegenstände verfolgt, also Stück für Stück diese missionarische Sammlung ent-

---

18 Die Schreibweise Vodu ist jene, die von dem Legba-Dzoka Team bevorzugt wird.

packt. Was bedeuteten die Gegenstände damals für die Ewe? Wie wurden sie verwendet? Wie standen die Missionare dazu? Wie war die Aneignung durch Carl Spiess? Wie war der Weg in das Museum? Wie wurden sie im Museum benutzt? Was bedeuten sie heute in Togo und Ghana?

Der Pilotworkshop

Dabei war eine Vielzahl von Akteur*innen beteiligt: die nichtmissionierte Gesellschaft inklusive der Vodu-Priester, Konvertierte, Missionare, Kolonialleute, Museumskurator*innen, Missionskreise und viele mehr. Diese Vielfalt regte uns an, bei der wissenschaftlichen Bearbeitung ebenfalls multiple Perspektiven zusammenzubringen. Wäre es nicht sinnvoll, unterschiedliche Zugänge von unterschiedlichen Disziplinen zu nutzen? Ethnologie, Archäologie, Religionswissenschaft und Sprachwissenschaften? Sollte man nicht neben der Wissenschaft auch Vodu-Praktiker involvieren? Und wäre es nicht großartig, wenn eine solche Gruppe direkt an der Sammlung in Bremen arbeiten könnte? Birgit Meyer beschloss einen Teil ihrer Preisgelder zur Verfügung zu stellen, um genau das in einen Workshop auszuprobieren. Doch dann kam Corona dazwischen. Wir versuchten zwar eine erste Begegnung von möglichen Beteiligten online durchzuführen, waren aber froh, als wir uns im Herbst 2022 endlich persönlich in Bremen zu einem einwöchigen Workshop treffen konnten.

Die Teilnehmenden waren:

Aus Ghana:
Prof. Dr. Kodzo Gavua. Er ist Archäologe und Ethnologe am Department of Archaeology and Heritage Studies an der University of Ghana. Er hat bereits zur traditionellen Spiritualität in der Volta-Region in Ghana gearbeitet. Derzeit ist er zudem Vorsitzender des ghanaischen Focal Team on Restitution and Reparation.

Dr. Sela Adjei. Er forschte lange Zeit über die traditionelle Spiritualität aus dem Blickwinkel der Kunst und Ästhetik. Als dekolonialer Denker, Schriftsteller und Künstler hat er an Themen wie koloniale Begegnungen, Zusammenprall von Zivilisation und Vodu-Epistemologien und vielen anderen Themen gearbeitet.

Christopher Voncujovi. Er ist der Gründer des Afrikan Magick Temple in Accra. Er kommt aus einer christlichen Familie aus der Volta-Region. Auf Reisen nach Asien begegnete er verschiedenen spirituellen Traditionen. Dies brachte ihn dazu, die einheimische Ewe-Religion neu zu überdenken.

Kofi Voncujovi. Er ist der Sohn von Christopher Voncujovi und ist als Afa-Wahrsager ausgebildet.

Aus Togo:

Dr. Kokou Azamede. Er ist Germanist und hat sich mit der Geschichte der Norddeutschen Missionsgesellschaft befasst und die Verbindung von Mission und Kolonialismus aus einem dekolonialen Blickwinkel betrachtet. Seine Forschungsgruppe LIGA (Langues, Littératures et Identités Germano-Africaines) an der Universität von Lomé, Togo, widmet sich der kritischen Erforschung des deutschen Kolonialismus in Togo.

Dr. Ohiniko Mawussé Toffa. Er ist ebenfalls Germanist und schrieb seine Dissertation über die intellektuellen und ethischen Grundlagen des Missionskonzepts von Zahn, einem Inspektor der Norddeutschen Missionsgesellschaft. Anschließend fing er an, sich mit Provenienzforschung in Museumssammlungen zu beschäftigen.

Aus Utrecht:

Prof. Dr. Birgit Meyer. Sie ist Religionswissenschaftlerin und Kulturanthropologin. Als Professorin an der Universität Utrecht baute sie dort u. a. das Forschungsprogramm »Religious Matters – in an Entangled World« auf.

Dr. Malika Kraamer. Sie forscht zu Ewe-Textilien, einschließlich der Verflechtungen mit dem Christentum, der indigenen Religion in der Volta-Region in Ghana und der Untersuchung von Ewe-Textilien in Museumssammlungen aus einem dekolonialen Blickwinkel.

Angelantonio Grossi. Seit 2017 arbeitet er mit dem Vodu-Priester Christopher Voncujovi im Kontext seines Schreins, dem Afrikan Magick Temple, zwischen Ghana und Japan zusammen. Seine Dissertation betrachtet die Aktualisierung afrikanischer indigener Spiritualität durch digitale Kommunikationsmittel.

Aus Bremen:

Silke Seybold. Sie ist Ethnologin, baute am Übersee-Museum das historische Bildarchiv auf und betreut seit vielen Jahren die Afrika-Sammlung. Unterstützt wurden wir in Bremen von *Tjark Froehner*, der ein FSJ-Kultur am Übersee-Museum machte, und *Petra Schierholz*, die sich ehrenamtlich engagierte.

Ein Teil des Legba-Dzoka Teams bei dem Workshop im Übersee-Museum, Bremen, 2022, Foto: Birgit Meyer.

Das Team hat sich aus Kontakten und Empfehlungen zusammengefunden. Nicht jeder kannte jeden, aber alle kannten irgendjemand aus der Gruppe. Das war ein Prinzip, das sich später in emotionalen und kritischen Situationen bewähren sollte.

Es war ein aufregender Moment, als alle Beteiligten live im Seminarraum des Museums zusammenkamen. Wie reagiert man aufeinander? Was sind die Erwartungen? Die Anspannung war zu fühlen. Wir in Bremen hatten versucht, für angenehme äußere Umstände zu sorgen. Dank der Gelder aus Utrecht konnten wir eine schöne Unterkunft buchen, es gab Verpflegung im Seminarraum, auch für Mittagessen und so manches Dinner war gesorgt. Wir wollten uns ganz auf die Inhalte konzentrieren. Um das zu können, hatten wir schon bei den Videokonferenzen besprochen, dass wir den Fokus des Workshops nicht auf die Frage der Restitution richten, sondern auf die Erforschung der Sammlung und deren

Sammlungskontext, auch wenn uns klar war, dass die Restitutionsfrage immer mit im Raum stehen wird. So wollten wir zumindest am Anfang Druck aus der Debatte nehmen und das war gerade in einem solchen Fall nötig, bei dem es offen, aber auch unterschwellig um ein für alle hoch emotionales Thema ging.

Doch bevor wir überhaupt mit den Inhalten beginnen konnten, war es essentiell für Christopher Voncujovi, zu den Kräften in den Gegenständen zu beten und sie über unser Projekt zu informieren. Bei diesen Gebeten spielen verschiedene Flüssigkeiten eine Rolle. Und wer im Museum sozialisiert wurde, weiß, was diese anrichten können. Im Seminarraum ist ein robuster Boden. Hier die Augen zuzudrücken war bis zu einem gewissen Grad möglich. Aber für den Magazinbereich gibt es mit gutem Grund klare Anweisungen. So mussten wir bereits im ersten Moment der Begegnung Kompromisse aushandeln. Wie gut war es, direkt an diesem Montagmorgen zu merken, dass die ganze Gruppe zum Dialog bereit war.

Wir fanden eine Lösung: Die Gebete fanden sowohl im Seminarraum als auch direkt bei der Sammlung statt. Aufwischen mussten wir aber nur im Seminarraum. Das Museum ist ein säkularer Ort. Aber in einem solchen geschlossenem Rahmen Mitgliedern der Herkunftsgesellschaft die Möglichkeit zu geben, spirituelle Handlungen auszuüben, sahen wir als kein Problem an. Und natürlich fand ich es als Ethnologin sehr interessant, diese Gebete miterleben zu dürfen, ebenso wie später auch das Afa von Kofi Voncujovi.

Von Museumsseite gab es eine weitere wichtige Bedingung. Die Gegenstände durften, wenn überhaupt, nur mit Handschuhen berührt werden. Das dient nicht nur dem Schutz der Dinge, sondern auch der Menschen, denn in früheren Jahrzehnten wurden manchmal Mittel zur Bewahrung des Materials eingesetzt, von denen wir heute wissen, dass sie gesundheitsgefährdend sein können. Aber auch das sollte sich als kein Problem herausstellen, da Handschuhe von den Teilnehmenden sogar aus einer anderen Perspektive als positiv bewertet wurden. Es war gut, den direkten Hautkontakt mit den spirituellen Dingen zu vermeiden.

Den Ablauf des Workshops hatten wir nach Absprache in der Gruppe so geplant, dass wir uns nicht nur persönlich langsam annähern konnten, sondern auch thematisch. Erst diskutierten wir den Hintergrund der Sammlung und der Norddeutschen Missionsgesellschaft zur Zeit des Aufsammelns und näherten uns nur langsam den Gegenständen. Erst am zweiten Tag arbeiteten wir intensiv an der Sammlung. Wir hatten alle spirituellen Dinge der Sammlung Spiess an einen Ort zusammengetragen, an dem wir ungestört arbeiten konnten. Uns waren zu diesem Zeitpunkt gut 200 Gegenstände bekannt.[19] Natürlich war von Anfang an klar, dass wir nicht jedes Artefakt bearbeiten konnten, aber es ging darum, maximale Transparenz zu vermitteln. Alle sollten alles sehen können, um dann zusammen zu entscheiden, woran wir arbeiten. Die vollständigen Listen mit Gegenständen der Sammlung Spiess und andere Informationen zum Sammelvorgang waren übrigens schon im Vorfeld an alle Teilnehmenden geschickt worden. Auch einen Besuch hinter die Kulissen im Magazin arrangierten wir. War ich mit meinen vielen Schlüsseln dabei wirklich noch die, die für die Sicherheit der Artefakte sorgte oder nicht doch eher die, die diese einsperrte? Eine Frage der Perspektive.

So beleuchteten wir einzelne Stücke aus der Sicht von Wissenschaft und Praxis, lernten viel über die Materialität und Bedeutung der einzelnen Gegenstände und bekamen einen Einblick in ihre Verwendung und Bedeutung für die Gesellschaft der Ewe vor der Kolonisierung und Evangelisierung, aber auch heute.

Die Diskussion war lebhaft und oft auch unerwartet. Wir haben viele Tondokumente aufgezeichnet und gefilmt, um die vielen Dimensionen der Gespräche nachverfolgen zu können. Eine Sache, die mich zum Beispiel überraschte, war das rege Interesse von Christopher Voncujovi an der Person von Carl Spiess und die These, dass er mehr von der Spiritualität der Ewe gewusst haben müsse als er niederschrieb.

Die Zeit war kurz, zumal wir noch eine Exkursion zu der Sammlung des Museums am Rothenbaum in Hamburg unternahmen und unsere Präsentationen für den im Anschluss stattfindenden internationalen Workshop »Unpacking Missionary Collections« an der Universität Utrecht vorbereiteten, wo wir als Gruppe eine weitere Woche verbrachten.

Jeder von uns wird in dieser Zeit seine eigene emotionale Reise gemacht haben. Ich zum Beispiel war angespannt, dann erleichtert, ja sogar beflügelt. Neue Erkenntnisse und Einsichten öffneten sich, die halfen, andere Perspektiven einzunehmen. In Utrecht wiederum änderte sich das Setting und wurde öffentlicher, wodurch sich auch so manche Rollen änderten. Das Thema Restitution gewann an manchen Stellen die Überhand und schien einen zuvor aufgebauten Dialog überlagern zu wollen.

---

19 Im Rahmen des Legba-Dzoka Projektes konnten wesentlich mehr Gegenstände dem spirituellen Bereich zugeordnet werden. Aktuell gehen wir von einem Bestand von ca. 300 Stück aus.

Was aber allen klar war: Wir, das Team vom Legba-Dzoka-Projekt,[20] wie wir uns inzwischen nach den Hauptkategorien der von Spiess gesammelten spirituellen Gegenständen bezeichneten, wollten weitermachen. Sela Adjei hatte noch während des Workshops ein Logo für das Projekt entwickelt, mit dem wir seitdem nach außen auftreten. Wir wollten nach Geldern suchen, um es nicht nur bei diesem einen Treffen zu belassen, sondern in einem größer angelegten Forschungsprojekt die Sammlung entsprechend unserer Fragestellung zu entpacken. Die Quellenlage ist gut, das Thema ist sehr wichtig. Die Beschäftigung mit Kulturgütern, wie denen der Sammlung Spiess, kann Diskussionen über die Auswirkungen von Kolonialismus und Missionierung auf die heutige Gesellschaft anregen und neue Wege für postkoloniale Kritik, die Wertschätzung des indigenen Kulturerbes fördern und ja: auch die Forderung nach Restitution eröffnen.

Der Gegenbesuch

Drei Monate nach dem Pilotworkshop in Bremen hatten Birgit Meyer und ich die Möglichkeit zu einem Gegenbesuch in Ghana.

Wir haben Orte besucht, an denen Carl Spiess tätig war. Wir haben uns Museen angeschaut, um ein Gespür dafür zu bekommen, was diese in Ghana für eine Bedeutung haben. Wir haben unsere Projektpartner*innen getroffen und gute Gespräche geführt. Ein Gefühl von Vertrautheit stellte sich schnell ein. Durch Sela Adjei durften wir Mercy Klugah kennenlernen. Bei der Auseinandersetzung mit den Namen der Gegenstände hatten wir bereits in Bremen gemerkt, dass uns eine sprachwissenschaftliche Perspektive im Team fehlte. Mercy Klugah ist Linguistin und sie soll unser Team zudem um einen ghanaischen, weiblichen Blick ergänzen.

Auf der Reise führten wir weiterhin viele Gespräche: mit wichtigen Vertretern der EP Church, dem Chef eines Dorfes, aber eben auch mit einem Museums-

---

20 *Legba* (Plural: Legbawo) bezeichnet materiell gesehen eine Figur, die an Ein-und Ausgängen von Häusern und Dörfern positioniert wird und der eine Kraft innewohnt, die die Menschen vor Gefahr beschützt und zum Botschafter zwischen Menschen und anderen Göttern wird. *Dzokawo* (Singular: Dzoka) wurden von den Missionaren meist als »Zauberschnüre« bezeichnet. Oft wurden sie für einzelne Zwecke und Personen aktiviert. Ihnen liegt eine Kraft inne, die sich für oder gegen etwas richten kann.

Das Missionshaus in Peki, der Station, auf der Spiess zwischen 1911 und 1914 stationiert war, Peki, 2022, Foto: Silke Seybold

guide, einem Taxifahrer und wem man sonst so begegnet: eine Vielzahl an Stimmen und Meinungen, die sich mit dem summierten, was im Herbst im Museum diskutiert worden war. So unterschiedlich diese Aussagen auch waren – deutlich wurde erneut, was für ein dringendes Anliegen die Aufarbeitung des missionarischen Sammelns im Kontext der Kolonialzeit doch war, wie relevant es für die heute lebenden Menschen ist.

Bei einem Besuch bei Christopher Voncujovi in seinem Afrika Magick Temple konnten wir erleben, wie lebendig diese Spiritualität ist. Er hat uns erneut viel gezeigt und vieles erklärt. Wie vertraut war der Anblick der spirituellen Gegenstände. Legbawo begrüßten uns schon vor dem Gebäude und im Hof, später dann stießen wir auf unzählige Dzokawo, die Christopher Voncujovi unter anderem für Gläubige betreute. Ich fühlte mich fast wie im Magazin des Museums, nur, dass hier nicht nur das Material geschützt wurde, sondern dafür gesorgt wurde, dass die Entitäten spirituell am Leben blieben.

Legbawo im Schaumagazin des Übersee-Museums, Bremen, 2022, Foto: Silke Seybold.

Was wir lernen können

Was kann man aus dem bisherigen Dialog lernen? Vermutlich hätte jeder aus dem Projektteam eine etwas andere Antwort. Einiges, was wir diskutiert haben, fasse ich im Folgenden zusammen.

Dieser Dialog ist nicht nur themen- und sachbezogen. Er ist emotional. Diese Emotionen haben für jede Person eine andere Ausprägung. Es ist wichtig, diese Emotionen zu verstehen und dazu ist es wichtig, sich selbst zu hinterfragen. Wer bin ich, wie wurde ich ausgebildet und warum mache ich das, denke jenes und reagiere so? Welche Beziehung habe ich zu dem Thema und der Sammlung? Emotionen darf man bei diesem Thema nicht unterschätzen und man darf sie sich und den anderen zugestehen.

Wichtig ist auch, offen zu sein für die Perspektiven der anderen. Ohne Kompromissbereitschaft der Teilnehmenden hätte der Dialog keine Chance gehabt. Aber auch die eigenen Grenzen zu kommunizieren ist wichtig. Das betrifft nicht nur den Umgang mit Gebeten, Flüssigkeiten oder Handschuhen. Es gab zum Beispiel Momente, in denen einzelne Teilnehmende unseren Forschungsraum verlassen haben, weil sie bestimmte Gegenstände oder auch spirituelle Handlungen nicht sehen wollten. Und auch der Vodu-Priester Christopher Voncujovi zog eine klare Grenze, was er berichtete und was er für sich behielt. Wir wurden zum

Legba mit Gaben vor dem Tempel des Priesters Christopher Voncujovi, Accra, 2022, Foto: Silke Seybold.

Beispiel bei zahlreichen Gegenständen auf Pulver hingewiesen, welches für die spirituelle Wirkung wichtig war, aber was dieses beinhaltete, erfuhren wir nicht.

Bei einem Dialog spielt aber nicht nur das abwechselnde Sprechen und Zuhören eine Rolle, sondern auch die Sprache. Unsere Arbeitssprache war Englisch. Aber zwischendrin wurde auch in kleineren Gruppen auf Ewe oder auf Deutsch geredet. Eine nicht unwichtige Sache ist es dabei, darauf zu achten, allen das Gefühl zu geben, verstanden zu werden und auch zu verstehen, gerade wenn verschiedene Muttersprachen gesprochen werden und nicht alle auf demselben Niveau der Arbeitssprache sind.

Sprache spielt aber auch in Bezug auf die Arbeit mit der Sammlung eine Rolle. Es sind einzelne Wörter, die verletzen können, ohne dass man sich dessen bewusst ist. Im Museumskontext wird oft von Objekten gesprochen. Dieses Wort Objekt kann man in seinem ursprünglichen Wortsinn verwenden, dann heißt es aus dem Lateinischen abgeleitet so viel wie, sich zeigen oder vor Augen führen und wird in der Onthologie quasi mit dem Begriff Gegenstand gleichgesetzt. Eine andere philosophische Position ist der Dualismus, der dem Begriff »Objekt« den

Begriff »Subjekt« gegenübergestellt. Wie auch immer man den Begriff im Deutschen deutet, von den Projektteilnehmenden aus Togo und Ghana wurde er negativ aufgefasst. Das Leben, welches in vielen der Gegenstände sei, würde dadurch komplett negiert. Es seien doch Subjekte. Ob es besser ist, von Gegenständen oder Kulturgütern zu sprechen? Vorweg: Eine wirkliche Lösung haben wir in den wenigen Tagen nicht gefunden. In unserer Gruppe haben wir angefangen, im Englischen von *items* oder *cultural assets* zu sprechen. In Bezug auf konkrete Gegenstände fingen wir an, die Begriffe zu verwenden, die in der Sprache Ewe benutzt werden. Missionar Spiess hat erstaunlich viele davon festgehalten, was uns nun bei der Forschung half. Und wir lernten, dass diese vor allem der Kategorie *Dzoka* zuzuordnen waren und Spiess nur wenige aus der Kategorie *Legba* oder anderen spirituellen Kategorien nach Bremen brachte.

Klare Zielsetzungen, wie die Konzentration auf die Erforschung der Sammlung, die Herausnahme des Themas Restitution und Transparenz, wie die Darlegung des gesamten Bestandes, helfen bei einem solchen Dialog bestimmt auch. Aber was ist, wenn es doch kriselt? Mit Birgit Meyer und Kodzo Gavua hatten wir zwei Personen im Team, die viel Erfahrung mit Gruppen und deren Dynamik hatten und vor allem auch von allen Teilnehmenden wissenschaftlich und persönlich hochgeschätzt wurden. Nicht nur inhaltlich haben beide wertvollen Input gegeben, sondern auch die Gruppe sanft durch die Begegnung navigiert. Ihre interkulturelle Erfahrung hat dabei sehr geholfen.

Von allen wurde positiv bemerkt, dass wir unter keinem Erfolgsdruck standen und keine Formalien einhalten mussten. Wir brauchten keinen Abschlussbericht zu schreiben und kein Bundesreisekostengesetz einzuhalten. Es klingt banal, aber das gute Hotel, welches wir dadurch buchen konnten, und die Einladungen zu Lunch und Dinner wurden als Wertschätzung empfunden. Davon abgesehen, dass sich hierbei auch das eine oder andere private Gespräch entwickelte, wir uns weiter kennenlernten und Vertrauen aufbauten, wurden auch inhaltliche Gedanken weitergesponnen.

Ein Dialog passiert nicht einfach, man muss daran arbeiten und er ist auf Gegenseitigkeit ausgelegt.

Loge des Legba-Dzoka Projekts, entworfen von Sela Adjei.

Nachtrag

Seit Dezember 2023 gibt es über das Deutsche Zentrum Kulturgutverluste (DZK) eine Finanzierung für ein zweijähriges Projekt, bei dem die Provenienz des Bestandes von Carl Spiess am Übersee-Museum untersucht wird. Auch die Erforschung des Wissens zu den spirituellen Gegenständen und die heutige Perspektive der Menschen in Togo und Ghana spielen dabei eine große Rolle. Ohini Toffa hat inzwischen eine Anstellung in der Provenienzforschung und kann uns nur noch am Rande begleiten. Alle anderen im Text Genannten arbeiten aktiv mit. Und die Legba-Dzoka-Familie ist weitergewachsen. Der Germanist Patrice Abotsi aus Togo sprang für Ohini Toffa ein. Bei der Archivarbeit in Bremen unterstützt uns als studentische Kraft Pauline Bräuer. Weitere Werkverträge sind für Transkriptionen und Interviews vergeben und auch für die Feldforschung in Togo und Ghana stehen mehrere Personen als Assistent:innen zur Verfügung. Zum Zeitpunkt des Verfassens dieses Artikels sind wir mitten in der Forschung. Der Abschlussbericht wird über das DZK öffentlich zugänglich sein. Aber eines steht jetzt schon fest: Für die klassische Provenienzrecherche steht sehr viel Material zur Verfügung. Es ist nötig und sinnvoll, den historischen Kontext der Aneignung durch Missionar Spiess nachzuvollziehen. Aber in den Bann zieht uns die ethnologische Arbeit. Bei der Feldforschung werden die Gegenstände aus der Bremer Sammlung zu einem Trigger für die Debatte über die Vergangenheit und das Heute.

(Silke Seybold ist Ethnologin und hat ab 1999 das Projekt zum Aufbau das Historischen Bildarchivs am Übersee-Museum Bremen durchgeführt. Seit 2003 ist sie dort Kuratorin für die Afrika-Sammlung.)

ABSTRACT

Between 1892 and 1914, Carl Spiess, a missionary of the Norddeutsche Missionsgesellschaft, collected around 500 artefacts in what was then German colony of Togo and the British colony of the Gold Coast. The large number of 300 sacred/spiritual items within that collection is based on an order to collect given to Carl Spiess by Heinrich Schurtz, the first curator of the Städtisches Museum für Natur-, Völker- und Handelskunde in Bremen (now the Übersee-Museum Bremen).

This article describes how the current curator for Africa approached this collection and the fortunate circumstances through which a workshop with a multidisciplinary team of researchers from Germany, Ghana, the Netherlands and Togo as well as priests from a Vodun shrine (in Accra/Ghana) could take place at Bremen. It is about the dialog, that was very enriching for everyone and about, what we could already learn from the dialog. Ultimately it led to a major provenance research project.

Zeugnisse einer ›elementaren Form religiösen Lebens‹?

Die »Pater-Worms-Sammlung« der Universität Münster und ihre Provenienz

Patrick Felix Krüger/Martin Radermacher

1. Die »Pater-Worms-Sammlung«

Die Religionskundliche Sammlung der Universität Münster besitzt einen kleinen Bestand an australischen Objekten, deren Erwerbungsumstände hier näher beleuchtet werden sollen. Die religionskundliche Sammlung wurde 1957 von dem katholischen Theologen Anton Antweiler gegründet und sollte die Vielfalt der materiellen Ausdrucksformen verschiedener religiöser Traditionen veranschaulichen.[1] Die Gruppe ethnographischer Objekte, die Antweiler von dem Pallottiner Missionar Ernest A. Worms (1891–1963) erwarb, bildet aufgrund ihrer Herkunft und Erwerbungsumstände gewissermaßen einen eigenen Sammlungsteil. Anhand der vorliegenden Korrespondenz zwischen Antweiler und Worms lassen sich insgesamt 85 Objekte der Sammlung Worms zuordnen. Dazu kommt eine Anzahl von Briefmarken, die hier jedoch nicht näher besprochen werden.

Ernest Worms wurde am 27. August 1891 in Bochum geboren und trat 1912 in den Orden der Pallottiner in Limburg an der Lahn ein.[2] Seine Studien der Theo-

---

[1] Zur Sammlungsgeschichte siehe Patrick Felix Krüger/Martin Radermacher, Der Blick auf ›das Fremde‹. Anton Antweiler und die religionskundliche Sammlung der WWU Münster, in: Zeitschrift für Missionswissenschaft und Religionswissenschaft 104/1–2 (2020), 84–97.
[2] William B. McGregor, Father Worms's Contribution to Australian Aboriginal Anthropology, in: Nicolas Peterson/Anna Kenny (Hg.), German Ethnography in Australia, Acton 2017, 329–356, hier: 329f.

logie und Philosophie (1912–1920) wurden durch den Ersten Weltkrieg unterbrochen und Worms wurde 1914/1915 zum Militärdienst verpflichtet und schwer verwundet.³ Nach Kriegsende wurde er 1920 zum Priester geweiht und in die osteuropäische pallottinische Jurisdiktion berufen, wo er in Rössel in Ostpreußen arbeitete.⁴ 1930 schickten die Pallottiner in Limburg Worms nach Australien,⁵ wo er in Broome stationiert wurde. Hermann Nekes, der von 1918 bis 1920 sein Lehrer in Limburg gewesen war, kam 1935 nach Australien, und Worms wurde sein Assistent in mehreren Expeditionen ins Outback.⁶ Neben seiner missionarischen Tätigkeit erforschte er die Sprachen und Kulturen der australischen Ureinwohner:innen, über deren Religionen er zahlreiche wissenschaftliche Arbeiten publizierte.

Anfang 1938 wurde Worms als Rektor des Pallottiner-Colleges in Kew, einem Vorort von Melbourne (Victoria), eingesetzt. Hermann Nekes, der ebenfalls die meiste Zeit in Kew blieb, arbeitete in dieser Zeit weiter mit ihm zusammen.⁷ Worms blieb zehn Jahre lang in Kew und war nun zuständig für die Ausbildung von Missionar:innen. Während dieser Jahre festigte sich sein Ruf als Missionswissenschaftler sowie Sprachforscher und Anthropologe.

1948 kehrte Worms in die Kimberly-Mission zurück und nahm seine Forschungen über die Sprachen und Kulturen der Aborigines wieder auf.⁸ Er setzte in dieser Zeit auch seine Missionsarbeit in Lombadina und Broome fort und ›entdeckte‹ Felskunststätten, darunter eine solche am Yule River südlich von Port Hedland. Fast zehn Jahre später, im Jahr 1957, wurde Worms der erste Rektor eines neugegründeten Pallottiner-Colleges in Manly (Sydney) in New South Wales. Dieses Amt sollte er bis zu seinem Tod im Jahr 1963 ausüben.

Im Rahmen der vorliegenden Arbeit⁹ wird keine ethnologische Analyse der von Worms gesammelten und nach Münster verschickten Objekte vorgenommen. Stattdessen sollen die Einordnung und Interpretation von Worms, d. h. sein

---

3 Anton Antweiler, P. Ernst Adolf Worms SAC, in: Zeitschrift für Missionswissenschaft und Religionswissenschaft 47/4 (1963), 287–288, hier: 287.
4 McGregor, Father Worms's Contribution, 329f.
5 Hans Nevermann u. a., Die Religionen der Südsee und Australiens, Stuttgart 1968, 129.
6 McGregor, Father Worms's Contribution, 329f.
7 McGregor, Father Worms's Contribution, 330f.
8 Antweiler, Ernst Adolf Worms, 287.
9 Der vorliegende Artikel basiert teilweise auf einer früheren Studie der Autoren (Patrick Felix Krüger/Martin Radermacher, Australian Objects in the Religious Studies Collection at the University of Münster. The ›Pater Worms Collection‹ as a Case of Inter-Religious Contact, in: Entangled Religions 14/1 [2023], 1–117).

Blick auf die jeweiligen Sammlungsobjekte sowie seine Angaben zu deren Herkunft und Verwendung anhand seiner Korrespondenz mit Antweiler herausgearbeitet werden. Dabei wurden die Zitate aus dem Briefwechsel unverändert übernommen.

Neben den Briefen, die Worms an Antweiler schrieb, wird auch sein Überblickswerk über die Religionen Australiens[10] berücksichtigt, das von Helmut Petri 1968 aus dem Nachlass veröffentlicht wurde. So soll neben der Provenienz vor allem der Blick von Worms auf die Objekte dokumentiert werden. Berücksichtigt werden ferner die Publikationen von Worms, die allgemeinere Hinweise über Verwendung und kulturelle Bedeutung bestimmter Objekte enthalten. Auf diese Weise kann die Relevanz der Objekte innerhalb der Sammlung erklärt und die Analyse des Blicks des Sammlers (Worms) nachgezeichnet werden. Der gegenwärtige Forschungsstand zu den Objekten selbst soll dabei nicht diskutiert werden; dies sollte stattdessen von ethnologischer Seite angegangen werden.

Der vorliegenden Korrespondenz zwischen Antweiler und Worms zufolge fand eine Übergabe von Sammlungsobjekten nach Münster in den Jahren 1957 und 1958 statt. Antweiler und Worms standen auch in den folgenden Jahren in engem brieflichem Kontakt, jedoch wurden während dieser Jahre keine weiteren australischen Objekte in die Sammlung aufgenommen.

Die folgende Übersicht dokumentiert den Sammlungsbestand, wie er sich nach Sichtung der Korrespondenz darstellt. Dabei ist zu berücksichtigen, dass sich die Sammlung in einem ungeordneten Zustand befand. Die Forschung zum Sammlungsteil Worms bestand daher zunächst in der Zuordnung der vorhandenen Objekte entsprechend dem von Antweiler geführten Sammlungsbuch. Erschwert wurde dies durch das Fehlen von Inventarnummern an den Objekten selbst und dem Umstand, dass einige Objekte der Sammlung nicht auffindbar waren.

---

10 Nevermann, Religionen.

Objektbezeichnung in der Korrespondenz zwischen Antweiler und Worms	Objektbezeichnung im Inventarbuch der Religionskundlichen Sammlung der Universität Münster	Inv.-Nr.
Phallus-Stein	Phallus-Stein, Australien	12
eingravierte Holzstäbe; Klangstäbe; Xylophone	Klangholz, Australien Klangholz, Australien	13 14
Speerspitzen	Speerspitze, Australien Speerspitze, Australien	15 16
Mythologische Perlmutterblätter; lanzetförmige Perlmutterstücke	Lanzette, Perlmutter, Australien Lanzette, Perlmutter, Australien	17 18
Klein-Steinwerkzeuge	Steine, Australien [teilweise verschollen]	18,1–6
Kopfschmuck	Schleier	19
50 Steinwerkzeuge	Sammlung von Steinwerkzeugen [teilweise verschollen]	20
Fadenkreuz	Fadenkreuz vom Grabkult der Australschwarzen	23
	Nicht inventarisiert [verschollen]	
tellergrosses Stein-Tjuringa	Nicht inventarisiert [verschollen]	
Großes Tjuringa (90 cm)	Nicht inventarisiert/ verschollen	
Zwei kleinere Tjuringa	Nachträglich inventarisiert Nachträglich inventarisiert	14,2 ? 14,3 ?
Eingraviertes Holz, Tjuringa ähnlich	Nachträglich inventarisiert	14,1 ?
Tjuringa-Schwirrholz [Antweiler] [?]	Nicht inventarisiert [verschollen]	

Steinbeil, gehämmert und geschliffen	Nicht inventarisiert [verschollen]	
Steinmesser für Initiationszeremonien	Nicht inventarisiert [verschollen]	
5 Pastellzeichnungen eines australischen Eingeborenen	Nicht inventarisiert [verschollen]	

Die Reihenfolge der Darstellung dieser Objekte im folgenden Teil des Artikels folgt der Ordnung der Inventarnummern und damit der chronologischen Entwicklung des Bestandes. Sie ist nicht als Wertung zu verstehen und verfolgt keine systematisierende Absicht. Die Objekte wurden in mehreren Paketen verteilt über einen Zeitraum von etwa einem Jahr überwiegend per Post aus Australien nach Münster geschickt; einzelne Objekte hat Worms anscheinend bei einem Besuch in Münster persönlich an Antweiler übergeben. In mehreren Briefen aus den Jahren 1957 und 1958 kündigte Worms den Versand an und fügte detaillierte Beschreibungen einiger der Objekte bei. Der Empfang der Objekte wurde dann von Antweiler bestätigt. Dieser Teil der Korrespondenz zwischen Worms und Antweiler ist weitgehend erhalten geblieben; er dokumentiert den Erwerb des australischen Sammlungsbestands und diente als Grundlage der hier dokumentierten Forschung. Die Korrespondenz von Antweiler an Worms hingegen liegt nicht vor. Worms betont mehrfach, dass die Objekte seiner eigenen Sammlung entstammen, die er in Melbourne aufbewahrte und nach deren Neuordnung er ausgesonderte Objekte an Antweiler abgab.[11] Die Objekte repräsentieren die australischen Religionen in vorkolonialer Zeit, wurden aber überwiegend im 20. Jahrhundert angefertigt. Viele dieser Objekte sind Gegenstände des Alltags ohne konkrete religiöse Zuschreibung und sollten eine religiöse (»magische«) Durchdringung des Alltags belegen, die insbesondere sogenannten »primitiven« Kulturen bis in die jüngere Vergangenheit nachgesagt wurde. Auf diese Annahme spielt auch die von Émile Durkheim inspirierte Überschrift dieses Beitrags an.[12] Durkheim, wie viele andere Ethnologen seiner Zeit, ging davon aus, dass im sogenannten Totemismus der australischen Indigenen die Grundelemente von Religion zu

---

11 Worms an Antweiler, 15.1.1958, Universitäts- und Landesbibliothek (ULB) Münster, Nachlass Antweiler 009,180.
12 Émile Durkheim, Les Formes Élémentaires de la Vie Religieuse. Le Système Totémique en Australie, Paris 1912.

rekonstruieren seien. Den Zusammenhang zwischen Religion und Materialität des Alltags hebt Antweiler in einem Artikel über die religionskundliche Sammlung hervor:

> »Religion, besonders als Frömmigkeit, umfasst Hingabe und Abstand, Vertrauen und Erschrecken, Geborgenheit und Verlorenheit, Macht und Ohnmacht, Liebliches und Furchtbares, Verworfenheit und Erlösung. Alles das verschließt der Mensch nicht in sich, sondern gibt es kund durch Kleidung, Schmuck, Geräte und Gebäude«.[13]

Vermutlich im Februar 1957 gelangten die ersten Objekte nach Münster. Diese ersten Objekte, die Worms der religionskundlichen Sammlung überließ, sind durch eine Rechnung oder Quittung dokumentiert. Darin wird vermerkt, dass das Institut für Vergleichende Religionswissenschaft der Universität Münster von Ernest Worms zwölf Steinwerkzeuge, ein gehämmertes und geschliffenes Steinbeil, ein Steinmesser für Initiationszeremonien sowie ein *Tjuringa* und fünf Pastellzeichnungen eines australischen Ureinwohners im Gesamtpreis von 200,– DM erhielt; nähere Angaben zu den Objekten oder zum Wert der einzelnen Stücke werden nicht gemacht.[14] Da dieses Dokument in Münster ausgestellt wurde, hat Worms die genannten Objekte wohl bei einem Besuch dort persönlich übergeben. Als Adresse ist die Anschrift seines älteren Bruders Adolf Worms in Münster vermerkt. Dies belegt auch ein Brief von Worms, worin dieser über seine Rückreise nach Australien im April 1957 berichtet und sich für die 200,– DM bedankt, die Antweiler zuvor an Adolf Worms übergeben hatte.[15] Im Oktober desselben Jahres brachte Worms eine Postsendung auf den Weg nach Münster, die ein Fadenkreuz sowie einige Briefmarken mit religiösen Motiven enthielt.[16] Am 15. Januar 1958 schrieb Worms erneut an Antweiler und kündigt den Versand weiterer Objekte für die Münsteraner Sammlung an, darunter zwei Klanghölzer (»eingravierte Holzstaebe«), fünfzig Steinwerkzeuge und zwei Speerspitzen, einen Kopfschmuck der Frauen der Njol Njol sowie einen »Phallus Stein«, »mythologische

---

13 Anton Antweiler, Die Religionsgeschichtliche Sammlung an der Kath. Theol. Fakultät der Universität Münster. Anliegen und Umfang der Sammlung, in: Jahresschrift der Gesellschaft zur Förderung der Westfälischen Wilhelms-Universität zu Münster (1964), 41–52, hier: 41.
14 Worms an Antweiler, 7.2.1957, ULB Münster, Nachlass Antweiler 008,079.
15 Worms an Antweiler, 1.6.1957, ULB Münster, Nachlass Antweiler 009,176.
16 Worms an Antweiler, 6.11.1957, ULB Münster, Nachlass Antweiler 009,179.

Perlmuttblätter« und ein Fadenkreuz als »Zugabe«.[17] Diese Objekte, die in mehreren Päckchen verschickt wurden, seien durch das rasche Eindringen westlicher Kultur, die Worms als »verflachend« beschreibt, nicht mehr häufig zu finden.[18]

2. Der »Phallus-Stein«

Zu den herausragenden Objekten der religionskundlichen Sammlung gehört ein konisch geformter Stein (Inv.-Nr. 12), den Worms im Januar 1958 als Teil eines Konvolutes nach Münster verschickte. In seiner Arbeit über die Religionen Australiens betont Worms die Seltenheit solcher Steine, die er als »Steinphallus« interpretiert und von denen zum Zeitpunkt seiner Forschung nur vierzehn vergleichbare Objekte bekannt waren; vier dieser Objekte, die nur zu besonderen Anlässen verwendet wurden, erhielt Worms 1933 von den Njol Njol des Dampier-Landes.[19]

In der Korrespondenz mit Antweiler bezeichnet Worms das Objekt als »Conical Stone« bzw. »Phallus Stein« und berichtet, wie dieser in seinen Besitz kam:

> »Im Jahre 1944 erhielt ich diesen eigenartigen Stein bei einer Expedition am oberen Darling Fluss, West-New South Wales, ungefaehr 30 km suedlich von der kleinen Stadt Bourke. Die dort lebenden Bakandji sind fast ganz verschwunden und detribalisiert. Dieser Stein stammt aber wohl von viel frueheren Generationen. Es liegt kein muendlicher Bericht oder schriftliche Nachricht frueherer Forscher vor ueber den Gebrauch dieses Steines, doch ist er nach Ansicht bester Ethnologen in Australien ein Phallus, der fuer die in Australien allgemein geuebten Fruchtbarkeitsfeiern eine grosse Rolle spielt. Beachten Sie bitte die konkave Flaeche am flachen Ende«.[20]

Für den Phallus-Stein stellt Worms 10,– DM in Rechnung.[21] Auch wenn unklar bleibt, warum Worms die konkave Fläche an einem Ende des Steins hervorhebt, geht aus dem Zitat hervor, dass es sich für ihn um ein ›authentisches‹ Objekt handelt, das aus früherer Zeit stammt und in seinen Augen ein Zeugnis

---

17 Worms an Antweiler, 15.1.1958, ULB Münster, Nachlass Antweiler 009,180.
18 Worms an Antweiler, 15.1.1958, ULB Münster, Nachlass Antweiler 009,180.
19 Nevermann, Religionen, 202.
20 Worms an Antweiler, 15.1.1958, ULB Münster, Nachlass Antweiler 009,180.
21 Worms an Antweiler, 15.1.1958, Universitätsarchiv Münster, Bestand 143 Nr. 34, 48.

›unverfälschter‹ Kultur ist. Wohl um dies zu unterstreichen, beruft er sich dabei auf die »Ansicht bester Ethnologen«.

3. Die *Tjuringa*

Als *Tjuringa* oder *Tjurunga* werden flache, aus Holz oder Stein gefertigte Sakralobjekte der Aranda und deren benachbarter Stämme bezeichnet. Sie sind meist von länglicher Form und tragen eingeritzte geometrische Motive, welche als von selbst entstanden gelten und mit den Vorfahren und deren Wanderwegen zusammenhängen, jedoch nur von den Eingeweihten des Stammes gelesen werden können.[22] Andere Autoren fassen den Begriff weiter und bezeichnen damit unterschiedliche Gegenstände der Aranda mit sakraler Zuschreibung wie etwa Ritualgeräte, Fadenkreuze oder Erdhügel sowie Körperbemalung und rituellen Schmuck.[23] Worms verwendet in seiner Übersicht über die australischen Religionen die deutschen Begriffe »Schwirrholz« bzw. »Seelenholz«, weist aber gleichzeitig auf die weitergefasste Bedeutung des Wortes *Tjuringa* hin. Er sieht darin einen theologischen Begriff, der nicht die Verwendung des Objektes hervorhebt, sondern dessen Ursprung, der übernatürlichen Wesen zugeschrieben wird. Es ist somit kein Erinnerungsgegenstand, sondern dient der Vergegenwärtigung und Verortung dieser Wesen und ihrer lebenserweckenden Kräfte.[24] Für Außenstehende wird die australische Glaubenswelt in solchen Objekten gewissermaßen sichtbar, weshalb es nicht verwundert, dass gerade dieses Gerät sich in vielen Sammlungen als typischer Gegenstand für australische Religion findet. Worms verweist auf die Bedeutung der *Tjuringa* im Zusammenhang mit rituellen »Traumreisen«, die unter Verwendung solch »machtschwangerer Ritualgeräte« durchgeführt wurden, und beschreibt eine solche »Bilokation«, der er selbst beiwohnen durfte.[25] Im Zusammenhang mit der mythischen Überlieferung bezeichnet Worms die *Tjuringa* als »ungeschriebene[s] Religions- und Geschichtsbuch des Australiers«,

---

22 Karl-Heinz Kohl, Die Macht der Dinge. Geschichte und Theorie sakraler Objekte, München 2003, 179.
23 Theodor Georg Heinrich Strehlow, Aranda Traditions, Melbourne 1947, 84–86.
24 Nevermann, Religionen, 140f.
25 Ernest Worms, Der australische Seelenbegriff, in: Zeitschrift für Missionswissenschaft und Religionswissenschaft 43/4 (1959), 296–308, hier 301.

dessen »Lesung« nicht in einer »Rezitation langer Epenreihen« besteht.²⁶ Ähnlich wie schon in der Korrespondenz mit Antweiler vermerkt Worms auch in seiner Arbeit über die Religionen Australiens, dass durch das Eindringen westlicher Zivilisation eine Verflachung des eigentlichen Glaubens stattgefunden habe, die sich nicht zuletzt in einer veränderten Verwendung der *Tjuringa* im Rahmen einer »mechanisch wirkenden Magie« beobachten ließe.²⁷ Dazu gehört auch die Nutzung der *Tjuringa* als Ausdruck von Reichtum oder als Vermögenswert, der als Tauschobjekt weggegeben werden kann.²⁸

Worms überließ der religionskundlichen Sammlung insgesamt vier oder fünf *Tjuringa*, von denen gegenwärtig zwei noch vorhanden sind. Unter den verschollenen Objekten befindet sich ein steinernes *Tjuringa*. *Tjuringa* stehen heute aufgrund ihrer Einordnung als »secret-sacred« im Fokus der Debatten um Provenienz und Restitution von Kulturgütern aus Australien.²⁹ Daher ist das Sammeln und das Ausstellen von *Tjuringa* sehr umstritten. Die meisten ethnologischen Museen zeigen solche Exponate nicht mehr. Für Worms hingegen gehörten die *Tjuringa* offenbar zum Kulturbestand der australischen Gesellschaften und damit auch zu den wichtigen Objekten seiner Sammlung. Warum einzelne Objekte in der Religionskundlichen Sammlung verschollen sind, lässt sich aus der Dokumentationslage nicht ermitteln.

3.1 Ein verschollenes Stein-*Tjuringa*

Im Januar 1958 hielt sich Ernst Worms in Melbourne auf. Von dort verschickte er mehrere Pakete mit Objekten für die religionskundliche Sammlung, darunter auch einige *Tjuringa*. In einem Brief vom 21. Januar 1958 [wohl versehentlich datiert auf 21. Januar 1957] berichtet Worms über den Versand eines »tellergroßen Stein-*Tjuringa*«, das aus Zentralaustralien stamme. Solche steinernen *Tjuringa*, so fährt er fort, seien insgesamt sehr selten und nur schwer erhältlich. Das nach Münster verschickte *Tjuringa* sei als Geschenk von den Aranda an benachbarte

---

26 Nevermann, Religionen, 152 f.
27 Nevermann, Religionen, 149.
28 Nevermann, Religionen, 153.
29 Eva Raabe, Secret/Sacred. Die *tjurunga* aus Australien im Weltkulturen Museum Frankfurt am Main, in: Anna-Maria Brandstetter/Vera Hierholzer (Hg.), Nicht nur Raubkunst! Göttingen 2017, 135–146.

Stämme der Western Desert abgegeben worden.[30] Den Preis dieses steinernen *Tjuringa* gibt Worms mit 20,– DM an und stellt zusätzlich 10,– DM Porto in Rechnung.[31] Dieses Objekt ist in der Sammlung nicht auffindbar und gilt daher als verschollen. Zwei Jahre später erhielt Worms ein weiteres Stein-*Tjuringa* für seine eigene Sammlung, von dessen Übergabe er in seinem Werk über die Religionen Australiens berichtet:

> »Im Jahre 1960 überreichte uns ein alter Aranda-Mann, etwa 100 km südöstlich von Alice Springs, eine sorgfältig verpackte, 135 mm lange und 60 mm breite tjurunga aus grünlich-gelbem Speckstein, der jede Eingravierung fehlte. Schon seine Vorväter hatten sie oft mit einem härteren Stein geschabt und den Staub zum Fettmachen der Euro, einer Känguru-Art, ausgestreut; deshalb hieß sie Djuran andera oder Eurofett-Tjurunga. Beim Abschaben wurden einige uns unverständliche Verse gesungen, die in ein langgezogenes badidja-baum ausklangen«.[32]

Dies lässt erkennen, wie Worms ein Bild der australischen Gesellschaften entwirft. Er schildert einen Sachverhalt, dessen Authentizität sich nicht belegen lässt und aus dem eine Legitimation für seine Sammlungstätigkeit hervorgeht. Gleichzeitig werden die gesammelten Gegenstände als besonders authentisch konstruiert: Die übergebende Person ist ein »alter Aranda-Mann«, der ein *Tjuringa* übergibt, das »schon seine Vorväter« genutzt haben. In seiner Arbeit über den Schöpfergeist Djamar beschreibt Worms sieben *Tjuringas*, die ihm übergeben wurden.[33] Ob eines dieser Objekte an die religionskundliche Sammlung übereignet wurde, lässt sich anhand der vorliegenden Korrespondenz nicht mit Sicherheit beantworten.

3.2 Hölzerne *Tjuringa*

Unter den Objekten, die Worms im Januar 1958 nach Münster verschickte, waren auch drei hölzerne *Tjuringa* von unterschiedlicher Größe sowie ein längliches,

---

30 Worms an Antweiler, 21.1.1957, ULB Münster, Nachlass Antweiler 009,178.
31 Worms an Antweiler, 21.1.1958 [irrtümlich datiert auf 1957], ULB Münster, Nachlass Antweiler 009, 178.
32 Nevermann, Religionen, 196.
33 Ernest Worms, Djamar, the Creator. A Myth of the Bād (West Kimberley, Australia), in: Anthropos 45 (1950), 641–658, hier: 653.

Tjuringa-ähnliches Objekt, das er als »Lara« bezeichnet [Inv.-Nr. 14,2 (?) und 14,3 (?) bzw. verschollen]. Das größte der genannten Objekte hat eine Länge von etwa 90 cm und wurde von Angehörigen der Yaoro aus der Gegend von Broome an Worms übergeben. Diese hätten das Objekt jedoch nicht selbst hergestellt, sondern ihrerseits als Geschenk von anderen Stammesgruppen erhalten. Die mit dem Objekt verbundenen Mythen seien den »aelteren christlichen Maennern« noch bekannt, obwohl sie »daran nicht mehr ›glauben‹«. Außer einer Größenangabe findet sich in der Korrespondenz nur der Hinweis, dass eine Seite des *Tjuringa* mit Spiralmustern versehen und das Objekt mit Ocker eingerieben sei.[34]

Dieses große *Tjuringa* ist in der Sammlung nicht auffindbar und wurde anscheinend nicht inventarisiert. Die Ursache für das Verschwinden lässt sich aus der Quellenlage nicht rekonstruieren. Aber die Aussage von Worms ist aufschlussreich, will man seine Perspektive auf die Sammlungsgegenstände rekonstruieren. Es geht erneut um die narrative Herstellung von Legitimation und die Betonung eines besonders ›authentischen‹ Objekts. Zugleich klingt ein Beleg über den Erfolg christlicher Missionstätigkeit an, wenn Worms schreibt, dass der Glaube an die Wirkmächtigkeit des Objekts verschwunden sei. Bemerkenswert ist außerdem, dass Worms zwar die Weitergabe des *Tjuringa* innerhalb der indigenen Gruppen beschreibt, nicht aber den Grund nennt, warum es ihm überlassen wurde. Es kann daher nicht ausgeschlossen werden, dass es als ein Beweis für erfolgte Konversion abgegeben wurde.

Über zwei kleinere hölzerne *Tjuringa* berichtet Worms nur knapp, dass er sie von dem Wüstenstamm der Walmadjeri und Gogadja in Südost-Kimberley erhalten habe, als Ausdruck ihres besonderen Vertrauens, und dass diese als *Galiguru* (»Geistwesen«) bezeichnet würden.[35] Über das sogenannte »Lara« vermerkt Worms, dass es aus der Missionsstation La Grange südwestlich von Broome stamme, von den Männern beim Tanz getragen wurde und nicht »geheim oder esoterisch« sei.[36]

In der religionskundlichen Sammlung befinden sich außerdem drei hölzerne *Tjruringa*, die in Antweilers Sammlungsbuch nicht verzeichnet sind und zu einem nicht bekannten Zeitpunkt unter Inv.-Nr. 14,1–3 nachträglich inventarisiert wur-

---

34 Worms an Antweiler, 20.1.1958, ULB Münster, Nachlass Antweiler 009,177.
35 Worms an Antweiler, 20.1.1958, ULB Münster, Nachlass Antweiler 009,177.
36 Worms an Antweiler, 20.1.1958, ULB Münster, Nachlass Antweiler 009,177. In seiner Arbeit über die Religionen Australiens bezeichnet Worms Objekte dieses Typs als »Haarstöcke« (Nevermann, Religionen, 146) bzw. als »Tanzstock« (Nevermann, Religionen, 158).

den. Eine sichere Zuordnung ist daher nicht möglich, es ist aber sehr wahrscheinlich, dass es sich hier um die von Worms beschriebenen Gegenstände handelt. Alle drei Objekte sind von verschiedener Länge und tragen gravierte Ornamente von unterschiedlicher Form:

Objekt	Länge	Dekor
Inv.-Nr. 14,1 (Tjuringa)	ca. 30 cm	Spiralmuster
Inv.-Nr. 14,2 (Tjuringa)	ca. 40 cm	
Inv.-Nr. 14,3 (Lara [?])	ca. 17 cm	Wellenmuster

Zwei dieser Objekte sind darüber hinaus mit einer Inschrift versehen, welche wohl den Herkunftsort *Balgo-*(?) (Inv.-Nr. 14,3) bzw. *Balgo-Hill* (Inv.-Nr. 14,1) nennt. In Balgo Hills (heute Wirrimanu) befand sich seit 1965 eine Missionsstation der Pallottiner, die nach Aufgabe der älteren Mission in Balgo hierher verlegt worden war. Der Herkunftsort Balgo-Hill legt daher zunächst nahe, dass es sich hier um die besagten Objekte aus dem Besitz von Ernst Worms handelt. Dagegen spricht jedoch die Verlegung der Mission von Balgo nach Wirrimanu (»Balgo-Hills«), die erst nach dem Tod von Worms stattfand. Ob auch Balgo schon früher als Balgo-Hills bezeichnet wurde, lässt sich nicht belegen. Insofern bleibt die Zuordnung der Objekte unsicher, wobei eine nachträgliche Beschriftung zu einem späteren Zeitpunkt ebenfalls nicht ausgeschlossen werden kann.

Die *Tjuringas* überließ Worms der religionskundlichen Sammlung, ohne eine Bezahlung zu verlangen. Diese Objekte, so teilte er Antweiler mit, seien von einem solchen ethnologischen Wert, dass er sie ihm nur als Geschenk und zur weiteren Betreuung übergeben mag; er bat lediglich um eine Erstattung der Versandkosten in Höhe von 10,– DM.[37] Gleichzeitig teilt er mit, dass er die Objekte zur Ausfuhr als »engraved piece of wood« bzw. nachträglich korrigiert in »board of wood« und als Geschenk von geringem Wert deklariert habe; er nennt hier einen Preis von zwei australischen Dollar. Gleichzeitig verweist er auf eine fehlende Ausfuhrgenehmigung der Objekte: »An und fuer sich duerfen ethnologische Dinge nicht ohne besondere Erlaubnis aus Australien ausgefuehrt werden. Aber diese Bestimmung wird in den oestlichen Staaten wenig beachtet«.[38]

---

37 Worms an Antweiler, 20.1.1958, ULB Münster, Nachlass Antweiler 009,177.
38 Worms an Antweiler, 20.1.1958, ULB Münster, Nachlass Antweiler 009,177.

In ähnlicher Weise äußert sich Worms wenig später ein zweites Mal, als er Antweiler mitteilt, dass die australische Presse vor der Ausfuhr ethnologischer Objekte ohne Genehmigung warnt:

> »In einer Zeitungsnotiz wurde kuerzl. vor Aussendung ethnol. Stuecke ohne besondere Erlaubnis gewarnt. Es wurde [sic!] darum in m. Interesse sein, wenn mein Name in Verbindg. mit den Ihnen gesandten Objekten einstweilen nicht betont wird«.[39]

Es wäre denkbar, dass die fehlende Ausfuhrgenehmigung ein Grund ist, weshalb diese Objekte (vorerst?) nicht im Sammlungsbuch verzeichnet oder auf andere Weise inventarisiert wurden. Möglicherweise hat Worms der religionskundlichen Sammlung zu einem früheren Zeitpunkt ein weiteres hölzernes *Tjuringa* überlassen, das aber nicht inventarisiert wurde. Ein Zahlungsbeleg vom 7.2.1957 nennt u. a. ein einzelnes »austral. *Tjuringa*-Schwirrholz«.[40] Dass dieses *Tjuringa* zum vorangehend beschriebenen Konvolut gehört, ist nahezu ausgeschlossen, da es bereits ein Jahr zuvor nach Münster verschickt wurde und darüber hinaus Teil einer Rechnungsstellung ist. Worms hatte im Schreiben vom 20.1.1958 hingegen ausdrücklich auf eine Bezahlung der *Tjuringas* verzichtet.

Die *Tjuringa* waren für Antweiler anscheinend von besonderem Interesse, offenbar weil sie als ein besonders ›authentisches‹ und ›altes‹ Zeugnis australischer Religion gesehen wurden, denn er erkundigte sich bei Worms ausdrücklich nach solchen Objekten. Der entsprechende Brief ist zwar nicht erhalten, aber im Antwortschreiben verspricht Worms, seine Sammlung nach passenden Objekten durchzusehen.[41]

Weshalb sich Antweilers Interesse gerade auf diese Objekte richtet, ist nicht überliefert. Man darf jedoch vermuten, dass die *Tjuringas* in ihren unterschiedlichen Formen, die seit dem späten 19. Jahrhundert zu begehrten Sammlungsobjekten wurden, in gewissem Sinne als charakteristisch für die Religiosität der indigenen Völker Australiens betrachtet wurden. Ihre Bedeutung in jener Zeit zeigt sich nicht zuletzt an der ausführlichen Besprechung dieser Objekte im Überblickswerk von Worms über die australischen Religionen.[42]

---

39 Worms an Antweiler, 18.2.1958, ULB Münster, Nachlass Antweiler 009,182.
40 Zahlungsbeleg, 7.2.1957, ULB Münster, Nachlass Antweiler 008,079.
41 Worms an Antweiler, 06.11.1957, ULB Münster, Nachlass Antweiler 009,179.
42 Nevermann, Religionen, 140–159.

4. Klanghölzer

Klanghölzer sind Perkussioninstrumente und werden paarweise u. a. zur musikalischen Begleitung bei religiösen Feiern verwendet. In seiner Arbeit über die Religionen Australiens schreibt Worms, dass diese meist 20 bis 30 cm langen Holzstäbe von Sammlern ethnologischer Objekte zuweilen mit sogenannten »Botenhölzern« verwechselt werden. Die esoterische Bedeutung der Klanghölzer ist an den eingeritzten Spiral- oder Schlangenmustern erkennbar. Einige Klanghölzer sind zudem durch bestimmte Markierungen gekennzeichnet, wodurch das Objekt die ganze »Geistperson« sichtbar macht.[43] Die religionskundliche Sammlung erhielt von Worms zwei Klanghölzer [Inv.-Nr. 13, 14], welche dieser als »zwei eingravierte Holzstäbe«[44] bezeichnet, die von Männern der Djaro bei rituellen Tänzen verwendet wurden. Worms teilt mit, dass die als »esoterisch« geltenden »Klangstäbe« ihm 1938 geschenkt wurden. »Sie waren unter einem Felsen verborgen und wurden in meiner Gegenwart hervorgezogen.«[45] Diese Information zur Herkunft ist von besonderem Interesse. Auf welche Weise und von welcher Person Worms die Objekte für seine Sammlung erhielt, ist nicht in allen Fällen belegt. Hier jedoch darf davon ausgegangen werden, dass die an einem besonderen Ort verwahrten Klanghölzer zu einem früheren Zeitpunkt rituell genutzt wurden. In den Arbeiten Worms finden sich zu diesem besonderen Fall oder zur Verwahrung von Klanghölzern ganz allgemein keine weiteren Hinweise. Er widmet sich in seiner Arbeit über die Religion Australiens jedoch der Aufbewahrung von *Tjuringas*, die häufig in größerer Zahl und an besonderen Orten, die nur von eingeweihten Mitgliedern des Stammes aufgesucht wurden, aufbewahrt wurden, und oft verwahrte man solche Sakralobjekte unter einem Stein.[46]

5. Fadenkreuze

Zum Bestand der Sammlung gehörten ursprünglich zwei sogenannte »Fadenkreuze«, von denen jedoch nur eines in der Sammlung auffindbar ist. Diese auch

---

43 Nevermann, Religionen, 182.
44 Worms an Antweiler, 15.1.1958, ULB Münster, Nachlass Antweiler 009,180.
45 Worms an Antweiler, 15.1.1958, ULB Münster, Nachlass Antweiler 009,180.
46 Nevermann, Religionen, 151.

als »Thread Cross« bezeichneten Objekte werden beim Tanz getragen und bestehen meist aus einer kreuzförmigen Konstruktion, die aus mehreren Holzstäben zusammengesetzt ist und mit Wollfäden oder Menschenhaar netzartig verflochten wird.[47]

Worms äußert sich in seinen Publikationen mehrfach über die Herstellung und Verwendung solcher Fadenkreuze. Er sieht darin »echte Ritualgeräte von temporärer Bedeutung«, die Geister oder übernatürliche Wesen gleichzeitig abbilden und beherbergen und daher den *Tjuringa* gleichwertig seien.[48] In den meisten Fällen werden Fadenkreuze nur ein einziges Mal verwendet. Nach dem Gebrauch werden sie häufig zerlegt, um die Einzelteile für eine erneute Anfertigung zu verwahren. In seltenen Fällen werden Fadenkreuze an besonderen Orten dem Verfall überlassen, weshalb sie in ethnologischen Sammlungen nicht oft zu finden sind.[49] Insofern sind Fadenkreuze im musealen Kontext zunächst als »sensibel« einzustufen, da ihre Weitergabe an Außenstehende offensichtlich nicht vorgesehen war.

5.1 Kleines Fadenkreuz

Im Herbst 1957 schickte Worms ein erstes Fadenkreuz nach Münster, das im Sammlungsbuch (Inv.-Nr. 23) als »Fadenkreuz vom Grabkult der Australschwarzen« verzeichnet ist. Dem Begleitschreiben ist zu entnehmen, dass Worms dieses Objekt beim Besuch der Beagle Bay Mission von Angehörigen der Njol Njol als Abschiedsgeschenk erhielt.[50]

Er erklärt dazu, dass dieses Objekt üblicherweise beim Tanz in der Hand gehalten oder als Kopfschmuck getragen werde und es bei den Stämmen der Beagle Bay Mission ein exoterisches Gerät sei. Bei den Stämmen im Landesinnern hingegen, den Aranda, den Gogadja und den Walmadjeri sei es ein esoterischer Gegenstand.[51] Er weist außerdem auf die moderne Herstellungsweise des Fadenkreuzes hin.[52] Gleichzeitig erwähnt er, dass solche Gerätschaften einst mit

---

47 Nevermann, Religionen, 160; Worms, Seelenbegriff, 304.
48 Nevermann, Religionen, 163.
49 Nevermann, Religionen, 162.
50 Worms an Antweiler, 06.11.1957, ULB Münster, Nachlass Antweiler 009,179.
51 Worms an Antweiler, 06.11.1957, ULB Münster, Nachlass Antweiler 009,179.
52 Worms an Antweiler, 06.11.1957, ULB Münster, Nachlass Antweiler 009,179.

Vogelfedern unterschiedlicher Größe verziert waren, und erläutert die einheimische Bezeichnung dieser Geräte.[53] Die unter den Bewohner:innen der Beagle Bay Mission übliche Bezeichnung *Wana* für solche Objekte führt Worms auf die ursprüngliche Bedeutung von »Spinnengewebe« zurück, erklärt Antweiler aber gleichzeitig, dass auch eine Wortbedeutung im Sinne von »Geist« oder »Geist eines Verstorbenen« möglich sei (vgl. auch Worms 1957), die er jedoch für eine spätere volksetymologische Umdeutung hält.[54] Im Briefwechsel mit Antweiler konzentriert sich Worms meistens auf die Funktion und religiöse Bedeutung der Objekte. In diesen Ausführungen zeigt sich nun auch das linguistische Interesse, das den Schwerpunkt seiner Forschung ausmachte.[55]

5.2 Großes Fadenkreuz

Ein weiteres, anscheinend wesentlich größeres und »ansehnlicheres« Fadenkreuz verschickte Worms im März 1958 von Manly. Dieses als *Waninga* bzw. *Wanigi* bezeichnete Objekt stammte aus der Gegend von Dampier in Norden Westaustraliens und wurde wie schon das erste Fadenkreuz von Angehörigen des Stammes der Njol Njol angefertigt, die dem Christentum angehörten und in der Missionsstation Beagle Bay lebten.[56] In der Sammlung ist es nicht auffindbar und gilt daher als verschollen. Auf welche Weise er das Fadenkreuz erhalten hatte, führt Worms nicht weiter aus. Stattdessen schildert er im Briefwechsel mit Antweiler recht ausführlich dessen Bedeutung und Verwendung[57] und nennt einen Preis von 25,– DM für das Objekt.[58] Den Begleitschreiben lässt sich entnehmen, dass es sich in beiden Fällen um zeitgenössische Arbeiten handelt, die von Angehörigen der Missionsstation in Anlehnung an ältere Traditionen hergestellt wurden.

---

53 Worms an Antweiler, 6.11.1957, ULB Münster, Nachlass Antweiler 009,179.
54 Worms an Antweiler, 6.11.1957, ULB Münster, Nachlass Antweiler 009,179.
55 Ernest A. Worms, Australian Mythological Terms. Their Etymology and Dispersion, in: Anthropos 52/5,6 (1957), 732–768.
56 Worms an Antweiler, 23.3.1958, ULB Münster, Nachlass Antweiler 009,181.
57 Worms an Antweiler, 23.3.1958, ULB Münster, Nachlass Antweiler 009,181.
58 Worms an Antweiler, 23.3.1958, ULB Münster, Nachlass Antweiler 009,181.

6. Kopfschmuck

Im Januar 1958 kündigt Worms den Versand mehrerer Objekte an, darunter ein von den Njol Njol hergestellter ritueller Kopfschmuck aus Känguru- und Menschenhaar (Inv.-Nr. 19), den Antweiler als »Schleier« inventarisiert. Diese Einordnung folgt der von Worms ausgestellten Rechnung, wo das Objekt als »Schlei[e]r (Menschen harr [sic!] und Zaehne) [eines Känguru]« mit einem Kaufpreis von 10,– DM aufgeführt ist;[59] die Bezeichnung als »Schleier« deutet darauf hin, dass Worms auch in seinen ethnologischen Studien einem christlich-missionarischen Weltbild folgte.

Zusammen mit dem Kopfschmuck aus Känguru- und Menschenhaar überließ Worms der religionskundlichen Sammlung zwei schmale, nach einer Seite spitz zulaufende Perlmuttplättchen von etwa 10 cm Länge (Inv.-Nr. 17, 18), die seinen Angaben zufolge ebenfalls als Kopfschmuck verwendet und von Angehörigen der Njol Njol in der Beagle Bay Mission gefertigt wurden.[60] Den Preis des Perlmuttschmucks gibt Worms mit insgesamt 10,– DM an.[61]

7. Speerspitzen

Die religionskundliche Sammlung besitzt zwei Speerspitzen (Inv.-Nr. 15, 16), hergestellt aus Glas bzw. Quarzit, die ungefähr zeitgleich mit dem Kopfschmuck erworben wurden. Bei dem aus Glas hergestellten Objekt handelt es sich um eine sogenannte Kimberley-Speerspitze. Objekte dieser Art wurden in einer begrenzten Region um Kimberley im Norden Westaustraliens und meist aus Glasscherben hergestellt. Vor allem im späten 19. und frühen 20. Jahrhundert waren sie unter Sammler:innen sogenannter »primitiver« Kunst beliebt und galten aufgrund ihrer »steinzeitlichen« Herstellungsweise trotz des modernen Materials gewissermaßen als Zeugnisse einer authentischen Aborigine-Kultur.[62] Neuere Forschungen zeigen, dass die Aborigines selbst an der Verbreitung der Objekte

---

59 Rechnung ausgestellt von Worms, 15.1.1958, Universitätsarchiv Münster, Bestand 143 Nr. 34, 48.
60 Worms an Antweiler, 15.1.1958, ULB Münster, Nachlass Antweiler 009,180.
61 Rechnung ausgestellt von Worms, 15.1.1958, Universitätsarchiv Münster, Bestand 143 Nr. 34, 48.
62 Henry Balfour, On the Method Employed by the Natives of N. W. Australia in the Manufacture of Glass Spear-Heads, in: Man 3 (1903), 65.

beteiligt waren und vom Mythos, der um diese »authentischen« steinzeitlichen Geräte gewoben wurde, profitierten.⁶³

Die von Angehörigen der Djaro aus einer Glasscherbe hergestellte Spitze in der religionskundlichen Sammlung ist mit einem »W« (= Sammlung Worms?) markiert, die aus Quarzit gefertigte Spitze trägt eine Aufschrift »Halls Creek«, was vermutlich den Ort der Herstellung oder des Erwerbs des Stückes bezeichnet. Dass es sich zumindest bei der aus Glas gefertigten Speerspitze um ein zeitgenössisches Produkt handelt, war Worms durchaus bewusst.⁶⁴

Zu den Herstellungs- oder Erwerbsumständen der aus Quarzit gefertigten Speerspitze finden sich keine weiteren Angaben in der vorliegenden Korrespondenz. Antweiler bestätigt in einer kurzen Notiz den Erhalt einer Speerspitze.⁶⁵ Für beide Objekte stellt Worms insgesamt 10,– DM in Rechnung.⁶⁶

8. Steinwerkzeuge

Neben den Speerspitzen überließ Worms der religionskundlichen Sammlung ein Konvolut von 50 Steinwerkzeugen, die in der Gegend um Melbourne gefunden wurden. Dabei handelt es sich vor allem um einfache Pfeilspitzen [?] und Klingen sowie Schaber und Bohrer. Ob es sich um prähistorische oder neuzeitliche Objekte handelt, ist nicht dokumentiert, und auch die Fundumstände sind nicht bekannt. Vermutlich handelt es sich um Oberflächenfunde, die Worms entweder selbst entdeckt hat oder die ihm zugetragen wurden. Die meisten Artefakte tragen Aufschriften, die auf kleinere Orte in der Umgebung von Melbourne verweisen.⁶⁷ Die Rechnung über dieses Konvolut (»50 Steinwerkzeuge, z. T. Mikrolithen«) nennt einen Preis von 50,– DM.⁶⁸

---

63 Siehe dazu Rodney Harrison, An Artefact of Colonial Desire? Kimberley Points and the Technologies of Enchantment, in: Current Anthropology 47/1 (2006), 63–79.
64 Worms an Antweiler, 15.1.1958, ULB Münster, Nachlass Antweiler 009,180.
65 Antweiler an Worms, 27.2.1958, Universitätsarchiv Münster, Bestand 143 Nr. 34, 43.
66 Rechnung ausgestellt von Worms, 15.1.1958, Universitätsarchiv Münster, Bestand 143 Nr. 34, 48.
67 Siehe Krüger/Radermacher, Australian Objects, 97.
68 Rechnung ausgestellt von Worms, 15.1.1958, Universitätsarchiv Münster, Bestand 143 Nr. 34, 48.

9. Umgang mit australischen Artefakten in europäischen Sammlungen

Für die Religionswissenschaft bedeutet der Umgang mit Artefakten australischer Religionen eine Herausforderung. Diese Artefakte wurden von ihren einstigen Besitzer:innen in einem Netzwerk religiöser Vorstellungen über die Erschaffung der Welt oder die Verortung des Menschen in der Welt eingeordnet, weshalb aus einer religionsphänomenologischen Perspektive von einer »Heiligkeit« solcher Gegenstände gesprochen wurde. Herausgelöst aus ihrem ursprünglichen Kontext und als Bestandteil westlicher Museumssammlungen wurden diese Objekte entmystifiziert.

Ergebnisse wissenschaftlicher Forschung entsprechen logischerweise nicht der Einschätzung der einstigen Besitzer:innen. Aufgabe wissenschaftlicher Forschung ist es somit auch nicht, das Innenleben einer Religion nachfühlbar zu machen, sondern die spezifischen Vorstellungen solcher Gruppen zu beschreiben und zu analysieren. Anders gesagt: Religionswissenschaftler:innen, die sich mit Glaubensvorstellungen befassen, dürfen *als Wissenschaftler:innen* nicht zu Selbstmissionierenden werden, indem sie die erforschten Vorstellungen schlicht übernehmen.[69] Vielmehr müssen sie bestrebt sein, Analysen in einen Rahmen einzufügen, der anderen eine Nachvollziehbarkeit, Vergleichbarkeit und Kritik ihrer Erkenntnisse ermöglicht. Von postkolonialer Seite erwächst dabei der Vorwurf, dass sich durch eine Entmystifizierung des »Heiligen« die kulturellen Praktiken der Herkunftsgesellschaft nicht adäquat abbilden lassen. Dabei sei zu berücksichtigen, dass die durch die Objekte manifestierten Weltbilder nicht ohne Weiteres kompatibel sind mit dem Weltbild[70] »westlicher« Wissenschaft.

Heilige Objekte wurden aus australischer Sicht teilweise »entweiht« und aus ihrem kulturellen Kontext entfernt, was zu einem Verlust der ursprünglichen Bedeutung und rituellen Funktion führte. Diese Prozesse einer »Entheiligung«, so die aktuelle Sichtweise, sind symptomatisch für eine koloniale Praxis, die das »Heilige« fremder Kulturen in den Kontext einer »westlichen« Weltanschauung einzuordnen suchte. Die religionswissenschaftliche Forschung steht also vor der Schwierigkeit, diese Objekte aus einer Außenperspektive zu analysieren, ohne

---

69 Volkhard Krech, Die Evolution der Religion. Ein soziologischer Grundriss, Bielefeld 2021, 83.
70 Zur Kritik an dieser Form eines inversen Orientalismus siehe Edward Slingerland, Mind and Body in Early China. Beyond Orientalism and the Myth of Holism, Oxford 2019, 125.

die religiöse und kulturelle Integrität der australischen Herkunftsgesellschaften zu verletzen. Eine der zentralen Herausforderungen ist das Spannungsverhältnis zwischen dem wissenschaftlichen Interesse an den Objekten und der sakralen Bedeutung, die diese Objekte für die einstigen Besitzer:innen hatten.

Kulturelle Sensibilität, die sich in einem respektvollen Dialog zwischen Wissenschaftler:innen und indigenen Gemeinschaften manifestiert, ist also notwendig und für beide Seiten hilfreich. Die australische Religionswissenschaftlerin Susan A. Bell schlägt vor, dass Wissenschaftler:innen in ihren Forschungen nicht nur die »objektive« Betrachtung religiöser Objekte berücksichtigen sollten, sondern auch den kulturellen Kontext, in dem sie existieren, und die Rechte der Herkunftsgesellschaften auf diese Objekte achten müssen.[71] Dies muss gute Wissenschaft leisten, denn auch für eine vollständige Beschreibung der untersuchten Objekte ist dieser Kontext unverzichtbar.

Eine mögliche Herangehensweise für einen kultursensiblen Ansatz würde voraussetzen, dass ein neutraler oder objektiver Blick auf religiöse Phänomene nicht nur unzulänglich, sondern auch problematisch ist. Religionswissenschaftler:innen sollten sich demzufolge bewusst von ihrer eigenen kulturellen Prägung distanzieren, aber gleichzeitig das Interesse und die Perspektive der betroffenen Gemeinschaften ernst nehmen. Dies würde bedeuten, dass Wissenschaftler:innen nicht nur die spirituelle Bedeutung der Objekte respektieren, sondern sich auch mit den politischen und sozialen Realitäten auseinandersetzen müssen, die daraus resultieren. Im vorliegenden Fall würde dies bedeuten, dass sich die religionswissenschaftliche Forschung weniger in einem »Überblick von oben« übt, sondern vielmehr als Partnerin im Dialog mit den australischen Gesellschaften auftreten sollte. Dazu gehört jedoch auch die Feststellung, dass deren kulturelle und religiöse Praktiken sich nicht ohne weiteres in »westliche« Kategorien von Religion und Spiritualität übersetzen lassen.[72] Ebenso bedeutet es aber auch, dass wissenschaftliche Forschung die eigenen Werte nicht aufgeben und in vormoder-

---

71 Susan A. Bell, Cultural Sensitivity in the Study of Indigenous Religions. The Case of Tjuringa, in: Journal of Religious Studies 18/4 (2011), 235–256.
72 Zum Problem der Übersetzbarkeit in der Religionswissenschaft erinnert Jonathan Smith: »Whether of a conceptual or a natural language, whether intercultural or intracultural, translation can never be fully adequate, it can never be total. There is always a discrepancy. If there is not, then one is not translating but rather speaking the other language. One cannot escape the suspicion that it is precisely this latter possibility (speaking the other language) that defines the goal of many students of religion« (Jonathan Smith, Relating Religion. Essays in the Study of Religion, Chicago/London 2004, 31).

nes Denken zurückfallen darf in der Hoffnung, so die Kluft zwischen Wissenschaft und ihrem Untersuchungsgegenstand zu überwinden.[73] Es muss möglich sein, australische Religionen zu untersuchen und deren Vorstellungswelt für eine westliche Gesellschaft zu analysieren und verständlich zu machen, ohne dass dies automatisch als »koloniales Denken« verstanden wird. Andernfalls müsste sich die westliche Gesellschaft in vielfacher Weise selbst kolonisieren (lassen), um die »fremden« Vorstellungsweisen adäquat aufzunehmen und sinnbildlich zu verinnerlichen – oder auf jeden Versuch des Verstehens vollständig verzichten.[74]

10. Fazit

Abschließend stellt sich die Frage nach der Bedeutung der australischen Objekte für die religionskundliche Sammlung der Universität Münster. In den Schriften Antweilers finden sich keinerlei Hinweise auf sein Interesse an australischen Religionen und darauf, welche Erkenntnisse er sich von den Artefakten erhoffte, die er von Worms erhielt. Für kurze Zeit scheint Antweiler jedoch die Idee verfolgt zu haben, in seiner Sammlung das gesamte Spektrum religiöser Traditionen der Menschheitsgeschichte anhand exemplarischer Objekte zeigen zu können, was sogenannte »primitive« Religionen natürlich einbezog. In diesem Sinne repräsentierten die australischen Objekte die älteste Form von Religion – eine Einschätzung, die sich auf Émile Durkheim zurückführen lässt, der im australischen »Totemismus« elementare Bestandteile des religiösen Lebens zu rekonstruieren versuchte.[75] Durkheim gilt nicht umsonst bis heute als einer der zentralen Begründer französischer Religionssoziologie, weil er die religiösen Erscheinungen als »soziale Tatsachen« (faits sociaux) definierte, die zwar kollektiv geteilt würden, aber dennoch im individuellen Bewusstsein verankert sein müssten. Für

---

73 Schon Friedrich Max Müller hat diese Forderung (damals noch vor allem um entsprechenden Vorwürfen aus den christlichen Religionen zu begegnen) bekräftigt: »But true reverence does not consist in declaring a subject, because it is dear to us, to be unfit for free and honest inquiry: far from it! True reverence is shown in treating every subject, however sacred, however dear to us, with perfect confidence [...].« (Friedrich Max Müller, Introduction to the Science of Religion. Four Lectures Delivered at the Royal Institution in February and May, 1870, London 1882, 6).
74 Knut Martin Stünkel, Key Concepts in the Study of Religion in Contact (Dynamics in the History of Religions 15), Leiden 2015, 36.
75 Durkheim, Formes Élémentaires.

Durkheim basiert Religion nicht primär auf Glaubensvorstellungen, sondern auf wiederholbaren Ritualen, die Gemeinschaft stiften und erlebbar machen. Und diese Sachverhalte glaubte er in den ›primitiven‹ Formen der Religionen australischer Kulturen untersuchen zu können.[76] Der Anthropologe und Urgeschichtler Otto Schoetensack ging in seinen Überlegungen sogar noch einen Schritt weiter und vermutete in Australien gar das Ursprungsland der Menschheit.[77]

Gleichzeitig jedoch waren die australischen Religionen für Antweiler wichtig genug, um Worms als Gastdozent nach Münster einzuladen. Ihn interessierten »ebensowohl die ›Hoch‹- als auch die ›Primitiv‹-Religionen«[78] und für letztere schien ihm die australische Glaubenswelt vermutlich ein gutes Beispiel zu sein. Die gesammelten Objekte sollten die religiöse (»magische«) Durchdringung des Alltags belegen, die sogenannten »primitiven« Kulturen bis in die jüngere Vergangenheit nachgesagt wurde. Ganz in diesem Sinne stellt Worms fest, dass viele »Vollblut-Australier (…) praktisch noch in der Steinzeit« leben[79] und ihre heiligen Stätten als »randvoll mit religiöser Bedeutung« und »stummes Zeugnis des Glaubens an die geheimnisvolle, konzentrierte Gegenwart des Geistes« zu verstehen seien.[80]

Schließlich ist festzuhalten, dass solche Aussagen in keinem ausdrücklichen Widerspruch zum christlichen Weltbild stehen, das Worms und Antweiler als katholische Theologen teilen. Vielmehr wurden die australischen Religionen von ihnen vermutlich als eine vorchristliche Grundreligiosität wahrgenommen, die nur noch auf missionarische Intervention wartet. Eine solche Haltung zeigt sich bei Antweiler beispielsweise in seiner Vorstellung der (nicht-christlichen) indischen Bevölkerung, wo »das Religiöse als selbstverständlich betrachtet wird und den ganzen Bereich des Menschlichen ausfüllt«[81] oder bei Worms, der christlich-theologische Begriffe wie »Bergwallfahrt«[82] oder »Bittgebet«[83] zur Beschreibung australischer Riten verwendet, was darauf hindeutet, dass er die religiöse Praxis in Australien lediglich als eine Art Vorstufe zur christlichen Religion ansieht, die

---

76 Karl-Heinz Kohl, Geschichte der Religionswissenschaft, in: Hubert Cancik u. a. (Hg.), Handbuch religionswissenschaftlicher Grundbegriffe Band. 1, Stuttgart 1988, 217–262, hier: 248.
77 Erckenbrecht, Suche, 49.
78 Antweiler, Sammlung, 42.
79 Nevermann, Religionen, 135.
80 Nevermann, Religionen, 151.
81 Antweiler an DAAD, 2.4.1959, ULB Münster, Nachlass Antweiler, 033,028, 1.
82 Nevermann, Religionen, 217.
83 Nevermann, Religionen, 193.

durch Mission vollendet wird. Insofern bleibt festzuhalten, dass sowohl Worms als auch Antweiler trotz des Interesses an außereuropäischen Religionen und deren Materialität einem missionarischen Weltbild weitgehend verhaftet blieben.

(Dr. Patrick Felix Krüger ist wissenschaftlicher Mitarbeiter im Bereich Südasiatische Religionsgeschichte und Jainismus-Studien am Centrum für Religionswissenschaftliche Studien [CERES] der Ruhr-Universität Bochum; Dr. Martin Radermacher ist kaufmännischer Geschäftsführer am Centrum für Religionswissenschaftliche Studien [CERES] der Ruhr-Universität Bochum.)

ABSTRACT

This paper presents the Australian objects in the collection of the Institute for Religious Studies at the University of Münster, which were aquired in the 1950s from the Pallottine missionary Ernst Worms. It discusses how these objects of Australian cultures became part of the collection of religious artifacts of the Faculty of Catholic Theology and the extent to which the founder of this collection, Anton Antweiler, regarded them as an expression of Australia's religious history. The discussion is based on an analysis of the correspondence between Worms and Antweiler, in which Worms explains these objects in detail both from a missionary perspective and from his point of view as a scholar researching Australian cultures; this is supplemented by his German-language study »Die Religionen der Südsee und Australiens«. This allows us to reconstruct how these artifacts were collected, described and finally sent to Münster to be exhibited there. They tell their own stories of cultural and religious contact, both in Australia and in Germany, where they were shown to students of Catholic theology.

Transkulturell verflochtene Provenienzen: Museale Zeugen christlicher Mission und die Frage ihrer Restitution als »materiale Subjekte«

Moritz Fischer/Kokou Azamede

1. Epistemologische Zugänge zum Thema

1.1 Transkulturell verflochtene Epistemologien von Ethnographika zwischen »Süd« und »Nord«

Anliegen dieses Beitrags ist es zu zeigen, wie Wissensformen und Deutungen von Welterfahrung, die dem globalen Süden zugeschrieben werden, wechselseitig mit solchen des globalen Nordens verbunden sein können. Wir möchten durch das »transkulturelle Forschungsdesign« der folgenden Ausführungen nachweisen, wie komplex es angesichts »kolonialer Aphasie« ist, *gemeinsam* über eine geteilte Geschichte zu sprechen.[1] Wie solches »Wissen« *transkulturell* vernetzt ist und dabei fragmentarisch bleibt, soll anhand der Provenienzen[2] von musealen Ethnographika[3] aus kolonialen Kontexten nachgewiesen werden. Es geht um

---

1 Albert Gouaffo/Stefanie Michels (Hg.), Koloniale Verbindungen – transkulturelle Erinnerungstopographien. Das Rheinland in Deutschland und das Grasland Kameruns, Bielefeld 2019, 17f.
2 Vgl. Larissa Förster u. a. (Hg.), Provenienzforschung zu ethnografischen Sammlungen der Kolonialzeit. Positionen in der aktuellen Debatte, Berlin 2018, https://edoc.hu-berlin.de/collections/c57bbf7e-87c6-4d00-9489-8f00b7e55a7d (12.12.2024).
3 In der Debatte benutzte Begriffe wie »Objekt« oder »(kulturelles) Artefakt«, die einen dekolonisierenden Ansatz konterkarieren und eurozentrische Denkmuster reproduzieren, werden hier vermieden (außer in Zitaten). Bevorzugt werden Begriffsäquivalente wie »materielle Kulturgüter«, »Ethnographika« und, per definitionem geistgeladene/sakrale/spirituelle »Entitäten«. Um die Herkunftsgesellschaften »für sich sprechen zu lassen«, werden die landessprachlichen Bezeichnungen für ihre Kulturgüter verwendet.

»materielle Kulturgüter«⁴, die vom Einfluss christlich-missionarischer Aktivität zeugen und im globalen Norden präsentiert werden.⁵

Dazu werfen wir einen detaillierten Blick auf einige Entitäten hinsichtlich ihrer spirituellen Dimension. Im Rahmen der Erforschung ihrer Provenienz ist die Frage nach den »kognitiven Deutungsmustern«, denen die Ethnographika in ihren Herkunftsgesellschaften unterlagen, aus späterer und fremdkultureller Perspektive nicht zu beantworten. Anders, als noch Émile Durkheim diese Gesellschaften als »primitiv« klassifizierte, und – für seine Zeit durchaus bahnbrechend – meinte, in seiner Forschung den »Ursprung ihrer Erkenntniskategorien«⁶ erschließen und ihre Religion beschreiben zu können, meinen wir, dass sich derartige Erkenntnis nur diskursiv, fragmentarisch, thetisch skizzieren lässt. Wir erkennen anhand der zu restituierenden Kulturgüter, dass und wie transkulturell verflochten und fragmentiert unser Wissen hier ist.⁷ Es handelt sich um abertausende materieller (wir sagen lieber »materialer«, um ihrer *inhaltlichen Dimension* gerecht zu werden) Kulturgüter, die auch auf die Sammlungstätigkeit von Missionar:innen zurückgehen und in Sammlungen des globalen Nordens lagern.⁸ Im Folgenden nehmen wir Bezug auf Ethnographika, die im Besitz von Missionsmuseen sowie staatlichen und kommunalen Sammlungen sind, und konzentrieren uns auf »*spirituelle* Entitäten«.

1.2 Koloniale Plünderung materieller Kulturgüter: Wiedergutmachung durch Rückgabe?

Im Zusammenhang der Missionsgeschichte genießen Ethnographika, die rituellen, religiösen und zeremoniellen Zusammenhängen zugewiesen werden, be-

---

4 Vgl. Hans Peter Hahn, Materielle Kultur und Konsum, in: Bettina Beer u. a. (Hg.), Ethnologie. Einführung in die Erforschung kultureller Vielfalt, Berlin ¹⁰2022, 281–296; Karl-Heinz Kohl, Die Macht der Dinge. Geschichte und Theorie sakraler Objekte, München 2003, 155ff.
5 Patrick Felix Krüger/Martin Radermacher (Hg.), Missionsgeschichtliche Sammlungen heute. Das Museum als Kontaktzone, Bielefeld 2023.
6 Vgl. Hans Kippenberg, Émile Durkheim, in: Axel Michaels, Klassiker der Religionswissenschaft. Von Friedrich Schleiermacher bis Mircea Eliade, München 1997, 103–119, hier: 115.
7 Vgl. Karin Guggeis u. a., Entangled Objects, Entangled Histories. A Collaborative Provenance Research on a Heterogeneous Colonial-Era Collection, in: Claudia Andratschke u. a. (Hg.), Provenance Research on Collections from Colonial Contexts. Principles, Approaches, Challenges, Heidelberg 2023, 324–333.
8 Vgl. Atlas der Abwesenheit, https://reimer-mann-verlag.de/pdfs/101700_1.pdf, 9 (12.12.2024).

sonderes Interesse. In der Regel lässt sich ihre Bedeutung einhundert oder mehr Jahre nach ihrer Entnahme nicht mehr voll erschließen. Die wichtige Frage, wie die primäre Kultur, der sie entstammen, mit diesen Gegenständen in ihrem Alltag umging, lässt sich häufig von der Nachkommenschaft nicht mehr adäquat beantworten. Zielführend scheint die historische Frage nach Provenienzen solcher Gegenstände, wenn es nicht nur um ihren räumlichen, sondern um ihren, damit unlösbar verbundenen, kulturellen Transfer geht. Ihre Identität wird so als mehrdeutig und als *transkulturell verflochten* identifizierbar.

Die Frage, die uns beide beschäftigt, lautet: Inwieweit könnte *Provenienzforschung im Rahmen von Missionstätigkeit* Erkenntnisse vermitteln, die inhaltliche Beiträge zu einer dekolonisierenden Missionsgeschichtsschreibung darstellen? Die für diesen Beitrag ausgewählten Ethnographika sind nicht als »Objekte« zu verstehen, sondern als »Subjekte« bzw. »Zeugen«. Wieweit können sie im Rahmen der Erforschung ihrer (verflochtenen wie fragmentierten) Provenienzen Auskunft geben über Zusammenhänge der Produktion von *Wissen*, von *Religion* und von *Macht*?

2. Interdisziplinarität von Ethnologie, Missionsgeschichte und Religionswissenschaft

Wenn nun die Frage der Interdisziplinarität bestimmter Geisteswissenschaften, konkret zwischen Ethnologie[9], Missionsgeschichte[10] und Religionswissenschaft[11] problematisiert wird, gründet dies auf der wissenssoziologisch begründeten Einsicht, dass »das Verhältnis der Ethnologie zur Mission (…) im Rahmen der Kolonialismusforschung, der Missionsgeschichte und der Ethnologie wiederholt fach-

---

9 Andrew Zimmerman, Ethnologie im Kaiserreich, in: Sebastian Conrad/Jürgen Osterhammel (Hg.), Das Kaiserreich transnational. Deutschland in der Welt 1871–1914, Göttingen ²2006, 190–212; Bettina von Briskorn, Zur Sammlungsgeschichte afrikanischer Ethnographika im Übersee-Museum Bremen 1841–1945, Bremen 2000, 21–38.
10 Werner Ustorf, Ted Strehlows religiöse Identitäten. Ein Interpretationsversuch, in: Reinhold Bernhard/Perry Schmidt-Leukel (Hg.), Interreligiöse Theologie. Chancen und Probleme, Zürich 2013, 255–269.
11 Sylvia M. Schomburg-Scherff, Arnold van Gennep (1873–1957), in: Axel Michaels, Klassiker der Religionswissenschaft, 222–233.

spezifisch thematisiert (wurde).«[12] Dabei wird dieses Verhältnis auch als »Hass-Liebe-Beziehung« bezeichnet.[13] Gleichzeitig wurden Missionare auf dem Missionsfeld zu Religionsforschern.[14] Missionswissenschaft und Ethnologie arbeiteten im Kontext kolonialer Machtausübung teils Hand in Hand, indem Missionare, Forschungsreisende, Kolonialbeamte und Kaufleute[15] das Wissen, das sie auf den Forschungsfeldern im globalen Süden gesammelt hatten, miteinander teilten und auswerteten bzw. die Analysen der jeweiligen anderen Disziplin in die eigenen einbezogen.[16] Dies ist es, was wir als »interdependentes Wissen« bezeichnen. Wir fragen:

1. *Welcher sozialen Gruppe sind die Kulturgüter, die sie hergestellt und verwendet hat, zuzuordnen?* Die Signifikanz von Gegenständen, etwa Fragen nach ihrer Technologie und Ergologie, ist Gegenstand der Ethnologie, diese nach ihrem künstlerischen Wert Gegenstand der außereuropäischen Kunstgeschichte (→ Ethnologie).
2. *Wann wurde das materielle Kulturgut hergestellt/verwendet und wann und wie ist es, aus welchen Interessen, durch wen, in den Besitz westlicher (hier der Mission zuzuordnender) Akteur:innen gekommen unter Berücksichtigung globalgeschichtlicher Zusammenhänge?* (→ Missionsgeschichte)
3. *Welche religiöse, rituelle, traditionale, liturgische, theologische Signifikanz,[17] soweit im Nachhinein ermittelbar, kam dem Kulturgut gemäß der Deutung seitens seiner Herkunftsgesellschaft zu, welche hat es heute?* (→ Religionswissenschaft)

---

12 Hermann Mückler, Zum Verhältnis von Missionaren und Ethnologen. Ein historisches Beispiel und rezente Entwicklungen, in: ET-Studien 6/2 (2015), 233–250, hier: 244.
13 Vgl. Paul Gordon Hiebert, Mission and Anthropology. A Love/Hate Relationship, in: Missiology 6 (1978), 165–180.
14 Vgl. Rebecca Habermas, Wissenstransfer und Mission. Sklavenhändler, Missionare und Religionswissenschaftler, in: Geschichte und Gesellschaft 36 (2020), 257–284, besonders 263f.
15 In der Regel handelt es sich um Männer.
16 Rekha Kamath Rajan, Der Beitrag der Dänisch-Halleschen Missionare zum europäischen Wissen über Indien im 18. Jahrhundert, in: Heike Liebau u. a. (Hg.), Mission und Forschung. Translokale Wissensproduktion zwischen Indien und Europa im 18. und 19. Jahrhundert, Halle 2010, 93–112.
17 Zugegebermaßen sind dies Kategorien westlicher Perspektive und bedürfen der Revidierung und Weiterentwicklung im Diskurs mit dem Denken der Herkunftsgesellschaften.

3. »Transkulturelle Räume«, »Grenzgebiete«, »Kulturkontakt« und »Verflechtungen«

Dem entsprechend kommt der Konzeption von transkulturellen »Räumen« eine besondere Bedeutung zu, wie Kerstin Rüther und Iris Schröder betonen.[18] Wir fragen danach, ob und wie diese »Räume« mittels der Ethnographika, die zu Koordinaten werden, definiert werden. »Raum« ist laut Iris Schröder nicht nur als soziokulturelles Konstrukt und Imagination zu deuten, sondern auch in seiner Materialität zu verstehen. Sie können als fluide »Zeichen« (in semiologischer Wissenschaft als »Signifikanten«) gedeutet werden,[19] die die Koordinaten für die Bestimmung der Lage geographischer Räume und soziale Zugehörigkeit verzeichnen. Kulturgüter wären dementsprechend zu verstehen als mit Bedeutungen aufgeladene kulturelle Elemente, deren Signifikanz sich verändert. Sie sind Grenzmarkierungen und markieren »Grenzgebiete«, in denen es zu entscheidenden »Kulturkontakten«[20] kommen kann. Dort werden Kulturkonflikte im Sinne eines »border thinking«[21] ausgetragen. Moderne Provenienzforschung, die verflechtungsgeschichtlich vorgeht, fragt nach den räumlichen Distanzen, zwischen denen die Ethnographika bewegt wurden: Zwischen Hersteller:innen, Auftraggeber:innen, Sammler:innen, Ver- und Aufkäufer:innen, Dieb:innen, (Tausch-)Händler:innen und Beschenkten. Im Rahmen globalgeschichtlicher, kolonialer wie missionarischer Aktivitäten treten so kontinental getrennte Akteur:innen durch den Transfer von Kulturgut in wechselseitige Beziehungen zueinander. Uns interessieren hier Ethnographika und Akteursbeziehungen, die in irgendeiner Weise eine Konnotation zu Religionen von Herkunftsgesellschaften, (westlich organisierter) christlicher Mission und, in der Regel protestantischen (missionierenden versus missionierten, inzwischen unabhängigen), lokalen Kirchen haben. Wir fragen: Welche Machtverhältnisse bilden sie ab? Das impliziert die

---

18 Kerstin Rüther, Räume jenseits von Kolonie und Metropole, in: Rebecca Habermas/Alexandra Przyrembel, Von Käfern, Märkten und Menschen. Kolonialismus und Wissen in der Moderne, Göttingen 2013, 97–114, widerspricht dem Denken von »Globalisierung als Prozess«, der angeblich in einer Machthierarchie zwischen »Zentrum und Peripherie« bzw. zwischen »Metropole und Kolonie« stattfindet (vgl. Restitution als Chance zum Dialog zwischen »Zentrum« und »Peripherie« – Megatrends Afrika [3.12.2024]); vgl. Iris Schröder, Das Wissen von der ganzen Welt. Globale Geographien und räumliche Ordnungen Europas 1790–1870, Paderborn 2011.
19 Vgl. Roland Barthes, Mythen des Alltags, Frankfurt a. M. 1964.
20 Vgl. Knut Martin Stünkel, Key Concepts in the Study of Religions in Contact, Leiden 2025.
21 Vgl. Walter D. Mignolo, Local Histories/Global Designs. Coloniality, Subaltern Knowledges, and Border Thinking, Princeton 2012, ix.

Fragen nach den Institutionen bzw. Akteur:innen, die an ihrer Produktion, ihrem Vertrieb, ihrem Erwerb und schließlich ihrem Transfer vom globalen Süden in den globalen Norden und ihrer dortigen Lokalisierung, Ausstellung, Interpretation und ihrem Erhalt beteiligt waren und sind. Insofern bietet sich an, bei der Erörterung des transkulturellen Transfers von Wissen, Religion und Macht mit der Frage nach den *historischen Verflechtungen* anzusetzen, die sich an diesen Ethnographika identifizieren lassen.[22]

Bei der Identifizierung von *Verflechtungen* lassen sich die Austauschbeziehungen und Interaktionen zwischen räumlich weit voneinander entfernten Gesellschaften nachvollziehen, die an Knotenpunkten miteinander in Berührung kommen. So ein Knotenpunkt, der sich in der Frage nach Kulturobjekten manifestiert, lässt sich etwa am Beispiel der Entsendung von Missionspersonal nach Übersee identifizieren. So habe *Ludwig Harms* (1818–1865), Gründer der Hermannsburger Mission, die Missionare offiziell instruiert, »Objekte an ihn zu schicken, die nun in einem Missionsmuseum lagern. Diese sollten die Bewohner der Ortschaft Hermannsburg und seiner Umgebung darüber unterrichten, wohin Nachbarn, Bekannte, Verwandte oder Gemeindeglieder ausgezogen waren und unter welchen Bedingungen sie sich dort für die Mission einsetzten.«[23]

4. Wissensproduktion und Religion im Zusammenhang von Provenienz und Restitution

4.1 »Wissen«: Ausfluss kolonialen Denkens, gefüttert von Mission, westlich dominiert

Die Rolle, die Ethnographika im 19. und 20. Jahrhundert angesichts ihrer Verflechtungen mit westlich-moderner Wissenschaft, Mission und Kolonialismus zukommt, wird in »diskursiven Räumen« erörtert. Sabelo Ndlovu-Gatsheni unter-

---

22 Vgl. Sebastian Conrad/Shalini Randeria, Geteilte Geschichten. Europa in einer postkolonialen Welt, in: Dies. (Hg.), Jenseits des Eurozentrismus. Postkoloniale Perspektiven in den Geschichts- und Kulturwissenschaften, Frankfurt a. M. 2002, 9–49.
23 Mareike Späth, »Nun sag', wie hast du's mit der Religion?« Die Gretchenfrage an die ethnologische Sammlung des Landesmuseums Hannover, in: Krüger/Radermacher (Hg.), Missionsgeschichtliche Sammlungen heute, Bielefeld 2023, 179–200, hier: 194.

scheidet hier drei Kernbereiche der Kolonialität: Die *Kolonialität der Macht*, die *Kolonialität des Wissens* und die *Kolonialität des Seins*.[24] Bei der Frage nach der Art und Weise, wie und zu welchem Zweck *Wissen* generiert wurde, geht es darum, »zu analysieren, welche Praktiken der Forschung unter welchen ökonomischen und sozialen Bedingungen aufgrund welcher epistemologischer Strukturen wie repräsentiert wu[ü]rden und welche Bedeutung [sie] erhielten«.[25] Benannte Forschung bezog sich in erheblichem Maß auf Ethnographika, um Wissen über die Kolonien und ihre Bewohner:innen zu generieren: »Wissen und Wissenschaft waren keine Instrumente neutraler und ›objektiver‹ Beschreibung; vielmehr waren sie von den Hierarchien und den Mechanismen der Herrschaft nicht zu trennen«[26].

Anhand von einzelnen Kulturgütern lassen sich hier nun ethnographische Daten, die auf Texten, Interviews, Fotografien und teilnehmender Beobachtung des Alltagslebens von Herkunftsgesellschaften (bis hin zu ihrer rituell-religiösen Performanz) basieren, vermeintlich empirisch und »objektiv« festhalten und in Berichtsform bzw. in Sammlungen tradieren. Im Verlauf von Aushandlungsprozessen erzeugen die am Prozess der Wissensgenerierung Beteiligten (Missionare, religiöse einheimische Spezialist:innen, die Wissenschaftsgemeinde in Übersee) durch direktes oder durch indirektes Mitwirken *Verknüpfungen* von Wissen, die, je nachdem in welcher Form das Wissen aufbewahrt wird, nachhaltig, mittelfristig oder nur kurze Zeit bestehen oder gar in Vergessenheit geraten sind.

4.2 *Secret-Sacreds:* (Eurozentrisch) als »sakral/religiös« gedeutete sensible Ethnographika

Im Rahmen zeitgenössischer Rückführungsforschung zu materialer Kultur zeigt sich, dass häufig der (inzwischen als heuristisch nur begrenzt aussagekräftig erachtete[27]) Begriff »Religion« fällt, so u. a. in den Berichten und Veröffentlichun-

---

24 Sabelo J. Ndlovu-Gatsheni, Why Decoloniality in the 21st Century? in: The Thinker 48/1 (2013), 10–15, hier: 11f.
25 Rebekka Habermas, Intermediaries, Kaufleute, Missionare, Forscher und Diakonissen. Akteure und Akteurinnen im Wissenstransfer. Einführung, in: Dies./Przyrembel (Hg.), Von Käfern, 27–60, hier: 28.
26 Sebastian Conrad, Deutsche Kolonialgeschichte, München ⁴2019, 79.
27 Michael Bergunder, Was ist Religion? Kulturwissenschaftliche Überlegungen zum Gegenstand der Religionswissenschaft, in: Zeitschrift für Religionswissenschaft 19/1–2 (2011), 3–55.

gen von Missionaren des 19. und 20. Jahrhunderts, die sich der Bestimmung von sakralem Kulturgut widmen.[28] Verfolgen wir seine Verwendung als *historischen Begriff*, d. h. fragen, wie, mit welcher Intention er durch Missionar:innen, Missionswissenschaftler:innen, aber auch durch Ethnolog:innen gebraucht wird, fällt bei differenzierender Betrachtung auf, dass er in Diskursen sowohl möglichst neutral bzw. funktional[29] als auch positiv-wertend[30] eingesetzt wird. Häufig wird er aber auch mit negativen Assoziationen verbunden. Mit ihm beansprucht westliche Perspektive, sich im Besitz der »wahren Religion« (des Christentums) wissend, hegemoniale Deutungshoheit über den Religionsbegriff der anderen.[31]

In der Ethnologie hat sich der Begriff *sensitive cultural belongings* etabliert, um Dinge zu beschreiben, die besonders sorgfältig behandelt werden müssen. Es geht um die Aufbewahrung, die Behandlung und die Deutung dieser Sakralgegenstände und die Beachtung des Prinzips, dass sie für bestimmte Personenkreise »tabu« sind. Häufig werden Kurator:innen von Sammlungen im Rahmen der Provenienzforschung erst im Gespräch mit Vertreter:innen der Herkunftsgesellschaft auf den geheimen und sakralen Charakter von Entitäten aufmerksam gemacht. Sie lernen deren restriktiven Charakter und damit verbundene spezifische Bedürfnisse durch ihre Beratung seitens der Partner:innen im Globalen Süden kennen.[32] In der an der Justus-Liebig-Universität Gießen erarbeiteten *Hand-*

---

28 Religion ist eine westliche Kategorie; zu postulieren, dass es in außereuropäischen Gesellschaften einen Religionsbegriff gibt, ist für zahlreiche Gesellschaften nicht zutreffend.
29 Vertreter dieser Perspektive in der Forschung: Alfred Reginald Radcliffe-Brown, Religion and Society. Henry Myers Lecture, Indianapolis 1967; Ian Keen, One Ceremony, One Song. An Economy of Religious Knowledge among the Yolnu of North-East Arnhem Land, PhD Thesis. The Australian National University, Canberra (unveröffentlichte PhD-Thesis); Luke Taylor, The Rainbow Serpent as Visual Metaphor in Western Arnhem Land, in: Oceania 60/4 (1990), 329–344.
30 Vgl. den Bericht über die Rückgabe »heiliger Objekte« durch das Berliner Ethnologische Museum an die Kogi in Kolumbien, https://www.dw.com/de/objekte-der-kogi-kehren-nach-hause-zur%C3%BCck/a-70949116 (14.12.2024).
31 Andreas Bauer (1864–1909) lebte mit Unterbrechungen von 1890 bis 1909 an der Goldküste. Er kam in den Besitz eines Ritualexperten, der seinem »betrügerischen Wesen« als »Fetischpriester« abschwor und die »Fetischfigur« dem Missionar zur Verfügung stellte. Der stellte sie als abschreckendes Beispiel des Aberglaubens auf seinen Schreibtisch. Vgl. Dagmar Konrad, ›Entfernte Dinge‹. Objektgeschichten aus der Sammlung Basler Mission an Beispielen aus Ghana und Südchina, Basel 2020, 1–63, hier: 15f.
32 Mareike Späth, Introduction. Hidden Objects – Sensitive and Restricted Objects in Museum Collections. Issues Surrounding their Storage, Access, Consultations, and Potential Repatriation, in: Andratschke, Provenance Research, 362–366, hier: 363.

reichung für einen Einstieg in die Provenienzforschung wird die Anleitung zum Umgang mit sensiblem Sammlungsgut wie *Secret/Sacred Objects* definiert.[33]

4.3 Zur Bedeutung der Provenienzforschung für Restitutionen

Ob es zu einer »Restitution« kommen kann, ob sie sinnvoll und gewünscht ist und wie diese zu geschehen hat, ist für jedes einzelne materielle Kulturgut in einem Prozess (gelegentlich nur vorläufig) zu beantworten, da sich die Daten, die zu seiner Provenienz zusammengetragen werden, je nach Kenntnisstand ändern können. Dabei ändern sich die politischen (Macht-)Verhältnisse innerhalb der Herkunftskultur, in der zu klären ist, wer zuständig ist und so die Herkunftsgesellschaft vertritt. Sarr/Savoy bemerken, dass in der Debatte Vertreter:innen der Herkunftsgesellschaften, die ihres kulturellen Erbes beraubt wurden, dezidert verlangen, dass vor einer Rückgabe von Eigentum die Frage zu klären sei, wie, durch wen und an wen dies geschehen soll. Denn in diesem Prozess gehe es eigentlich um symbolische Machtausübung und darum, wer als die primär Verantwortlichen für die Kulturgüter die Obhut über die Entitäten habe. Sie geben ferner ein »Muster für ein bilaterales Abkommen an die Hand«.[34] Wie die jüngsten Ereignisse um die Rückgabe der sogenannten Beninbronzen gezeigt haben, sind diese Aushandlungsprozesse, wenn sie als *bilaterale Prozesse* verstanden werden, zu kurz gedacht. Hier sollte, wie weiter oben betont, von *Prozessen in Netzwerken* ausgegangen werden.

4.4 Umgang mit Sammlungsgut mit Bezug zu christlicher Mission

Ein entscheidender Punkt, über den in den letzten Jahren aber weitgehender Konsens erzielt wurde, ist der folgende: Provenienzen sind redlicherweise nur in strikt kultursensibler Weise möglich, wobei die Mitverantwortlichen, die Sammlungen und Museen in der nördlichen Hemisphäre vertreten, nicht nur ernst neh-

---

33 Vgl. https://wissenschaftliche-sammlungen.de/files/7516/2506/4791/Handreichung_Provenienzforschung_2021-06-30.pdf, 5 (6.6.2024).
34 Vgl. Felwine Sarr/Bénédicte Savoy, The Restitution of African Cultural Heritage. Toward a New Relational Ethics, November 2018, https://web.archive.org/web/20190328181703/http://restitutionreport2018.com/sarr_savoy_en.pdf, hier: 127–129 (11.12.2024).

men müssen, dass es gilt, eine dekoloniale Perspektive einzunehmen, sondern dass es darum geht, die *Longue durée* kolonialer bzw. imperialer Strukturen zu identifizieren und zu überwinden. Im »Leitfaden zum Umgang mit Sammlungsgut aus kolonialen Kontexten«[35], der sich auf staatliche Museen bezieht, aber auch auf Missionsmuseen übertragbar ist, wird betont:

> »Die Erwerbung oder Entstehung von Sammlungsgut kann in kolonialen Kontexten in Zusammenhang mit Ausübung von Gewalt und/oder ausgeprägten Abhängigkeitsverhältnissen stehen. Zudem können sich in Sammlungsgut, das kolonialen Kontexten zugeordnet werden kann, diskriminierende Darstellungen und koloniale oder rassistische Ideologien widerspiegeln. [...] Der Umgang mit Sammlungsgut aus kolonialen Kontexten erfordert einen von Respekt, Verantwortung und Sensibilität geprägten Dialog mit Herkunftsgesellschaften [...].«[36]

Um die Bedeutung von dekolonialer Praxis abzusichern, muss, wie sich in den letzten Jahrzehnten bei Restitutionen gezeigt hat, die notwendige Erforschung der Verflechtungen von indigenem mit nicht indigenem Wissen, Religion und Macht von einem wissenschaftsethisch begründeten *Code of Conduct* bzw. einem *Memorandum of Understanding* flankiert werden. Nur so kommt den betroffenen Akteur:innen aus dem globalen Süden im Diskurs um Provenienz und Restitution eine, soweit sie dies selbst wünschen (und nicht einfach nur um der political correctness verordnete), *führende* Rolle zu. Es geht schließlich um »ihr« eigentliches Eigentum. Es ist nämlich nicht ausgemacht, dass die sogenannten Herkunftsgesellschaften an sämtlichen Kulturgütern Interesse haben, geschweige denn an der Restitution sämtlicher Ethnographika interessiert sind. Die entscheidende Frage ist nun, wie die musealen Artefakte im Einzelfall behandelt werden: Werden sie im diskursiven Zwischenraum von Vertreter:innen der Herkunftsgesellschaft und Vertreter:innen der Sammlungsgesellschaft wirklich sensibel betrachtet und analysiert, um (auch wenn das im Nachhinein nur annäherungsweise geschehen kann) ihrer ursprünglichen Identität auf die Spur zu kommen, die ihnen zuerkannt wurde, als sie hergestellt und verwendet wurden? Mit diesem Schritt bleiben sie nicht mehr nur bloße »materiale Objekte«, die von einer Außenposition her fremdbestimmt werden, sondern sie werden zu »materialen Subjekten«, an denen sich die *Selbstwahrnehmung* ihrer Herkunftsgesellschaft wi-

---

35 Leitfaden – Umgang mit Sammlungsgut aus kolonialen Kontexten, Klappentext (14.12.2024).
36 Leitfaden – Umgang mit Sammlungsgut aus kolonialen Kontexten (14.12.2024).

derspiegelt. So hat die jeweilige Herkunftsgesellschaft die Aufgabe – unter Einbeziehung ihrer und der unterschiedlichen westlichen Interessengruppen –, auszuhandeln, wer, wie, mit wem, auf Grund welcher Autorität beauftragt ist, das Anliegen einer Restitution zu vertreten. *Belinda-Maria Peters* bemerkt zum *Leitfaden*: »Das Spannende ist, dass die Nachfahren der Kolonialmächte die korrekte Vorgehensweise in diesem Prozess festlegen und bestimmen, wie die Herkunftsgesellschaften korrekt zu handeln haben.«[37] So kann es sein, dass in den Missionsarchiven »Wissen« aufbewahrt wurde, das in den Herkunftsgesellschaften verloren gegangen ist, und umgekehrt im kulturellen Gedächtnis, in der mündlichen Überlieferung und der zeremoniellen Praxis der Herkunftsgesellschaft Wissen »hermetisch« abgespeichert ist, zu dem der westlichen Wissenschafts-Community der Zugang fehlt.

5. *Tjurunga*[38] aus Hermannsburg, Australien[39] in Hermannsburg, Niedersachsen

Im folgenden Abschnitt stehen die vier »*Tjurunga*« aus der Sammlung der Hermannsburger Mission (Evangelisch-Lutherisches Missionswerk/ELM) im Blick. Sie gehen zurück auf das Wirken der Hermannsburger Mission in Australien.[40] Unter anderem beziehen wir uns auf Angaben aus dem Bericht des PAESE-Projektes:

> »Ein kleiner Teil der ELM Sammlung stammt auch aus Australien, wo die Hermannsburger Mission zwischen 1866 und 1894 drei Missionsstationen unterstützte (Coopers Creek in Südaustralien, Hermannsburg Mission in Zentralaustralien/Northern Territory, und Mari Yamba in Queensland). Unter den australischen Objekten befinden sich 4 *Tjurunga* (geheim-sakrale

---

37 E-Mail Belinda-Maria Peters an M. F., 21.12.2024.
38 Hier wird die vom Niedersächsischen Landesmuseum vorgegebene Schreibweise und Aussprache »Tjurunga« übernommen. Andere Schreibweisen in der Literatur sind: »Tjuringa«; »Churunga«.
39 Vgl. Hans Nevermann u. a., Die Religionen der Südsee und Australiens, Stuttgart u. a. 1968, 125–287.
40 Vgl. Hartwig F. Harms, Träume und Tränen. Hermannsburger Missionare und die Wirkungen ihrer Arbeit in Australien und Neuseeland, Hermannsburg 2003, 97ff.

Objekte) aus Zentralaustralien, die wahrscheinlich schon vor 1891 in die Sammlung kamen«.[41]

Mit den folgenden Überlegungen soll das, was bisher theoretisch über die Epistemologie von »transkulturell verflochtenen Provenienzen« gesagt wurde, verifiziert und am konkreten Beispiel nachvollziehbar gemacht werden. Mein »Zugang« zu dem Thema besteht darin, dass ich auf »*Tjurunga*« aufmerksam gemacht wurde, die im Depot der Missionssammlung der ELM in Südheide-Hermannsburg lagern.[42] Bei diesem Fallbeispiel zur Provenienz von »*Tjurunga*« handelt es sich um *secret-sacred*-Kulturgüter der Aborigines, die im Deutschen der Kategorie der »Schwirrhölzer«, die im pazifischen Raum verbreitet sind, zugeordnet werden, aber davon zu unterscheiden sind: »Zum andern übernahm auch das Schwirrholz vielfach Tjurunga-Bedeutung, wie z. B. bei den Aranda, wo es genau wie die eigentlichen Tjurunga zum geheimen Leib des Totemvorfahrens wurde.«[43]

Ich beziehe mich auf Informationen über diese *secret-sacred-Kulturgüter*, die im Missionsarchiv in Hermannsburg einsehbar sind,[44] und auf die Forschung von *Olaf Geerken*[45]. Geerken ist Anthropologe und arbeitete 2020–2021 als wissenschaftlicher Mitarbeiter an der Georg-August-Universität Göttingen am PAESE-Projekt »Provenienzen von Tjurunga im Landesmuseum Hannover und in der Hermannsburger Sammlung«.[46] Er betont, dass eigentlich jede/r Angehörige/r der Herkunftsgesellschaft vergleichsweise kompetenter sei als er, dem bestimmte

---

41 Evangelisch-lutherisches Missionswerk in Niedersachsen – Postkoloniale Provenienzforschung Niedersachsen. Dort heißt es ferner: »Die Bedeutung der Tjurunga für die Herkunftsgesellschaften ist weitgehend geklärt. (…) Seit den 1990er Jahren gibt es Bemühungen von Vertretungen der Aborigines, Zugang zu den Objekten in Museen zu erhalten und Tjurungas zu repatriieren. Auch intensiviert sich seitdem die Debatte, wie mit diesen sensiblen Objekten, die bis heute für Aranda identitätsstiftende Bedeutung haben, umgegangen werden soll.« (12.12.2024)
42 Vgl. Provenienzen von Tjurunga – Postkoloniale Provenienzforschung Niedersachsen (12.12.2024).
43 Otto Zerries, Das Schwirrholz. Untersuchung über die Verbreitung und Bedeutung der Schwirren im Kult, Stuttgart 1942, 223.
44 Im Verzeichnis Inventarisierungsprojekt. Ludwig-Harms-Haus / Inventarverzeichnis / Inventarnummer LHH-20../001 bis LHH-20../0099, in dem die Ethnographika schriftlich erfasst sind, finden sich sehr spärliche Angaben zur Anschaffung: »Eingangsart: Spende; Erwerbungswert 0,00«. Die ersten drei (R1a, R1b, R1c) sind versehen mit der Bezeichnung »Schwirrholz« und der Interpretation: »mit eingeschnitzten Spiralsymbolen, Hinweise auf den Ahnengott«; bei Ethnographikum R1a wird näher erläutert, was dabei zutrifft: »Objekt ist aus einem Stück gefertigt, seitlich befindet sich ein kleines Loch (…)«.
45 https://www.postcolonial-provenance-research.com/provenienzen-von-tjurunga/ (6.12.2024); https://www.proveana.de/de/corporate-body/missionsstation-hermannsburgntaria (6.12.2024).
46 Vgl. Olaf Geerken – Postkoloniale Provenienzforschung Niedersachsen (14.12.2024).

kulturelle Bereiche einfach nicht oder nur schwer zugänglich sind. Ganz allgemein lassen sich *Tjurunga* bestimmen als »geheim-sakrale Stein- und Holzobjekte der Aborigines Zentralaustraliens, die im Deutschen auch als Seelenstein bzw. -holz bezeichnet werden«[47]. Es ist anzunehmen, dass sie über die Missionsstation *Hermannsburg* in Zentralaustralien gesammelt wurden. Sie wären dann der Volksgruppe der *Arrante* zuzuordnen, von denen vergleichbare *Tjurunga* bekannt sind. Darüber, warum und wie die vier musealen Zeugen, die auf christliche Missionstätigkeit zurückgehen, nach Hermannsburg gebracht wurden, gibt es keine Hinweise. Olaf Geerken hat mir diesen (dünnen) Befund bestätigt.[48] Er grenzt sich ab von jeder eurozentrischen und assoziativen Vereinnahmung von fremdem Kulturgut wie *Tjurunga*: »Ihre Symbolik könne alles Mögliche sein, je nach Kontext. Sie lässt sich nur durch ihre Herkunftsgesellschaft deuten.«[49] Die Frage schließt sich für uns hier an, ob eine Deutung auch nur *innerhalb* einer Herkunftsgesellschaft, das hieße eben *nicht transkulturell* möglich ist. Auch *Roland Barthes* hinterfragte die Festlegung von Kulturgütern auf bestimmte Interpretationsmuster kritisch. Darauf weist *Hans Peter Hahn* in Worten hin, die sich wie eine epistemologische Erläuterung zum Verstehen von *Tjurunga* lesen:

> »Wie Barthes zeigt, stehen [Akteur:innen, M. F.], Dinge, Bilder und Texte im Wechselspiel, was Einfluss auf die Bedeutung hat. Demzufolge vollzieht sich der laufende Bedeutungswandel von Dingen durch neue Assoziationen mit anderen Gegenständen, durch Texte und Bilder oder durch die sich ändernde Art, über diese Dinge zu sprechen. Das Potential der Aufnahme neuer Bedeutungen und deren Wandelbarkeit – nach Barthes die ›unbegrenzte Semiose‹ [ist nicht zu unterschätzen]«.[50]

Was Barthes hinsichtlich des Bedeutungswandels erkennt, den diese Elemente innerhalb einer Kultur vollzogen, ist zu übertragen auf den verflochtenen Bedeutungswandel, den Kulturgüter im Diskurs zwischen Mächtigen und Entmächtigten, zwischen australisch-aboriginaler Herkunftsgesellschaft und westlicher »Sammelgesellschaft« im Zusammenhang von Missionstätigkeit erfuhren. Die *Provenienzen* der vier *secret-sacret-objects* aus Hermannsburg sind *transkulturell verflochten* und *fragmentiert*. Auffällig ist die Mischung von Anziehung und Abstoßung, der die *Tjurunga* als *secret-sacred*-Kulturgüter unterworfen sind: Im

---

47 Vgl. Provenienzen von Tjurunga – Postkoloniale Provenienzforschung Niedersachsen (12.12.2024).
48 Telefonat Fischer – Geerken, 16.12.2024.
49 Telefonat Fischer – Geerken, 16.12.2024.
50 Hahn, Materielle Kultur, 288.

Zusammenhang ritueller Beschneidungsriten »verbinden« *Tjurunga* die Initianten untereinander und schließen alle anderen von der Teilnahme an der Zeremonie aus[51]. Auf ganz andere Weise »fragmentiert« ihre extra-kulturelle (sic!) Symbolik: In der westlichen Wissenschafts-Community ist es weitgehend Konsens, dass ihre Vertreter:innen kultursensibel genug sind und über *Tjurunga* keine näheren Angaben machen. Als Nicht-Aborigines sind sie von der Deutung ausgeschlossen bzw. enthalten sich. Diese steht nur Mitgliedern der Kulturgemeinschaft der Aborigines selbst zu.

Die Ethnologin *Josephine Neef* stieß im Rahmen der Recherche nach der Provenienz eines in der Göttinger Ethnologischen Sammlung lagernden, vom Berliner Ethnologischen Museum stammenden *Tjurunga* auf dort hinterlegte ethnologische Erläuterungen aus dem Jahre 1908 (westliche Perspektive, sic!), die auf die auf den Hermannsburger *Tjurunga* eingravierten Symbole passen könnten:

> »Tjurunga sind Steine oder Hölzer, die das Individuum mit seinem Totem verbinden, mit jedem Individuum ist eine solche Tjurunga verbunden. Dieselben werden in Steinhöhlen aufbewahrt und dürfen Weibern und Kindern unter keinen Umständen gezeigt werden. Die auf den Hölzern eingravierten Zeichen bezeichnen das Totem. Gehört ein Mann z. B. dem Schlangen-Totem an, so gehört ihm ein Schlangen-Tjurunga etc.«[52]

Zwischenzeitlich stießen wir auf nähere Informationen zu der Sammlung in Hermannsburg, die auf das PAESE-Projekt zurückgehen. Olaf Geerken teilt in seinem Bericht wichtige Details mit:

> »Das Projekt war aus drei Gründen von exemplarischer Bedeutung: Erstens ging es um sogenannte secret-sacred objects (geheim-sakrale Objekte), die mit großer Sensibilität zu behandeln sind. Wie dabei angesichts der zentralen Frage der genauen Provenienzbestimmung in einem expliziten Dialog mit den Herkunftsgesellschaften Australiens zusammengearbeitet wurde, ist beispielhaft. Zweitens wurde erstmals die Rolle der Missionare im Erwerb und Transfer von kolonialen Objekten in Bezug auf koloniale Provenienzforschung betrachtet. Und schließlich regten die Tjurunga und die kulturellen Beobachtungen der Lutherischen Missionare die Aufmerksamkeit der zeitgenössischen Anthropologie, Religionssoziologie und Psychoanalyse

---

51 Josephine Neef, Tjurunga in der ethnologischen Sammlung der Georg-August-Universität Göttingen – Projektbericht (2021), https://www.uni-goettingen.de/de/document/download/05477b515e42397562fbe2574cd3cd8d.pdf/Neef_2021_Tjurunga%20in%20der%20Ethnologischen%20Sammlung%20der%20Georg-August-Universita%CC%88t%20Go%CC%88ttingen.pdf (12.12.2024), 7.
52 Neef, Tjurunga, 14.

an, womit sie *exemplarische Objekte der Wissensverflechtung und einer shared history* [Hervorh. M. F.] sind.«[53]

Geerkens Untersuchung der Provenienzen von *Tjurunga* im Landesmuseum Hannover und in der Sammlung Hermannsburg deckt zudem auf, wie deutsche ethnographische Museen und ihre lutherischen Missionssammlerinnen in Zentralaustralien und diverse Mittelsmänner in solchen für das 19. und 20. Jahrhundert typischen Netzwerken zusammenwirkten.[54] Von 21 *Tjurunga*, die das Landesmuseum Niedersachsen erfasst hat, sind nach derzeitigem Kenntnisstand 18 auf missionarisches Sammeln zurückzuführen.[55] Kooperationen von Mission und ethnographischer Forschung und transkontinentalem Handel mit Kulturgütern waren gängige Praxis, die in bestimmten Fällen durch ein Sammler:innensyndikat organisiert wurde.[56]

Deutlich wird, wie »fragmentiert« das Wissen um *Tjurunga* auf mehreren Ebenen ist:

1. Innerhalb der Missionssammlung: Es gibt nur sehr bescheidene Informationen und kaum gezielte Forschung, die Archive, die mit Sammlungen verbunden sind, befragt nach Informationen von Missionaren (Briefwechsel, Missionsberichte und Missionszeitschriften).
2. Innerhalb der Archivforschenden: Immerhin gibt es dort ein Bewusstsein über die eigene kulturelle Inkompetenz in der Deutung, bzw. so etwas wie eine informierte Zurückhaltung.
3. Sammlungsgeschichte zu Sammler:innensyndikaten, die womöglich den originalen Kontext sogar absichtlich verschweigen oder verschleiern oder falsche Fährten setzen.

---

53 Provenienzen von Tjurunga – Postkoloniale Provenienzforschung Niedersachsen (12.12.2024).
54 Olaf Geerken, Museums, Missionaries and Middlemen. German Ethnographic Museums and their Lutheran Missionary Collectors in Central Australia (1890 to 1914), in: Andratschke, Provenance Research, 152–162.
55 Vgl. Späth, Religion, 194.
56 Vgl. Geerken, Museums, 155.

6. *Aklama* und *Awudza*: Spirituelle Entitäten der Ewe in Westafrika

Zunächst konzentrieren wir uns auf zwei spirituelle Entitäten (»Aklama« und »Awudza«) aus dem Besitz des Übersee-Museums Bremen. Beide zeugen von der Sammlungstätigkeit des Missionars *Carl Spieß* (1867–1937) im Dienst der Bremer Mission.[57]

6.1 Die spirituelle Entität *Aklama*

Abb. 1: *Aklama kpakpe*, in: Historisches Bildarchiv, Übersee-Museum Bremen; P04070

Die Abbildung zeigt eine aus Holz geschnitzte Figur, die die Gestalt einer weiblichen Person hat. Sie ist bekleidet und trägt eine Kette aus Kaurimuscheln um den Hals. In der Herkunftssprache Ewe heißt sie *Aklama kpakpe*, was der Missio-

---

[57] Beide Entitäten werden im *Legba-Dzoka*-Provenienz-Forschungsprojekt untersucht, https://www.uebersee-museum.de/wp-content/uploads/2024/04/PM_Das-Legba-Dzoka-Projekt-im-Uebersee-Museum-Bremen_17042024.pdf (17.1.2025).

nar Carl Spieß mit »geschnitzter Schutzgeist« übersetzt. Diese *Aklama*-Figur[58] gehört zu der Sammlung, die Spieß zwischen 1896–1914 an das Museum gab. *Aklama kpakpe* wird in der Ewe-Kultur als eine energiegeladene spirituelle Entität definiert, die Schutz gewährt. In der Praxis und aufgrund ihrer Aufgaben tritt sie immer als Paar auf, männlich und weiblich. Spieß behauptet, dass die abgebildete (einzelne) *Aklama*-Figur aus seiner Sammlung außergewöhnlich sei. Er erklärt:

> »Gewöhnlich sind bei den Aklama kpakpewo[59] Mann und Frau beieinander zu finden, es gibt jedoch Ausnahmen, wie die Figur zeigt, daß nur eine männliche oder eine weibliche allein aufgestellt wird. Beschriebenes Aklama kpakpe wurde mir von einem inzwischen bekehrten Priester überreicht. Es stand allein in dessen Hütte.«[60]

Aklama ist nicht nur der Name der Figur, sondern weist auf ein spirituelles Konzept hin und wird in manchen Ewe-Ortschaften »Kla« oder »Kra« genannt. Im spirituellen Verständnis der Ewe ist sie bei jedem Menschen und geht schon vor seiner Geburt in ihn ein. Selbst der Name des Tages, an welchem ein Mensch zur Welt geboren wird, ist der Name seines *Aklama*, der mit ihm kommt.[61] Der Missionar und Ethnologe *Jakob Spieth* (1865–1914) stellt *Aklama* dar.[62] Der religiöse Glaube der Ewe, hier aus westlich-missionarischer Perspektive fremdbeobachtet (sic!), zeigt – als Ausdruck transkultureller Wissensproduktion –, dass die individuelle Eigenart des Menschen, seine Natur bzw. sein Charakter, durch seinen *Aklama* bestimmt ist. Das wird in der Ewe-Gesellschaft üblicherweise durch folgende Redewendung zum Ausdruck gebracht: »*amesiame kple etɔ*« (jeder Mensch mit seiner Eigenart).[63] Jakob Spieth erläutert diese Tatsache mit folgenden konkreten Beispielen, indem er erklärte, dass der »diebische Mensch« nicht eigentlich für seine Haltung verantwortlich und schuldig sei, sondern »bewiesenermaßen« durch die Art seines *Aklama* bestimmt werde, denn:

---

58 Vgl. Carl Spieß, Zaubermittel der Evheer in Togo, in: Richard Andree, Globus. Zeitschrift für Länder und Völkerkunde, Braunschweig 1902, 316.
59 Die Pluralform lautet »kpakpewo«.
60 Vgl. Spieß, Zaubermittel, 316.
61 Vgl. Jakob Spieth, Die Ewestämme. Material zur Kunde des Ewe-Volkes in Deutsch-Togo, Berlin 1906, 510.
62 Spieth, Ewestämme, 510.
63 Vgl. Spieth, Ewestämme, 511.

> »Bekommt dieser zum Diebstahl geneigte Mensch einen Sohn, der ebenfalls diebisch ist, so zeigt das, daß der Sohn aus derselben Erde gemacht worden ist, aus welcher Gott auch seinen Vater gebildet hat. Von dieser Erde war etwas übrig geblieben, und aus diesem Überrest bildete Gott den Sohn.«[64]

Spieß erklärte, dass bei *Aklama*-Figuren Mann und Frau gewöhnlich beieinander zu finden sind. Ausnahmsweise werden die männliche oder weibliche Figur auch für sich aufgestellt.[65] Spieth beschreibt den Umgang mit dem *Aklama* am Beispiel des Todes des »Dieners« des *Aklama*:

> »Stirbt der Mensch, so hat ihn sein aklama [...] verlassen. Wenn er von dem Menschen weggeht, so stirbt derselbe. Der aklama geht nach dem Tode des Menschen wieder zu Gott zurück, jedoch nur, um später in irgendeinem Familienglied des Verstorbenen wiederzukommen. War der Verstorbene ein Dieb gewesen, so wird auch das Kind, in das der aklama des Verstorbenen eingegangen ist, diebisch werden. Die Bezeichnung hierfür lautet: „Der aklama des Kofi hat seinen Sohn Komla erfaßt."«[66]

Spieth zufolge bestünde dagegen in einigen Ewe Ortschaften, etwa bei den *Adaklu*-Leuten, die Ansicht, »der aklama sterbe mit dem Menschen und werde dann vernichtet«[67].

Aus den Erklärungen, die die beiden Missionare der Bremer Mission über seine Funktionen abgegeben haben, geht hervor, dass der *Aklama* einerseits an das Schicksal seines »Dieners« gebunden ist und sich erst von ihm löst, wenn der Besitzer verstorben ist. In diesem Fall kann ein *Aklama* verbrannt werden und (zusammen mit seinem Diener) geistig und physisch verschwinden. Andererseits kann *Aklama* nach dem Tod seines Dieners erhalten bleiben, verliert aber die Kraft oder den Geist, mit der oder dem er nur so lange sein Diener lebte aufgeladen war.

Wenn Spieß behauptet, nur die *männliche* Aklama-Figur gesammelt zu haben, bedeutet dies, dass der weibliche Aklama vermisst wurde. Dies lässt sich damit erklären, dass der Lieferant nicht der »Diener« oder Besitzer der *Aklama*-Figur war. Noch leichter wäre dies damit zu begründen, dass der wahre Besitzer bereits verstorben war und die *Aklama*-Figur somit ihre Kraft verloren hatte und spirituell entladen war. Zum missionarischen Kontext des Erwerbes der Figur be-

---

64 Spieth, Ewestämme, 511.
65 Vgl. Spieß, Zaubermittel, 316.
66 Spieth, Ewestämme, 511.
67 Spieth, Ewestämme, 511.

richtet Spieß, dass er die *Aklama*-Figur neben anderen Entitäten von einem Ewe-Christen bei einem Besuch geschenkt bekommen habe. Jener war vormals als Priester im Kontext der traditionalen Glaubensformen tätig. Wie Spieß festhält, fiele es jenem schwer, seine sakralen Entitäten aus der Hand zu geben, obwohl er den Bibelunterricht besuche. Schließlich stellte er aber fest, dass alle seine »Fetische ihm nichts genützt« haben, und er mit dem bisherigen Glauben »doch ganz brechen«[68] wollte.

Anhand von Spieß' Bericht lässt sich erklären, dass die Entitäten lange Zeit im Besitz des zum Christentum bekehrten traditionalen Priesters geblieben sind. Darüber hinaus stellt sich die Frage, was er mit dem Rest der Entitäten getan hat, bevor er sie bei dem Treffen dem Missionar Spieß übergab. Diese Haltung erscheint widersprüchlich und wenig überzeugend. Wenn der *Aklama*, wie oben beschrieben, als »geistbeladen« angesehen worden wäre und tatsächlich vom Priester bedient worden wäre, hätte dieser mit der Angst leben müssen, für seinen »Ungehorsam« mit dem Tod bestraft zu werden (als Konvertit lebte der ehemalige Priester vielleicht auch in einem Zwischenraum; alte Gewissheiten begannen sich aufzulösen). Folglich ist zu bezweifeln, dass der in seiner Hütte aufbewahrte *Aklama* noch »am Leben und mächtig war«. Somit hatte Spieß nur einen Holzüberrest und keine Entität gesammelt. Diese Entität wurde von ihm später nach Deutschland geschickt und in einem deutschen Museum sinngemäß als »Objekt aus einer exotischen Gesellschaft« und im deutschen Sprachgebrauch auch oft als »Fetisch« präsentiert. Repräsentiert sie nicht in erster Linie den vermeintlichen Sinn der deutschen Gesellschaft für Exotik und erst in zweiter den für die »Religion« der Ewe? Seine ursprüngliche spirituelle Symbolik, die er in der Herkunftsgesellschaft der Ewe hatte, war bereits verloren. Es drängt sich die eher *theologische* (hier nicht zu beantwortende) Frage auf, wie nah die spirituelle Aufgabe von *Aklama*, den Menschen zu schützen und ihn auf das Gute aufmerksam zu machen, zur »Lehre Jesu« steht.

---

68 Es handelt sich um keinen Einzelfall: Spieß erhielt auch von einem anderen Priester (in Waya) Besuch, der auch konvertierte und den Rest seiner »Zaubermittel« gerne an ihn abgegeben habe, vgl. Spieß, Zaubermittel, 314.

6.2 Die spirituelle Entität *Awudza*

Abb. 2: Awudza (Kriegsentität), in: Historisches Bildarchiv, Übersee-Museum Bremen; P04076

Die Abbildung zeigt einen Kuhschweif, der mit einem stoffumwickelten Griff, auf den in feiner Arbeit Kaurimuscheln appliziert sind, versehen ist. Am oberen Ende dieses Kulturobjektes sind zwei längliche Schlingen eingewebt, die vermutlich ehemals zusammenhingen, so dass man den Gegenstand gut greifen kann. Er heißt bei den Ewe *Awudza* und gehört zu der Kategorie von sakralen Entitäten, die Jakob Spieth als »Kriegszauber« bezeichnet.[69] Spieß stößt auf *Awudza* als spirituelle Begleiter, welche die Ewe im Krieg mit sich führten.[70] Für ihn hat es die Form eines Wedels, der aus einem Kuhschweif gefertigt ist. Kriegsentitäten wie *Awudza* haben allgemein den Zweck, den Krieger kugelsicher zu machen. Sie können auch zum Beispiel dafür sorgen, dass dem kolonialistischen Feind beim Abschießen das Gewehr zerplatzt.[71] *Awudza* funktioniert als von magi-

---

69 Vgl. Spieth, Ewestämme, 518.
70 Vgl. Spieß, Zaubermittel, 317.
71 Vgl. Spieth, Ewestämme, 518.

scher Kraft aufgeladene Entität, die vor feindlichen Schüssen schützt: »Stehen die Krieger zum Kampfe bereit, so schwingen sie das *Awudza* in der Luft, um die Kugeln abzuhalten oder ihre Wirkung abzuschwächen. Ein mit Blut getränktes Tuch ist um den Kuhschweif gewickelt.«[72]

Wenn man die eigentliche Funktion der *Awudza*-Entität als Schutzmittel im Krieg betrachtet, wird deutlich, dass *Awudza* sein Äquivalent in Abwehrmaßnahmen gegen den Gewehrkugelbeschuss des westlich-kolonialen Militärs hat. Aber auch permanente Konflikte, in denen sich die Ewe-Bevölkerung mit ihren Nachbarn aus *Dahomey* im Osten und den *Asante* an der Goldküste im Westen befand, erklären den Kontext der Verwendung von *Awudza* als »Überlebensmittel«. Das missionierende Christentum übersah diesen sozialen Aspekt der Menschen komplett oder lenkte ihn quasi um, wenn es versuchte, die Bekehrten davon zu überzeugen, diese Form des Schutzes aufzugeben und sich unter den »Schutz Christi« als der entscheidend höheren Macht zu begeben.

7. Missionswissenschaftlicher Blick auf die Provenienz »materialer Subjekte« mit Bezug zu christlicher Mission

Wie die drei Fallbeispiele zur Kategorie der »spirituellen Entitäten« verdeutlichen, kann historische Erforschung von Provenienzen sogenannter Artefakte diese ermächtigen, im Zusammenhang der Diskussion um ihre Restitution als »materiale Subjekte« selbst Zeugnis von der eigenen Geschichte abzulegen. Diese Geschichte belegt eine Vielfalt an »transkulturellen Verflechtungen« und mannigfaltigen Bezügen, die globalgeschichtlich zu beurteilen sind.[73]

Bei den spirituellen Entitäten *Aklama* und *Awudza* erfahren wir, wie Vertreter der Bremer (heute *Norddeutschen*) Mission sich über den direkten Zugang, den sie zur Kultur, Sprache und traditionalen Religion der Ewe hatten, als »Afrikanisten« und »Ethnologen« betätigten. Auch in diesem Fall zeigt sich an den Deutungsversuchen der Missionare, wie »spirituelles Wissen« der Ewe von westlichem ethnologischem und spirituellem »Wissen« überlagert und vereinnahmt

---

72 Vgl. Spieß, Zaubermittel, 317.
73 Vgl. Giorgio Riello, The »Material Turn« in World and Global History, in: Journal of World History 33/2 (2022), 193–232.

wird. *Aklama* und *Awudza* waren dort Symbole für das soziale, spirituelle und kulturelle Leben. Für manche Ewe begründen sie bis heute ihre Identität. Mehr noch haben *Tjurunga* für bestimmte Mitglieder ihrer Herkunftsgesellschaft nichts an Bedeutung eingebüßt. Sie gelten weiter als *secret-sacred*-Kulturgüter. Angesichts des verflochtenen wie fragmentierten Wissens, das zur Verfügung steht, hat jeweils die Folgerung von *Mareike Späth* Relevanz: (Spirituelle) Ethnographika sind für missionsgeschichtliche Forschung als »Berührungspunkte« oder »Zonen des Kontaktes« zu deuten und fruchtbar zu machen:

> »Was mir aber sowohl Archivdokumentationen als auch die Kontextrecherche in religionswissenschaftlicher und ethnologischer Literatur verwehren oder nur in ganz zaghaften Andeutungen erlauben, ist eine Annäherung an die Personen, denen die Objekte zuvor gehörten, die sie herstellten und benutzten, die auf den Fotos abgebildet sind, und die an einem Moment ihres Lebens mit missionarisch Handelnden und ethnologisch Sammelnden in Kontakt waren. Welche Missions-Geschichte hätten diese Personen zu erzählen?«[74]

Der Diskurs um die *Repatriierung* von *secret-sacred*-Kulturgütern und die *Ermittlung ihrer Provenienzen* verlangt die »Annäherung an die Personen, denen die Objekte zuvor gehört haben«. Dazu gehören erstens die Übernahme von Verantwortung für Unrecht bei der Aneignung von Kulturgut, zweitens die Sensibilität für das Fragmentarische der Beziehungen *innerhalb* und *zwischen* Herkunfts- und Missionsgesellschaften und drittens der Respekt vor den Vertreter:innen der Herkunftsgesellschaft und ihrer Spiritualität. Letztere sollten die Diskursregeln bestimmen, die Besitz, Rückgabe und Ausstellung von Ethnographika mit Bezug zu Mission betreffen. Dazu sollten die Diskursregeln seitens des globalen Südens aufstellt werden, um sich über den zukünftigen Verbleib, die Bedeutung und die Behandlung dieser »materialen Subjekte« gut zu einigen.

Wir fragen zum Abschluss, ob die Feststellung von Provenienzen nicht auch auf Seiten der Vertreter:innen der christlichen Kirchen im globalen Norden mit ihren Missionsgesellschaften und ihrer Szene der Ethnologie einen dreifachen Mehrwert hätte:

---

74 Späth, Religion, 197.

1. Würde nicht Diebstahl geahndet und unrechtmäßiges Eigentum zurückgegeben (7. Gebot)?
2. Würde nicht die »Spiritualität« von Entitäten, die vormals seitens der Mission denunziert wurde, im Rahmen der Provenienzforschung durch die Herkunftsgesellschaften verstehbar gemacht? Wäre sie darüber hinaus nicht, sofern seitens der Vertreter:innen dieser traditionalen Spiritualität erwünscht, »auf gleicher Augenhöhe« in Bezug zu setzen zu den jeweiligen Christentümern des globalen Südens (und Nordens) in heutiger Zeit?
3. Würde christliche Missionstätigkeit, bis heute historisch, kulturell und sozial mit manchem Unrecht verflochten, nicht transkulturelle Läuterung erfahren, indem Missionsgesellschaften im globalen Norden (mit ihren Trägerkirchen) sich im Fall von Provenienzforschung und Restitution dem Prozess ihrer Dekolonisierung unterziehen?

Wir hoffen, mit unserem Beitrag nicht zuletzt dazu anzuregen, die kritischen Fragen der *Provenienz und Restitution von musealen Objekten mit Bezug zur Mission* mit Priorität zu behandeln. Liegt in dieser Diskussion nicht die Chance, die Beziehungen zwischen den Partnerkirchen der jeweiligen Regionen im globalen Süden wie im globalen Norden mit ihren Gesellschaften zu erneuern? Käme die eigentliche Wurzel der Mission, das Evangelium, nicht gerade durch den damit verbundenen offenen interkulturellen Diskurs zu neuer Ausdruckskraft?

(Dr. Kokou Azamede ist Germanist und Historiker. Er lehrt an der Universität Lomé [Togo] an der Abteilung für Deutschstudien im Fachbereich Landeskunde/Kulturwissenschaft; Prof. Dr. Moritz Fischer lehrt »Formen der Weltchristenheit und Missionsgeschichte« an der Fachhochschule für Interkulturelle Theologie [FIT] in Hermannsburg.)

ABSTRACT

The aim of this article is to show, on the basis of a detailed analysis of three spiritual entities that bear witness to the influence of Christian missionary activity, what forms of knowledge and interpretations of the world are associated with these objects, not least in the context of change of their location. Central questions are: »How are epistemologies intertwined? Where are the striking differences that testify to abuse of power, oppression and defamation?«

Consequently the question of restitution can only be resolved in open dialogue with the legitimate representatives and institutions of the societies of origin, according to rules that they themselves have a decisive say in determining. One of the prerequisites for restitution would be the identification of historical entanglements. This would make it possible to understand the exchange relationships and interactions between societies that are sometimes far apart. In this way, the existing power imbalance between institutions in the global North and South could be explored, but internal conflicts taking place in the North or the South could also be identified, discussed and ideally overcome. Thus, the article aims to contribute to a missiological view of the provenance of ›material subjects‹ with reference to Christian mission by analysing different spiritual entities.

Towards a Biblical Theology of Restitution

A Reflection on Restitution between Europe and Some African Countries in the 21st Century

Bridget Ben-Naimah

Introduction

Over the years 2022 through 2024, the subject of restitution was dominant in the media space. Conferences and discussions were held with the return of artifacts from Europe to Africa being in focus. Some African countries were reported to have received some of their artifacts because of arrangements made for restitution to take place. In this paper, I attempt to deal experimentally with the question of a ›Theology of Restitution‹ anchoring my thoughts on Leviticus 6:2–5 which says:

> »If anyone sins and is unfaithful to the Lord by deceiving a neighbour about something stolen, or if they cheat their neighbour, or if they find lost property and lie about it, or if they swear falsely about any such sin that people may commit – when they sin in any of these ways and realize their guilt, they must return what they have stolen or taken by extortion, or what was entrusted to them or the lost property they found or whatever it was they swore falsely about. They must make restitution in full, add a fifth of the value to it and give it all to the owner on the day they present their guilt offering.«

This study is being done in the light of the acts of restitution that were embarked upon in the era where items that had been taken away from African Countries to Europe decades ago were being returned in response to requests made or requests being considered for the return of artifacts to the rightful owners by the current owners or custodians.

In terms of the outline for this paper, a brief background to recent restitution matters is given after which the significance of African artifacts is discussed. Some examples of restitutions currently taking place are given. Biblical texts supporting restitution are shared leading to a theological reflection on the subject. Then conclusions are drawn at the end.

A Brief Background to Restitution Matters

In October 2015, Togbui Dagadu VIII, the late King of Kpando, which happens to be my maternal hometown, in the Volta Region of Ghana, made an official written request for objects described as »Akpini royal regalia« to the German Ambassador in Ghana, who received the delegation from Kpando.[1] The objects included amulets, headgear, ceramic vessels, and horns made from ivory. They were taken away in the beginning of the 19th Century. Oral tradition indicates that the items were seized as a way of depriving the Akpinis of their traditional authority so that they would succumb to the authority of the colonialists as part of imperialist territorial expansion by the British and the Germans. The objects were being held by the German Ethnological Museum in Berlin, Germany.

Interestingly, some artifacts which were considered as charms and amulets among the Ewe in Togo and in the Gold Coast (now Ghana) were taken away »as symptoms of idolatry and heathendom« to signify the conversion of the owners to Christianity. Some of these had remained in museums outside Africa for over 100 years.[2]

During the pre-colonial era from the 16th century and the Colonial era in Africa, some items of worship and cultural artifacts were taken away to European countries including France, Germany, Britain, Switzerland, the Netherlands, and Belgium. Some were taken as booty out of conflict;[3] some were taken as gifts

---

1 Ghanaian Times, Online News, Kpando and Restitution, 23.6.2023, https://ghanaiantimes.com.gh/germans-to-return-looted-artifacts-back-to-people-of-akpini-in-kpando/ (21.2.2025).
2 Merian Institute for Advanced Studies in Africa, Conference on Restitution, Return, Repatriation and Reparation (The 4Rs) in Africa. Reality or Transcultural Aphasia? 13 – 14 December 2021, College of Humanities, University of Ghana, Legon, Brochure, 15.
3 Emery Patrick Effiboley, Reflections on the Issue of Repatriation of Looted and Illegally Acquired African Cultural Objects in Western Museums, in: Contemporary Journal of African Studies 7/1 (2020), 67–83, hier: 68.

received from traditional leaders;[4] some were looted; some were taken and burnt;[5] and some were taken by virtue of authority because those who took them were in power. Many of these items were placed in various museums across Europe.

Significance of Artifacts in Africa

To appreciate the importance of the phenomenon described above, it would be expedient to understand the significance of the items that were taken away from the original owners. They included historic paintings, sculptures, installations and visual cultural objects. These served as connections to the natives' culture and history. Some were symbols of royalty to the people.[6] Some of these artifacts served as agents of religion that signified social stability and social control.[7] Some of them had resemblance of human figures for the purpose of conveying specific ideas such as luminosity, representing shiny and unflawed skin; youthfulnesss, representing vitality and fertility, reserved demeanor representing a person in control, balance, and proportion through the choice of materials used.

Most of these artifacts were utilitarian and formed an integral part of daily life. They were not just decorative pieces of art for art's sake. Some represented symbolic rites of passage. They were tied to people's everyday life. They portrayed the status, ideas, and beliefs of the people. They were owned by individuals, families, clans, communities, royals, and sometimes had national heritage attached to the people.[8] Thus taking the items away from the owners meant that they were robbed of all these significant aspects of their existence.

Another dimension of the significance of the items that were taken away is the fact that the disappearance of some of the items was linked to the disappearance of several inhabitants, an occurrence which remains unresolved.[9] Were they killed just for the artifacts to be looted? Or were they taken away as slaves together with the artifacts? These were ancestors whose lives were cut short,

---

4 Effiboley, Reflections, 72, 73, 76.
5 Effiboley, Reflections, 74.
6 Journal of African History 11/3 (1970), 385–400.
7 www.all-about-african-art.com (20.2.2025).
8 Contemporary Journal of African Studies 7/1 (2020), 1–16.
9 Merian Institute for Advanced Studies in Africa, Conference on Restitution, 14.

contrary to the traditional expectation of leaving the earth honourably after having lived a full life. If it was the case that they were killed, it would be a serious calamity for them and their families, as dying prematurely disqualified them from being considered as ancestors to be revered.

The items that were taken away formed part of the history of the original owners. As Ghanaians, for instance, we still have our traditional and cultural systems in place. Our traditional chieftaincy systems still function and continue to play their roles in society. We still celebrate our colourful festivals which serve as opportunities to tell our history and re-enact and commemorate the experiences of our ancestors. Having the artifacts with the original owners will facilitate the telling of our history more effectively. It would be better to be able to see the items when telling the stories than to tell them in a vacuum.

In view of the above, one realizes that taking away the artifacts of such significant importance to a nation cannot be taken lightly. It is not just about items being removed, but it is the loss of their essence and purpose in the community. As we talk about restitution, questions that come to mind are: to what extent can one let go of what constitutes one's being in the name of forgiveness? To what extent can one let go of one's history and one's heritage in the name of maintaining peace?

On the other hand, on what grounds should these items continue to remain with those who took them? Why should one keep what does not belong to him or her by virtue of power when the items had not been purchased, but were taken unjustly? Shall the original owners be willing to pay those who hold the artifacts now in order to take them back to their original homes, in situations where arguments are made that some moneies were paid by those who took them? These are some questions that arise when one thinks about situations that call for restitution.

Restitution

Restitution is explained as the restoration of something lost or stolen from its rightful owner.[10] It is also defined as the equitable remedy of restoring to an aggrieved party that which was obtained in an unjust enrichment. Restitution in mo-

---

10 www.merriam-webster.com/dictionary/restitution (20.2.2025).

ral theology signifies an act of commutative justice by which exact reparation, as far as possible, is made for an injury that has been done to another.[11] In reformed theology, restitution is important because it makes room for repentance, which is about recognizing one's wrong, leading to tangible results. Restitution should be premised by regret for wrongfully taking away what belongs to another person or a group of people. In some legal circles, a person who has unjustly enriched him/herself at the expense of another is required to make restitution. People should not expect to be enriched at the expense of other people.[12] The following are pictures of some items that were returned to the Ashantis through a restitution process, to give an idea of what some of the items looked like.

Biblical Basis for Restitution

Numbers 5:6–7 reiterates Leviticus 6:2–5 that was quoted earlier in this paper. It says:

> »Any man or woman who wrongs another in any way [including unjustly taking away what belongs to them] and so is unfaithful to the Lord is guilty and must confess the sin they have committed. They must make full restitution for the wrong they have done, add a fifth of the value to it and give it all to the person they have wronged.«

From the biblical text, restitution is considered as an essential role of the people of God in bringing about reconciliation and justice in situations of conflict and abuse. When the people of God mistreated others, it was considered as breaking faith with God (Numbers 5:6). With the help of the Levites, God provided means of repentance, restitution and reconciliation. Therefore, for restitution to occur, there was the need for repentance and a change of heart. The act of returning what was taken would then lead to reconciliation between the parties and with God.

---

11 https://en.wikipedia.org (20.2.2025).
12 Wikipedia, CC (Creative Commons) BY – SA 4.0 (20.2.2025). Cf. for some items that were returned to the Ashantis through a restitution process https://www.bbc.com/news/entertainment-arts-68066877 (20.3.2025)

An essential part of restitution in the Old Testament was to offer an extra 20 % of whatever had been taken away as a way of suffering loss in sympathy with the victim (Numbers 5:7). This could be paralleled with the guilt offering stated in Leviticus 6:4–5 which was aimed at making amends for wrongs done to others:

> »When they sin in any of these ways and realize their guilt, they must return what they have stolen or taken by extortion, or what was entrusted to them, or the lost property they found, or whatever it was they swore falsely about. They must make restitution in full, add a fifth of the value to it and give it all to the owner on the day they present their guilt offering.«

In the New Testament of the Bible, when Zacchaeus accepted Jesus into his life and home, he did not just admit his wrongdoing of cheating people in his community through extorting unwarranted taxes but offered to pay back four times the amounts he overcharged his fellow citizens.

> »But Zacchaeus stood up and said to the Lord, ›Look Lord! Here and now, I give half of my possessions to the poor, and if I have cheated anybody out of anything, I will pay back four times the amount.‹ Jesus said to him, ›Today, salvation has come to this house, because this man, too, is a son of Abraham.‹« [Luke 19:8–9]

Zacchaeus' action must have been informed by his knowledge of the Jewish Law, his conscience, and his desire to make peace with his victims and with God. Jesus did not command him to do this. He did it out of his own volition. This was a sign of true repentance to which Jesus responded: »Today, salvation has come to your home.«

Theological Significance of Restitution

Restitution makes room for restoration and freedom of one's conscience, especially when it comes along with the acknowledgement of wronging another person [Leviticus 6:1–5, 19:11]. Exodus 22:1, 3b, and 4 says that whoever steals an ox or a sheep ... must pay back five head of cattle for the ox and four sheep for one sheep. If the animal is found alive in their possession ... they must pay back double. This passage lays emphasis on the thought that returning items taken in the name of restitution is not enough. For restitution to be complete, the culprit needs to return what has been taken away together with additional payment for what was taken.

Generally, in the case of Christians, restitution is manifested through the giving away of Jesus Christ to die on the cross in our place, which ultimately leads to restoration of our relationship with God. Jesus gave out his life in payment for our sins so that we would be forgiven, saved, and reconciled to God. Our very essence as Christians therefore flows out of Jesus' act of restitution on our behalf with His life and death on the cross. He paid for our waywardness as humans so that we would accept His act as a ransom for us to be reconciled to God and agree to live as Jesus' disciples. Jesus became the price for our reconciliation to God [John 3:16]: »The restoration of our relationship with God should make us decide to have compassion towards others because our restoration has been made possible due to God's love and mercy towards us.«[13]

Hence, as people who have been restored to a right relationship with God through restitution offered by Christ in giving away his life for our sins and weaknesses, we Christians should not be found wrongfully taking away what belongs to others without feeling any remorse. If for any reasons, that should happen, we should be quick to return what belongs to others to be able to have a right relationship with them and with God. We should not be covetous in our dealings with others. Rather, our actions should be governed by love; love for God and love for one another. As Exodus 20:17 says: »You shall not covet your neighbour's house; you shall not covet ... anything that is your neighbour's.«

Authentic or meaningful restitution comes about when a Christian truly repents of what he or she has done.[14] Sincere repentance and restitution comes out of recognition of one's fault of covetousness, one's search for peace, and one's search for good neighbourliness. This constitutes moral renewal which can be shown through an effort to right one's wrongs whenever possible. It should naturally flow out of a relationship with Jesus Christ and the joy that it brings.

Alex Kockman shares some principles that should govern the practice of restitution. He suggests the following:

---

13 https://www.faithfi.com (20.2.2025), Restitution.
14 https://en.m.wikipedia.org (20.2.2025), Restitution (Theology).

1. Offences requiring restitution are not only horizontal but vertical as well. This is to say that as we endeavour to restore right relationships between us through acts of restitution, we are also restoring the right relationship with God. In other words, if we continue to hold on to items that belong to others and deprive them of their belongings unjustly, it affects our relationship with God as well. To some extent, this thought recalls 1 John 4:20 which says that whoever claims to love God and yet hates a brother or sister is a liar. For whoever does not love their brother and sister, whom they have seen, cannot love God, whom they have not seen. If we cannot love our neighbours whom we can see enough to restore to them what belongs to them, how can we claim to love God whom we cannot see? When we take steps to make our relationships with one another right, it prepares the ground for us to have a right relationship with God.
2. Offences requiring restitution are direct and measurable. In the process of restitution, what was taken should be what is returned. You cannot represent what was taken with a symbol, for instance. Even if you are going to pay money in place of what was taken because the items are no longer available, the value should be commensurate with what was taken and could even be more to cater for compensation. In Luke 19:1–10, Zacchaeus decided to pay back four times what he had unjustly taken from his clients. Leviticus 6:4–5 says that restitution should be made in full.
3. Restitution cannot replace repentance. It should rather follow repentance. Restitution would be meaningful and cathartic if it is done after acknowledging that taking the items away without the consent of the original owners was wrong and should not be repeated. A simple act of returning the items just because one is forced to return them may not necessarily constitute repentance on the part of those returning the items. The repentance element is important because it will prevent the act of taking away items belonging to people in that manner from being repeated.
4. Restitution assumes that personal property is involved and should be replaced. The act of restitution is related to the return of material things or payment for material things that have been taken away. It is not related to intangible things or emotional sentiments, for instance. As much as possible, the material things that were taken should be returned.

Five reasons why restitution is important are suggested as follows:[15]

1. Restitution is a genuine sign of repentance. When Zacchaeus, the tax collector, met Jesus, he decided to return wealth that he had unjustly gathered from people by virtue of his authority in the community. He stated that he was prepared to give half of his wealth to the poor and pay back four times whatever he had cheated on anyone. Upon his declaration, Jesus pronounced salvation on Zacchaeus' home. [Luke 19:1–10, 2 Corinthians 7:10–11] Paul describes such an act as godly sorrow which makes us eager to clear ourselves and see justice done. Restitution thus becomes the ultimate sign of repentance for unjustly taking away what belongs to another person or group of people.
2. Restitution leads to the restoration of true peace. Romans 12:18 says that if it is possible, as far as it depends on you, live at peace with everyone. It could be difficult to experience true peace between two parties if one is unjustly holding on to what belongs to the other. Returning items to their rightful owners in a relationship will prepare the ground or create the environment for sincere peace among the parties involved.
3. Restitution could be considered as an application of the second great commandment: Love your neighbour as yourself. Do to them as you want them to do to you. [Matthew 22:37–39, Luke 6:31] How do we feel if a person takes away what belongs to us without our consent? Would we enjoy seeing our property with another person without our permission? If this would be an unpleasant experience for us, then we should not do it to other people. Therefore, through restitution, we would restore items or properties to their rightful owners because that is what we would expect would be done to us.
4. Restitution helps to ensure that the mistake will not be repeated. It serves as concrete evidence that a wrong step that was taken is reversed. With this reversal in place, it would be difficult to repeat the same action. The act of restitution then serves as a memorial of caution not to repeat what happened in the past. Restitution therefore offers an opportunity to maintain discipline in our actions and relationships.
5. Restitution helps us to move on without guilt or hurt. It helps with the process of forgiving oneself and liberating oneself from the guilt of holding on to

---

15 Jennifer Clarke, A Divine Encounter. Building real-life faith through relationship with God, 2019, https://adivineencounter.com (20.2.2025).

something that is not yours, while liberating the original owner from the pain of being robbed. Naturally, if one is holding on to something that belongs to someone else without his or her consent, one lives with the guilt of being in possession of what does not belong to him or her. When the item is returned to the rightful owner, it leads to liberation from any possible guilt.

From the Christian perspective, one important virtue or practice that could be considered in restitution matters is forgiveness. This is because Christians are born out of forgiveness received through Jesus Christ. Christians are therefore encouraged to be forgiving towards those who wrong them or take away what belongs to them. We are taught that God overflows with mercy towards us and encourages us to follow His example with one another. Jesus tells us that the world will know that we are His because of our love for one another which requires forgiveness (John 13:35). In Luke 6:29, Jesus teaches that if someone strikes you on one cheek, turn to him the other. He teaches in Matthew 5:40 that if anyone wants to sue you and take your shirt *wrongly*, hand over your coat [cloak] as well.

While the possibility of restitution is being considered, forgiveness and letting go could also be considered to make things easier for everybody. Thus, Africans, including Ghanaians, who have been robbed of their artifacts may also decide to forgive those who have robbed them. However, it must be noted that this approach can only be proposed to people who have turned their lives over to Jesus Christ and are willing to follow the teachings of Jesus Christ on forgiveness in situations where restitution is impossible. They can forgive those who have taken away what belongs to them for the sake of Jesus Christ as a way of having closure to the feeling of being robbed. They can do this with the understanding that having Jesus Christ is more precious than any material property [Refer to Matthew 6:19–21, Job 22:23–25].

Conclusion

To this end one can confidently conclude that if one just considers the artifacts that have been taken away as ordinary objects, then restitution matters with regard to such items could be taken lightly; but when one considers the fact that this has to do with depriving a group of people, fellow human beings, of their history, their heritage, roots, identity, origin, culture, and the foundations of their being, then they have been robbed of a lot. The new owner has no moral right to keep these items. Even where the items were exchanged for money, it could have been done in circumstances of power imbalances, considering the period during which the transactions were made. It could also have been done under pressure. It could be that those who sold the items did not understand the implications of what they were doing.

As a Christian, a reformed theologian, and a pastor with roots from the Bremen [Norddeutsche] Mission, I think that there is the need to have a dichotomy between traditional artifacts and idols. I would not encourage Christians to keep and revere or worship items considered to be idols. That is where I would agree with people who would willingly give out such items to be burned or destroyed as a sign of cutting ties with idol worship and accepting Jesus Christ as their Saviour and link to God Almighty.

However, traditional items which form part of our cultural heritage and history should be kept to facilitate the telling of our history by the original owners. One could tell from the pictures shared in this script that some of the items are made of rich minerals such as gold and bronze. They are of rich value and are worthy to be kept as part of our heritage. Their benefits in terms of tourism cannot be over-emphasized. They could enhance the tourist sites where they would be placed.

Restitution can never pay for the loss that has been experienced because of not having the items remaining in their places of origin for all the years in question, but at least, the result of restitution is good for both the original owners, who are at peace for getting their properties back, and for the new owners who have the opportunity to be liberated from the guilt associated with wrongfully holding on to what does not belong to them.

For Christians, where restitution is impossible, and where our items cannot be retrieved, we can fall on our relationship with Jesus Christ for the strength to forgive those who have robbed us for the sake of peace and harmony. Ultimately, the onus rests on the one who has items that do not belong to him or her to do what is right, needful, and liberating.

(Dr. Bridget Ben-Naimah is part of the Careers and Counselling Directorate of the University of Ghana, Legon, Accra, and Vice President of the Nordddeutsche Mission Bremen.)

ABSTRACT

Die Autorin diskutiert Restitutionsprozesse zwischen Europa und Afrika im 21. Jahrhundert im Licht ausgewählter biblischer Texte. Sie versucht einen experimentellen Zugang zur Frage einer Theologie der Restitution und verankert ihre Überlegungen in Levitikus 6,2–5. Die Bedeutung von Objekten, die ihren ursprünglichen Besitzer:innen entzogen wurden, und die Vorteile ihrer Rückgabe werden hervorgehoben. Die Autorin betont, dass die Rückgabe sinnvoller ist, wenn sie aus Reue und dem Eingeständnis des Fehlverhaltens erfolgt, Dinge behalten zu haben, die den Besitzenden nicht gehören.

Die Aufmerksamkeit wird auf die Bedeutung der Vergebung im Zusammenhang mit der Rückgabe gelenkt. Wenn eine Rückgabe nicht möglich ist, könnten die ursprünglichen Besitzer:innen der gestohlenen Gegenstände die Möglichkeit in Betracht ziehen, den gegenwärtigen Verwalter:innen der Gegenstände zu vergeben, da Vergebung einer der wichtigsten Werte des Christentums ist. Auf der anderen Seite können Christ:innen, die erkennen, dass sie durch die Rückgabe Jesu Christi zur Vergebung geboren sind, es nicht als akzeptabel ansehen, Gegenstände zu behalten, die anderen gehören.

Just Repair

Missionary Collections, and the »Restitution« Conversation

Thandi Soko-de Jong

1. Introduction

This paper discusses the theme of »*just repair*: decolonising epistemologies of restitution.« It aims to contribute to the growing discourse on decolonising museum artefact restitution, with a particular focus on artefacts held in Christian missionary collections. An image that foregrounds this paper's discussion is a 1904 illustration by Thomas Theodor Heine titled *»So kolonisiert der Engländer«*

Thomas Theodor Heine's 1904 cartoon:
»So kolonisiert der Engländer« (that's how the Englishman colonises).

[That is how the Englishman Colonises],[1] which depicts a German perspective of British colonisation. The illustration »depicts an English colonialist, dressed in tweed, force-feeding an African man whisky [representing civilisation]. The man is held in a giant vice, operated by a soldier, which squeezes gold out of him [representing commerce], while a missionary enlightens him by reading from a Bible [representing the third »C,« colonisation].[2]

This cartoon provides a starting point that highlights how Christian missionaries, alongside agents of European commerce in Africa, contributed to the »squeezing of gold« out of Africans' bodies and their property, including extracting artefacts. I would add that the force-feeding of whisky in the image symbolises the imposition of consumerism – both of alcohol and other similarly addictive forms of consumption – designed to *numb* Africans held in the colonisers' vice (represented here as a machine). This numbing effect is intended to prevent effective resistance against their fate within colonial rule. In the image, the clergy's presence symbolises Christianity's role in endorsing the activity. Notably, the cleric is portrayed as being passive, neither intervening in nor interrupting the process, but instead continuing his religious duties, illustrating that his role is aligned with the colonial enterprise.

The image provides a summary of colonisation defined as an enterprise that seeks to control the colonised fully by taking over the colonised's epistemic, economic, political, civic, and subjective/personal realms.[3] Colonised African communities were numbed through Eurocentric norms of commerce and the forced conversion to a Eurocentric interpretation of Christianity that ensured that the five aforementioned areas were under colonisers' control.

Additionally, Heine's illustration highlights the colonial view of Africans as machines through whom wealth could be extracted. They are »the human body and not the steam engine, and not even the clock, [that] was the first machine developed by capitalism.«[4] Since mission organisations also participated, alongside other colonial agents, in maintaining collections displaying the remains of colonised Africans and their artefacts, we turn first to the question, »Why do collec-

---

1 According to Imogen Tyler, »this cartoon is from a series of four on ›Colonial Power‹ published by the German satirical magazine Simplicimus, 3 May 1904.«, Imogen Tyler, Stigma. The Machinery of Inequality, London 2020, 259.
2 Tyler, Stigma, 258.
3 Javier C. Sanjines, Embers of the Past. Essays in Times of Decolonization, Durham 2013, 183.
4 Silvia Federici in Tyler, Stigma, 259.

tions exist?« Briefly, collections represent the removal of the heritage of colonised communities into the hands of colonising societies. According to experts, over ninety percent of African heritage artefacts are currently held in museums and private collections outside the continent due to colonial occupation during the 19th and 20th centuries.[5] This means that the communities from which this heritage originates are largely denied access to their cultural heritage.[6]

Collections, therefore, are part of the violent machinery depicted in the image above – one that forcefully extracts material benefits from Africans. Specifically, collections of artefacts represent part of the *golden loot* depicted in the image and, as this paper argues, also constitute *epistemic loot*. The loss of heritage perpetuated by such collections have caused a profound, holistic loss that can never be fully recovered. However, restitution through *just repair* is among the vital steps in the healing process.

2. Missionary Collections and Restitution

The Unpacking Missionary Collections workshop[7] held in Utrecht in 2022 gathered scholars, museum professionals, and religious specialists from Ghana, Togo, Germany, the United Kingdom, and the Netherlands. They discussed their efforts in examining collections of items in museums, mission archives, and related sites, which were assembled by Catholic and Protestant missionaries during the colonial period.[8]

Among the topics that were discussed was that of restitution, specifically questions raised »about the desirability and ethics of returning objects.«[9] Of interest to this paper is the following question that emerged from the workshop's discussion,

---

5 Sarah Schug, The Politics of Looted African Art. Decolonising Europe's Museums, in: The Parliament 2 (2024), https://www.theparliamentmagazine.eu/news/article/the-politics-of-looted-african-art-decolonising-europes-museums#:~:text=According%20to%20experts%2C%20more%20than,own%20cultural%20and%20artistic%20heritage (6.2.2025).
6 Schug, The Politics of Looted African Art.
7 Marleen De Witte, Unpacking Missionary Collections. Workshop Report. Religious Matters, 19 October 2022, https://religiousmatters.nl/unpacking-missionary-collections-workshop-report/ (6.2.2025).
8 De Witte, Unpacking Missionary Collections.
9 De Witte, Unpacking Missionary Collections.

that is, whether restitution can be considered as a form of repair. This question, in turn, points us to various questions, including:

- What is being repaired, for whom, and in which manner?
- How are colonial structures still at work in the decision-making for selecting objects for research and restitution?[10]

While these are important questions that need to be addressed if there is to be a course correction on the legacy of missionary collections, it is also important to broaden the conversation to include issues of justice and reparations (of which restitution is one component and not a stand-alone action). Restitution is not interchangeable with repair, as the former emphasises the return of captured objects and human remains to their original context but does not necessarily define how the process will restore what the original context has lost in terms of lives as well as material and epistemic gains. To further explore the context and impact of the capture of artefacts and human remains, let us turn to the definitions and limitations of relevant terms in this discourse, as well as some helpful approaches to decolonising the process of restitution.

2.1 Problematising the Terms »Colonisation,« »Epistemicide,« and »Spiritualicide«

This paper uses »colonisation,« »epistemicide,« and »spiritualicide« as shorthand for the historical processes by which European states politically, economically, and culturally controlled people, resources, and territory outside Europe. The limits of the terms include the centring of the agency of European agents. For instance, the origins, purpose, benefits, and functions of colonisation are historically defined by European agents and their activities in colonised societies. In other words, colonisation was conceptualised and developed in accordance with the interests of European colonising states to express, among other things, their self-determination.[11] Resistance to colonisation and its manifestations occurred

---

10 De Witte, Unpacking Missionary Collections.
11 See Katherine Smits, John Stuart Mill and Social Construction of Identity, in: History of Political Thought 25/2 (2004), 298–324, http://www.jstor.org/stable/26220165 (6.2.2025).

from the beginning of the European Age of Discovery and remains ongoing. From colonisers' perspectives, (neo)colonisation is a positive expression of their self-determination even though this is at the cost of subjugated societies. As such, terms such as »colonisation« – as well as epistemicide and spiritualicide – centres the agency of (former) colonisers and frames the colonised exclusively as victims. Although this framing is unhelpful, the term »colonisation« remains indispensable in decolonisation discourse. Despite its limitations, the term effectively conveys a specific enterprise's origins, aims and functions.

As Sindre Bangstad notes, »the fact of the matter remains, colonial powers saw little contradiction between their own professed liberalism and the brutalities of colonialism«:[12] As such, *decolonisation* as a discourse, on its own, does not provide the full picture of anticolonial struggle and resistance. Rather, the decolonisation discourse is part of a range of methods that aid us in considering *colonialism*'s origins and the perspective its agents held. Other terms that might better describe the phenomenon of colonisation would be European[13] hegemony, for instance. This gives room to consider that this hegemony was always in conflict with the societies it encountered and sought to dominate. Such definitions provide a *fuller* story beyond the binaries of the coloniser/colonised, victor/victim, religious/heathen, civilised/uncivilised, etc. This paper has opted to use the terms because restitution and reparations are among the discourses that ought to clearly determine a perpetrator of a harm committed against an individual or society. Therefore, the coloniser/colonised binary is important shorthand while mindful of the argument that the goal of decolonising »had always been to finally put an end to a world made up of two categories of humans: on one side, subjects who act and, on the other, objects that are acted on.«[14]

From this perspective, decolonisation is envisioned as an »›ascent into humanity,‹ envisioning new and alternative futures beyond nationalism, racism, and environmental devastation.«[15] It envisions the removal of »perpetual displacement.«[16] On displacement and African artefacts in Western collections gen-

---

12 Sindre Bangstad, Achille Mbembe's Decolonization, in: Africa is a Country (2020), https://africasacountry.com/2020/11/achille-mbembes-decolonization (6.2.2025).
13 Specific names apply depending on context, e. g. German hegemony, French hegemony, British hegemony, etc.
14 Achille Mbembe, Out of the Dark Night, Columbia University Press 2021, https://www.jstor.org/stable/10.7312/mbem16028.11, 224 (6.2.2025).
15 Bangstad, Achille Mbembe's Decolonization.
16 Mbembe, Out of the Dark Night, 223.

erally, Mbembe highlights the legalism and paternalism that impede debates concerning restitution.

> »Legalism here entails arguments to the effect that since one cannot always know to whom the artifacts in European museums originally belonged, the artifacts cannot legally be returned; whereas paternalism entails arguments to the effect that contemporary Africa does not have the required institutions, knowledge, or resources to preserve the artifacts in the event that they should be returned.«[17]

Arguments that rely on legalism and paternalism deny the reality that at the centre of the restitution discourse is the loss of heritage and therefore the significance of »the seriousness of the harm suffered and the wrongs inflicted.«[18] Restitution is vital. Returning heritage helps heal communities' memories and supports a deeper understanding of their society's history, in which they are stakeholders. Restitution restores communities' ability to »identify the power of their future inscribed in their present«[19] and past. In light of these terminologies and their impact, this paper will discuss Christian missionary collections and the value of decolonising the »restitution« conversation. Before we turn to that discussion, let us first consider some of the broader context of Christian missionaries' role in the process of colonisation.

3. Collections, Christianity, and Legacies of Colonisation

The storage and exhibition of collections in museums, private collections, and similar places is a relatively new phenomenon. For institutions like museums, the main purposes are observation and study (including education and research). However, patterns exist that distinguish collections in the Minority World from those in the Majority World. There is a tendency for collections in the Majority World to contain heritage items from their own context. In contrast, collections from the Minority World tend to include substantial amounts of artefacts that originate elsewhere – including from (formerly) colonised territories. As we shall

---

17 Mbembe, Out of the Dark Night (first published as *Sortir de la Grande Nuit* [2021]); Bangstad, Achille Mbembe's Decolonization.
18 Mbembe, Out of the Dark Night; in Bangstad, Achille Mbembe's Decolonization.
19 Mbembe, Out of the Dark Night, 228f.

discuss below, many artefacts symbolise acts of colonial conquest and the pursuit of nefarious pseudo-scientific research that perpetuated racial and cultural hierarchies.

For this paper, our focus is on collections that have been influenced by Christianity and the race-based chattel enslavement of Africans and colonisation. Regarding background, the introduction of papal bulls, including the *Dum Diversas* (1452), *Inter Caetera* (1493), and *Sublimis Deus* (1537) foresaw the sanctioning of the Iberian (present-day Spain and Portugal) conquest of the Americas and then later, other parts of the world. In the case of Africa, the »Scramble for Africa,« an outcome of the Berlin Conference (1884–1885), formally launched the continent's colonisation by European countries. According to Rebecca Kulik, in the 1870s, 10 % of Africa was under European control, but by 1914, the figure was 90 %.[20]

3.1 Collections as Plunder

The ideas of racial and cultural superiority that justified colonisation were reinforced in Europe in many ways. Generally, collections play/played an important role in reinforcing such ideas through representing colonised peoples as culturally and intellectually deficient. Such symbolic representations were not limited to objects. Alongside artefacts and human remains, some exhibitions *showcased* African adults and children[21] portraying them as sub-human.

By contrast, museums and collections in formerly colonised countries are more likely to exhibit their own cultural heritage, while (formerly) colonising nations' collections hold the largest amounts of so-called »world heritage,« which is often simply artefacts collected through the asymmetrical power dynamics that marked colonisation. Through exhibitions like those discussed below, collections have been – and continue to be – maintained through legalistic and paternalistic justifications for the acquisition of spoils of conquest. Such justifications facili-

---

20 Rebecca M. Kulik, Scramble for Africa. Encyclopedia Britannica, 15 Jan. 2025, https://www.britannica.com/event/Scramble-for-Africa (14.2.2025).
21 Such exhibitions include the 1895 African Exhibition in The Crystal Palace; the primate house exhibition of a Congolese man named Ota Benga at the Bronx Zoo in the early 1900s; the display of Saartje Baartmann, both when she was alive (in England and Ireland) and after her death at the Musée de l'Homme (France); and the Expo 58 in 1958 in Belgium.

tated the political and cultural control of looted religious and epistemic symbols to advance pseudo-scientific and colonial agendas.

3.2 Missionary Collections as a »Trophy Case«

Narrowing our focus to missionary collections, these represent the colonial logic of extracting spoils of conquest through their own accumulation of *trophies* of religious and political conquest. Many missionary collections have accumulated the artefacts they hold under conditions and circumstances that »often involved strong hierarchies and violence of various kinds.«[22] Chris Wingfield provides a case study of the global collections of the London Missionary Society Museum (LMS, 1814–1910), which illustrates how »some of the ways in which motivations for collecting and the significance of collections […] shifted over the course of the long nineteenth century.«[23] He concludes from his study that in the case of the LMS museum, it can correctly be characterised as a »Christian trophy case«[24] since it contained a »large number of … non-Christian religious objects secured from converts to Christianity.«[25]

Wingfield adds that the regard of non-Christian religious objects as *trophies* was part of a competition between missionaries to supply museums with »idols and objects of superstitious regard,« in the nineteenth century.[26] Missionaries also tended to disregard source communities' regard for spiritual objects as »living« heritage; that is, heritage objects that can embody active spirits.[27] Thus, the objects ceased to serve their role and function in their societies of origin as they became objectified in missionary collections, as did natural artefacts like animal and insect specimens.[28]

Interestingly, collections also displayed the direct link between missionary endeavours and warfare by exhibiting, for example, »spoils of military victory«

---

22 De Witte, Unpacking Missionary Collections.
23 Chris Wingfield, ›Scarcely more than a Christian Trophy Case‹? The Global Collections of the London Missionary Society Museum (1814–1910), in: Journal of the History of Collections 29/1 (2017), 109.
24 Wingfield, Scarcely More Than a Christian Trophy Case, 124.
25 Wingfield, Scarcely More Than a Christian Trophy Case, 125.
26 Wingfield, Scarcely More Than a Christian Trophy Case, 125.
27 De Witte, Unpacking Missionary Collections.
28 Wingfield, Scarcely More Than a Christian Trophy Case, 111.

taken from people groups the LMS missionaries and their allies had defeated.[29] As such, the example of the LMS museum typifies that, for many, in places like Britain in the 1800s, such collections were »the single largest source of information about what foreign peoples were like.«[30] The collections thus played an important role founding European narratives about African spiritualities.[31] However, they denied African voices a counter-voice in such narratives.

3.3 Missionary Collections and Caricatures of African People

The *single story*[32] depiction of Africa in missionary collections includes European-made artefacts that are caricatures of Africans. Caricatures of Africans, such as golliwogs, Black Pete, and blackface performers in minstrel shows, were designed to dehumanise and mischaracterise Africans and people of African descent as subservient, lazy, unserious, immoral, ugly, and in need of being »saved.«[33] Similarly, some missionary collections contain artefacts designed to highlight how culturally different, impoverished, or under-developed African societies are. For instance, I have encountered a missionary collection with a figurine designed for missionary fundraising projects. It was a pitch-black, thick-lipped, large-toothed African man. Apparently, once a donation is placed into the figurine's begging hand, an internal mechanism draws the hand to the figurine's mouth to swallow the coin/s as its eyes roll back. The coin/s drop/s into its stomach, which serves as a collection chamber.

The propaganda surrounding the depiction of Africans seems to have been historically profitable for missionary institutions, as the collections were/are mostly located in the contexts from which the missionaries came and where visitors can pay or donate to see the exhibitions, which are unfamiliar to them, and where those from the societies from which the artefacts were taken cannot

---

29 Julian Cobbing in: Wingfield, Scarcely More Than a Christian Trophy Case, 125.
30 Wingfield, Scarcely More Than a Christian Trophy Case, 126.
31 An example is the Afrika Museum in Berg and Dal, The Netherlands (1958–2023), see De Witte, Unpacking Missionary Collections.
32 See Chimamanda Ngozi Adichie, The Danger of a Single Story. TED, in: YouTube 7 October 2009, https://www.youtube.com/watch?v=D9Ihs241zeg (6.2.2025).
33 Donna Varga and Rhoda Zuk in: Russell McDougall, »There are NO (Teddy) Bears in Africa«, in: Australasian Review of African Studies 38/1 (2017), DOI: 10.22160/22035184/ARAS-2017-38-1/105-128, 115 (6.2.2025).

exercise authority over them. This also applies to human remains, which were only experimented on and/or exhibited in colonising countries. This implies that collectors were aware that their actions in dehumanising Africans were racist[34] and unjustified. Collectors commodified the non-commodifiable – namely, human remains and epistemic and spiritual heritage. Returning human remains and artifacts signals recognition of this transgression and paves the way for repairing the relationship between those who perpetuate the transgression by holding such items in collections, and the communities of origin.

So far, we have explored how missionary collections were amassed through the spoils of war, specifically wherever they were amassed in the aid of colonial projects. We examined the motivations behind this accumulation, which include profit, the desire to demonstrate superiority, and the enforcement of racial inferiority through so-called race science. The consequences can be summed up as a loss of power, essence, and knowledge, resulting in epistemic injustice.

4. A Decolonial Epistemic Framework

A decolonial epistemic framework offers valuable insights for examining the persistent power dynamics at play within Western Christian missionary collections. This framework enables us to investigate how certain epistemologies are favoured or elevated above others. Such privileging can result, at its worst, in epistemicide – the systematic erasure or devaluation of diverse, colonised knowledge systems.[35]

The priority given to Eurocentric epistemologies undermines and harms non-Western epistemologies through, for example, coercing, encouraging, or forcing colonised societies to abandon their respective heritages to assimilate into Western cultures, including Western Christianity. This has driven what some scholars define as »epistemicide.«

---

34 Thandi Soko-de Jong, The Black Pete Debate and Second-Class Citizenship within Dutch Public Discourse. SocArXiv Pre-print, 2022, DOI: https://doi.org/10.31235/osf.io/rdhk6 (6.2.2025).
35 For a discussion on justice and a decolonial perspective on epistemology see Boaventura de Sousa Santos, Epistemologies of the South. Justice against Epistemicide, London/New York 2016, viii.

Concerning Christian missionary activities in Africa generally, the immersion of colonised Africans into the faith included conversion (including baptism and the adoption of Westernised or Christian names), education in Christian missionary schools, and relinquishing indigenous spiritualities, customs, rituals, and practices.[36] As the newly converted abandoned or lost their spiritual norms and the symbols associated with those norms, the »acquisition and exhibition histories of ritual figures made clear how missionary and colonial interests overlapped and worked together to abolish certain local practices.«[37] Those that assimilated to the norms of the missionaries in their context gradually adopted their epistemic values. Such spiritualised processes of epistemicide have been described by scholars like Vuyani Vellem as »spiritualicide.«[38]

4.1 Spiritualicide

Ramos Grosfoguel argues that in addition to genocide (through which some human remains in collections were acquired) and epistemicide, »another form of killing accompanied these worldwide processes of conquest namely, spiritualicide, meaning the destruction of the spirituality (spiritualicide) of the conquered.«[39] As discussed above, Christian missionary encounters participated in the colonisation processes through which colonial »subjects« lost their spiritual – alongside technological (such as healing and agricultural practices) and cultural – ways of knowing. Illustrating such processes in his novel titled *The Poor Christ of Bomba*, Mongo Beti examines a fictional mission centre in 1930s Cameroon when it was under colonisation. The narrative is told from the perspective of Denis, a young boy at the mission who recounts the conflicts between the missionaries and the community members. The conflicts are characterised by moral crises that culminate in one of the mission's leaders, Father Drumont,[40]

---

36 For examples of how Christian missionaries converted colonised societies, see Kenneth R. Ross, Christianity in Malawi. A Source Book, Mzuzu 2020.
37 De Witte, Unpacking Missionary Collections see footnote 7.
38 See Vuyani Vellem, Tiyo Soga. Violence, Disruption and Dislocation in the White Polis, in: HTS Teologiese Studies/Theological Studies 72/1 (2016), a3563, DOI: http://dx.doi.org/10.4102/hts.v72i1.3563 (6.2.2025).
39 2013 in Vellem, Tiyo Soga, 4.
40 Mongo Beti, The Poor Christ of Bomba (originally published as *Le Pauvre Christ de Bomba*), Long Grove 1956, 147.

grappling with his faith and the effectiveness of his mission.[41] Denis observes that Father Drumont questions the sincerity of the villagers' conversion to Christianity and the role of missionaries in the colonial context:[42]

> »I'm beginning to wonder myself whether the Christian religion really suits us, whether it's really made to the measure of the [B]lacks. I used to believe it firmly, for didn't Jesus Christ say to his disciples: ›Go and announce the Good Tidings to all the peoples of the earth?‹ But now, I'm not so sure […] was He definitely including us?«[43]

Having failed to »win over« the community members, the mission collapses,[44] with the missionaries returning to Europe. Perhaps, from the perspective of agency, the story is an example of equal agency whereby missionaries assert their belief system but the colonised opt to remain within their societal values and thereby avert epistemicide and spiritualicide.

Over time, missionaries developed innovative methods to achieve higher conversion rates. These strategies included commissioning Africans to engage in evangelisation and the construction of infrastructure like schools, churches, and hospitals, which often prioritised services for Christian converts. In cases where missionary interventions were perceived as successful, societies had abandoned their spiritual traditions and adopted the missionaries' Christian faith. Where missionaries were seen as less successful, host societies had either rejected their interventions or remained indifferent; or later returned to their own knowledge systems, which were better grounded in their local realities.

The abandonment of one's traditions, this paper argues, is a process of spiritualicide that involves the use of the combination of religion and the culture of a colonising society to both convert *and* spiritually and culturally assimilate the colonised.[45] In biblical narratives, this assimilation can be illustrated by Genesis 27, where Isaac, whose eyesight is failing, observes that Jacob (posing as Esau) sounds like himself but has the hands of Esau (verse 23). Similarly, an assimilated individual or society may express themselves (such as through epistemic traditions) in ways that differ from their social and cultural heritage. In other words,

---

41 Beti, The Poor Christ of Bomba, 189.
42 Beti, The Poor Christ of Bomba, 189.
43 Beti, The Poor Christ of Bomba, 189.
44 Beti, The Poor Christ of Bomba, 147.
45 Father Kelvin Ugwu, The Arab Culture and Islamic Faith, in: Facebook, May 6, 2023, https://web.facebook.com/frkelvinugwu (6.2.2025).

the methods used by Christian missionaries within the colonial framework positioned the converted individual or society to mimic the coloniser at the expense of their heritage, identity, and agency.

Biblical justifications for spiritualicide include interpretations of the mandate to spread the Gospel (Matthew 28:19)[46] and passages like Acts 17:30.[47] These may be understood as suggesting that some societies exist in ignorance without valuable epistemologies of their own. Thus, missionary encounters often took on the colonial logic of viewing the colonised societies as the ignorant »other« in need of conversion. Conversion methods in such conditions did not prioritise freewill.[48] Rather, conversion was experienced as psychological violence.[49]

As power is a defining factor in epistemicide and spiritualicide, we turn now to Dastile and Ndlovu-Gatsheni. They argue that the »coloniality of knowledge is very important because it speaks directly to the dilemmas of invasion of imagination and colonisation of the minds of Africans, which constitutes epistemological colonisation.«[50] A decolonial epistemic framework examines the impact of the past, which »is not really past, since the legacies of colonial racism and exoticism are still with us«.[51] As such, a decolonial epistemic perspective builds on the decolonisation discourse by emphasising that the concepts of *power*, *being*, and *knowledge* are all embedded in coloniality and how it operates. Therefore, as a critical social theory, the decolonial epistemic perspective

> »aims to critique and possibly overcome the epistemological injustices put in place by global imperial designs and questions and challenges the long-standing claims of Euro-American epistemology to be universal, neutral, objective, disembodied, as well as being the only mode of knowing.«[52]

---

46 »Go ye therefore, and teach all nations, baptizing them in the name of the Father, and of the Son, and of the Holy Ghost« (King James Version).
47 »In the past God overlooked such ignorance, but now he commands all people everywhere to repent« (New International Version).
48 John Boopalan, The Politics of Scripture. Resisting Colonial Logic in Christian Thinking. Political Theology Network 8 May 2023, https://politicaltheology.com/resisting-colonial-logic-in-christian-thinking-2/ (6.2.2025).
49 De Witte, Unpacking Missionary Collections.
50 Nontyatyambo Pearl Dastile/Sabelo J. Ndlovu-Gatsheni, Power, Knowledge and Being. Decolonial Combative Discourse as a Survival Kit for Pan-Africanists in the 21st Century, in: Alternation 20/10 (2013), 111.
51 De Witte, Unpacking Missionary Collections.
52 Sabelo J. Ndlovu-Gatsheni, Perhaps Decoloniality is the Answer? Critical Reflections on Development from a Decolonial Epistemic Perspective, in: Africanus. Journal of Development Studies (2013), https://hdl.handle.net/10520/EJC142701, 7 (6.2.2025).

In other words, a decolonial epistemic perspective continually interrogates concepts of power, being, and knowledge. Thus, using it as a framework helps us in approaching missionary collections through a critical analysis that recognises continued asymmetrical power relations that may exist. Thus, concerning missionary collections and restitution discourses, the framework can guide the interrogation of the dichotomous »constructions of the Global North and South, the core and periphery, theory and practice.«[53] These dichotomies have also contributed to efforts to strip artefacts of their spiritual functions and roles within their original context, reducing them to mere »collected items«. Kapatika describes this as »the uncharitable disassociation of ›philosophy‹ and epistemology from African history, artefacts and culture.«[54]

4.2 Some Reactions to the Loss of Artefacts

The Martinican revolutionary, Aimé Césaire (1913–2008), wrote[55] on colonialism in light of the Second World War, arguing that the violence of empire meted out on colonial territories had reverted to Europe in the form of fascism. He used the term »Negritude« (which he coined to define Black consciousness and pride) to argue for the recognition of African epistemologies as a counter to colonisation's brutality. He rejected the notion that colonisation had any value for the colonised, arguing that racism ultimately defined modern Western society, its principles of capitalism, and the metropole/periphery dynamic of colonisation it had created.[56]

Against this background, Césaire's criticism of the psychological impact of missionary encounters is that Christian missionaries did not address the violence, racism, exploitation, and destabilisation of colonisation. Responding to the popular book *Bantu Philosophy* (1945) by Placide Tempels, a Belgian Franciscan

---

53 Harry Wilson Kapatika, Epistemicide, Historicide and Ethnocide. Cases for the Restitution of the Artefacts of African Knowledge. Roots and Routes: Research on Visual Cultures 15 July 2022, https://www.roots-routes.org/epistemicide-historicide-and-ethnocide-cases-for-the-restitution-of-the-artefacts-of-african-knowledge-by-harry-wilson-kapatika/ (14.2.2025).
54 Kapatika, Epistemicide, Historicide and Ethnocide.
55 See Aimé Césaire, Discourse on Colonialism (French: *Discours sur le colonialisme*). An Essay, Paris/Dakar 2001.
56 This paragraph's summary is based on Robin Kelly, Aimé Césaire – Poet, Politician Activist, 1913–2008, Interview on Democracy Now! YouTube 2008, https://www.youtube.com/watch?v=dG8rvp0BmOg (6.2.2025).

missionary to the Congo (now the Democratic Republic of the Congo), Césaire argues that the goal of missionaries' studying African heritage was to aid colonisation. Before Tempels' publication, colonialists generally held the Hegelian view that intellectual pursuits like philosophy were »the unique *telos* of Western civilisation.«[57] However, though Tempels recognised that the premise held by colonialists was false, his intention in studying the philosophy of the African people groups among whom he lived was not for the purpose of appreciating their intellectual pursuits but to be more efficient in Christianising them.[58] From Césaire's perspective, therefore, this was an attempt »to reform colonialism in order to perpetuate it.«[59]

Let us turn to a comparison of ressentiment and memorabilis to highlight the psychological impact of colonisation. The former applies more to colonising entities and the latter to the colonised, but both indicate the degradation of colonisation for both the coloniser and the colonised.

Ressentiment: Nietzsche and Fanon

Aimé Césaire's mentee Frantz Fanon (1925–1961) goes further by proposing that colonial projects (and Christian missions that supported colonisation, I would add) were in line with Friedrich Nietzsche's (1844–1900) theory of *ressentiment*.[60] *Ressentiment*, according to Nietzsche, was »a generalised form of resentment arising out of powerlessness and the experience of brutalisation neither forgotten nor forgiven.«[61] This resentment »is seen historically as a sentiment that is saturated with frustration, contempt, outrage, and malevolence«[62] and began with the »distinction between the nobility and the common people«[63] in the European societies that were built on such socio-political hierarchies. The hierarchies consisted of »masters,« that is the hereditary nobility that included »those

---

57 Souleymane Bachir Diagne, Négritude, in: Stanford Encyclopedia of Philosophy 2023, https://plato.stanford.edu/entries/negritude/ (6.2.2025).
58 Diagne, Négritude.
59 Diagne, Négritude.
60 Frantz Fanon, Black Skin, White Masks, New York 2008, 197.
61 See Friedrich Nietzsche, The Will to Power, London 2017.
62 Warren D. TenHouten, From Ressentiment to Resentment as a Tertiary Emotion, in: Review of European Studies 10/4 (2018), 49.
63 TenHouten, From Ressentiment to Resentment, 51.

who fought (the ›knights‹) and those who prayed (the ›priests‹), with the common people being those who worked«[64] (the enslaved).

From a psychological perspective, therefore, the violence of colonisation was part of this dynamic of self-degradation brought on by resentment – fuelled by frustration, contempt, outrage, and malevolence. For Nietzsche, Christianity fostered resentment by promoting the idea that all individuals had equal worth because they were made in the image of God. This notion undermined the authority of the »master class,« whom he considered best equipped to lead and advance society. Nietzsche believed that resentment could be eliminated if social hierarchies were accepted as the natural and proper order.[65] Unsurprisingly, such ideas were used to justify colonisation and the perception of non-Europeans as inferior. Fanon responds by countering that the desired solution is to refocus »attention on the basic values that ground the human world, the world of mutual recognition.«[66]

Memoria Miserabilis

Writing from her African American context, Joy DeGruy describes *post-traumatic stress* as a form of trauma passed down generationally.[67] This aspect of multigenerational trauma is exacerbated by ongoing oppression and the inability to access societal benefits.[68] Vellem describes a similar trauma phenomenon, which he defines as *memoria miserabilis*; the memory of racism that is both past and ongoing;[69] the *ghost* of empire returns to haunt us in modernity and will continue to do so if it and its impact remain untouched.[70]

Regarding collections of African artefacts and human remains, we can expand on the discussion above by drawing on Sigmund Freud's theory of »mourning and melancholia«[71] to argue that these collections perpetuate *memoria miserabilis*.

---

64 TenHouten, From Ressentiment to Resentment, 51.
65 See Friedrich W. Nietzsche, The Antichrist (German: *Der Antichrist*, 1895), New York 1918.
66 José A. Haro, Ressentiment, Violence, and Colonialism. PhD Thesis, University of South Florida 2014, https://digitalcommons.usf.edu/cgi/viewcontent.cgi?article=6230&context=etd (6.2.2025).
67 Joy DeGruy, Post Traumatic Slave Syndrome. America's Legacy of Enduring Injury and Healing, Milwaukee 2005.
68 DeGruy, Post Traumatic Slave Syndrome, 125.
69 Vuyani Vellem, ›Cracking the Skull of Racism in South Africa Post-1994‹, in: Roderick R. Hewitt/ Chammah J. Kaunda (eds.), Who is an African? London 2018, 37.
70 Vellem in Soko-de Jong, Post-Liberation, 6f.
71 The translation of the essay titled »Trauer und Melancholie« is available in English in the following publication: Sigmund Freud (1914–1916), The Standard Edition of the Complete Psychological Works of Sigmund Freud, Volume XIV, On the History of Psycho-Analytic Movement, Papers on

Freud's theory posits that »pain is a shared feature of both grief and depression.«[72] In grief, an individual or society grieves the loss of a specific person or people. In contrast, in melancholia (depression), the ego is harmed by loss. However, though »the processes underlying melancholia may be triggered by an external loss, the recognition of the loss and its implications often remains unconscious.«[73] This may manifest through loss of dignity and trauma responses, which include loss of self-esteem, self-contempt, and a negative self-regard.[74] Arguably, concerning the loss of artefacts and human remains, the impossibility of closure – since many remain in exhibitions or collections outside Africa – means that both grief and melancholia, and the trauma they cause, persist. Examples concerning human remains include the removal and holding in collections and/or exhibitions of the remains belonging to Sarah (Saartjie) Baartman (1789–1815),[75] victims of the Herero genocide (1904–1907/8),[76] Ngoni leader Songea Mbano (a leader of the Maji Maji Uprising, 1905–1907)[77] and Patrice Lumumba (1925–1961).[78]

In light of *memoria miserabilis*, restitution and reparation »are at the heart of the very possibility of the construction of a common consciousness of the world, which is the basis for the fulfillment of universal justice.«[79] Achille Mbembe explains this as the ethic of restitution and reparation which »implies the recognition of what we might call the other's share, which is not ours, but for which we

---

Metapsychology and Other Works, London, 1981, 243–258, https://www.sas.upenn.edu/~cavitch/pdf-library/Freud_MourningAndMelancholia.pdf (6.2.2025).
72 Tormod Knutsen, The Dynamics of Grief and Melancholia. Tidsskrift for den Norske laegeforening: tidsskrift for praktisk medicin, ny raekke, 2020, 140/5, DOI: 10.4045/tidsskr.19.0504, 1 (6.2.2025).
73 Knutsen, The Dynamics of Grief and Melancholia, 1.
74 Knutsen, The Dynamics of Grief and Melancholia.
75 See, for example, Siphiwe Gloria Ndlovu, ›Body‹ of Evidence. Saartjie Baartman and the Archive, in: Natasha Gordon-Chipembere (ed.), Representation and Black Womanhood, New York 2011, DOI: https://doi.org/10.1057/9780230339262_2 (6.2.2025).
76 See, for example, Vilho Amukwaya Shigwedha, The Return of Herero and Nama Bones from Germany. The Victims' Struggle for Recognition and Recurring Genocide Memories in Namibia, in: Élisabeth Anstett/Jean-Marc Dreyfus (eds.), Human Remains in Society. Curation and Exhibition in the Aftermath of Genocide and Mass-Violence, Manchester Scholarship Online 2017, DOI: https://doi.org/10.7228/manchester/9781526107381.003.0009 (6.2.2025).
77 See, for example, Yann LeGall, Songea Mbano and the ›Halfway Dead‹ of the Majimaji War (1905–7) in Memory and Theatre. Human Remains and Violence, in: An Interdisciplinary Journal 6/2 (2020), DOI: https://doi.org/10.7227/HRV.6.2.2 (6.2.2025).
78 See, for example, Tawanda Ray Bvirindi et al., Remembering Lumumba's Dismembered Body-Polity through Amin, in: Politikon 50/4 (2023), 407–418, DOI: doi:10.1080/02589346.2023.2280866 (6.2.2025).
79 Achille Mbembe, Critique of Black Reason, Durham/London 2017, 182.

are nevertheless the guarantor, whether we want to be or not.«[80] He adds that this share of the other »cannot be monopolised without consequences with regard to how we think about ourselves, justice, law, or humanity itself, or indeed about the project of the universal, if that is in fact the final destination.«[81] As such, reparation is necessary to help address »the cuts and scars left by history which prevent the realisation of community.«[82] Thus, restitution is also necessary for justice and equitability in addressing a history of epistemological erasure, which has resulted in »longstanding casualties of an ongoing process of historical, cultural, and epistemic injustices.«[83]

4.3 Missionary Collections, Restitution, and a Decolonial Epistemic Framework

Following from the preceding discussion, Christian missionary collections that are considering what to do with their collections ought to first acknowledge that the colonial circumstances through which the objects were acquired, displayed, and used »often involved strong hierarchies and violence.«[84] In turn, those considering restitutions ought to acknowledge that »any restitution debate which does not consider the disastrous consequences on local knowledge systems through the unfair acquisition and dislocation of African artefacts is firmly entrenched in colonial assumptions and is thoroughly unreasonable.«[85] Thus far, we have discussed some ways in which the power dynamics present in the history of Western Christian missionary activities have been shaped by colonial frameworks. These frameworks aided in the abuse of power, the dehumanisation of individuals and their societies, and the suppression or sidelining of the perspectives of many who were/are the targets of missionary activities. What does *just repair* look like for the harm caused?

---

80 Mbembe, Critique of Black Reason, 182f.
81 Mbembe, Critique of Black Reason, 183.
82 Mbembe, Critique of Black Reason, 183.
83 Kapatika, Epistemicide, Historicide and Ethnocide.
84 de Witte, Unpacking Missionary Collections.
85 de Witte, Unpacking Missionary Collections.

5. Just Repair: Decolonising the »Restitution« Conversation

This paper argues for just approaches to repairing the harm, proposing the *just repair* approach. *Just repair*, as opposed to transactional repair and non-repair, brings together the terms »justice« and »reparations.« The two terms address the reality that the capture of cultural heritage has caused harm to communities and that this harm persists as long as their heritage remains held as loot. The healing process is supported by the return of these items, as this can help communities restore and repair the damage inflicted on their epistemic heritage.

5.1 Justice

Justice can be interpreted in diverse ways. In discussing just repair, this paper focuses on the legal and moral interpretations of the concept. From a general legal perspective:

> »Justice is the ethical, philosophical idea that people are to be treated impartially, fairly, properly, and reasonably by the law and by arbiters of the law, that laws are to ensure that no harm befalls another, and that, where harm is alleged, a remedial action is taken – both the accuser and the accused receive a morally right consequence merited by their actions.«[86]

Although legal justice is bound by context, the general principle is that individuals and communities within and across societies have an inherent right to be treated in a fair, impartial, and humane way. Justice, therefore, is meant to ensure that this inherent right is never violated for any reason.

From a moral perspective, some Christian theological traditions draw from biblical concepts like *mishpat* to define justice. *Mishpat* is a »consistent Biblical principle of justice making« mentioned over 400 times in the Bible.[87] This Hebrew word for justice »has historical antecedents that transcend Christianity.«[88]

---

[86] Legal Information Institute. Justice. Wex: Legal Information Institute's Legal Dictionary and Legal Encyclopedia, https://www.law.cornell.edu/ (6.2.2025).
[87] C L Nash, Faith and Activism Series: Mishpat as a Counter-Narrative to Nationalism. Faith and Activism, 1 September 2020, https://religioninpublic.leeds.ac.uk/2020/09/01/fa-series-mishpat-as-a-counter-narrative-to-nationalism/ (6.2.2025).
[88] Nash, Faith and Activism Series.

It is applied to raise »a social consciousness to remember [that is, to treat justly] the most vulnerable in society.«[89] The emphasis is, thus, on the just treatment of all as a moral good through which faith is enacted. This moral perspective is akin to the legal perspective in that both are concerned with protections, ensuring that marginalisation of any kind is not normalised.

5.2 Reparations

Like the concept of justice, »reparations« can be defined in various ways. A useful legal definition for this discussion describes reparations as payments »to redress violations of human rights by providing a range of material and symbolic benefits.«[90] Reparations thus include restitution, compensation, rehabilitation, and satisfying the redress of violations.[91] Concerning the return of artefacts held by collections, including missionary collections, reparations must necessarily entail the redress of violations that consider the epistemic, heritage, and human losses inflicted on the original communities due to collectors' capture of the artefacts and remains. Furthermore, reparations must address the commodification of the non-commodifiable – namely, human remains and epistemic and spiritual heritage.

Within Christian traditions, the Zacchaeus narrative offers an example of a comprehensive ethic for addressing harms inflicted on vulnerable members of society by an official who was abusing his power over them. Convicted by Jesus' teachings, Zacchaeus went beyond offering restitution by returning the money out of which he had cheated taxpayers. He offered to repay four times the amount taken (Luke 19:8). This was likely his acknowledgement of the fact that he had profited both financially and through the power that enabled him to manipulate community members. As such, he recognised that a just response was to go beyond restitution toward reparations so that he would not have the means to continue to benefit from the wealth he had gotten unjustly.

Although Zaccheus's reparations narrative is welcome in many Christian traditions, its application to the legacies of the chattel enslavement of Africans and

---

89 Nash, Faith and Activism Series.
90 United Nations, Reparations. OHCHR and Transitional Justice 2024, https://www.ohchr.org/en/transitional-justice/reparations (6.2.2025).
91 For definitions, see, United Nations, Reparations.

their colonisation remains contested. One reason for the reluctance or outright opposition to reparations for the legacies of this history is the denial that the processes involved in colonisation were sinful, morally wrong, and unjust, obscuring the profound harm they caused in facilitating and perpetuating systems of oppression.

Another challenge is the historical bias towards reparations. Plantation owners received compensation as indemnity for emancipated enslaved people[92] – while freed enslaved people and their descendants received »not a penny.«[93] Similarly, colonised territories received no compensation while the nations that colonised them imposed measures to compensate themselves for so-called »independence debt,« that is, the cost of the »gift«[94] of their being civilised. Colonising states also used other means to recover and continue gaining profits after the transatlantic enslavement of Africans was abolished. For instance, N'Dongo Samba Sylla, Fanny Pigeaud, and Chris Dite note:

> »After the abolition of slavery, huge ›reparations‹ were paid to the French former slave owners. These were used in part to establish colonial banks in Africa, later joined by others, which would strive to ensure that French domination would endure post-slavery by maintaining ›the colonial pact.‹«[95]

From the perspective of just repair, the examples above do not constitute reparations based on justice, as they are biased towards those who held/hold the power to determine the terms of the reparations process. Concerning the return of objects, restitution is a goal, but it cannot be the sole goal. Relegating communities of origin to the passive role of only receiving their artefacts and human remains back is unjust as it privileges those who hold the power to determine the process. *Just repair* argues for centring the communities of origin as the one to decide what constitutes restitution, compensation, and rehabilitation that is just.

---

92 See, for example, Anton De Kom, We Slaves of Suriname, Cambridge 2022, 29.
93 De Kom, We Slaves of Suriname, 30.
94 Craig Simon Blunt, (Re)interpreting Integration. A Study of Colonial Reform during the Algerian War (1954–62). PhD Thesis, Coventry: University of Warwick 1999, 30.
95 Ndongo Samba Sylla et al., Africa. How France Continues to Dominate Its Former Colonies in Africa. Committee for the Abolition of Illegitimate Debt 26 April 2021, https://www.cadtm.org/Africa-How-France-Continues-to-Dominate-Its-Former-Colonies-in-Africa (14.2.2025).

6. Conclusion

Achieving true *just repair* in the restitution of missionary collections requires moving beyond simplistic notions such as »dialogue« and »mutual growth.« Instead, it demands embracing a decolonial framework that recognises historical power imbalances, epistemicide, and spiritualicide. Acknowledging and addressing these historical harms is essential in the process of the genuine healing of those harms. *Just repair* centres communities of origin in restitution processes, affirming their rightful authority to determine the appropriate course for restitution, including compensation, preservation, and the rehabilitation of their artefacts and human remains. *Just repair* also underscores that the physical return of items must be accompanied by comprehensive material and symbolic reparations that acknowledge and compensate for the harms inflicted through colonial collection, including the exploitation of these items for propaganda, fundraising, and institutional benefit. Through such approaches, the restitution process itself can become decolonial, offering a model for truly just and reparative restoration of cultural heritage.

(Thandi Soko-de Jong is a PhD Student (Theology) at the University of the Western Cape, Cape Town, South Africa.)

ABSTRACT

Das Konzept der gerechten Wiedergutmachung betont nicht nur die Rückgabe von Objekten und sterblichen Überresten an ihre Herkunftsgemeinschaften, sondern plädiert auch für Entschädigungen für (a) die durch ihre Erbeutung verursachten Schäden und (b) die ungerechtfertigten materiellen und kulturellen Gewinne und Profite aus diesen Sammlungen. Der Beitrag beginnt mit einer Darstellung der wichtigsten theologischen und kolonialen Rahmenbedingungen, die den Missionssammlungen und ihren Hinterlassenschaften zugrunde liegen. Es folgt eine Darstellung des dekolonialen epistemischen Rahmens von Dastile und Ndlovu-Gatsheni, um die anhaltende asymmetrische Machtdynamik zu analysieren und die Möglichkeit einer gerechten Wiedergutmachung bzw. Rückgabe von Kulturgut und menschlichen Überresten zu diskutieren.

WEITERE BEITRÄGE

Afrokubanische Impulse für christliche Theologie

Clara Luz Ajo Lázaro im Gespräch mit der *santería*

Roland Spliesgart

1. Ein neuer Blick auf Kuba

In theologischer Hinsicht ist Kuba weitgehend *terra incognita* – so lautet das Urteil der kubano-(US-)amerikanischen Theologin Michelle A. Gonzalez Maldonado.[1] Zwar gäbe es zahlreiche Befreiungstheologien sowohl in Kontexten Lateinamerikas als auch von Latino-Gemeinden in den USA, jedoch würden dabei die Besonderheiten kubanischen und im Besonderen afrokubanischen religionskulturellen Lebens kaum berücksichtigt. Demgegenüber stellt Gonzalez fest:

> »The experience of the Divine is indeed found in the religious faith and expression of Afro-Cubans, and they merit the full and rapt attention of the theological academy.«[2]

Der vorliegende Beitrag stellt das Werk der kubanischen Theologin Clara Luz Ajo Lázaro vor, die von 1981 bis zu ihrer Emeritierung 2023 den Lehrstuhl für Systematische Theologie am *Seminário Evangélico de Teologia* (SET) in Matanzas (Kuba) innehatte und der anglikanischen Kirche Kubas angehört.[3] Ihre Arbei-

---

1 Michelle A. Gonzalez, The Virgen and the Scholar. Afro-Cuban Contributions to Latino/a and Latin American Theologies, in: Maria Pilar Aquino/Maria José Rosado-Nunes (Hg.), Feminist Intercultural Theology, Maryknoll/ New York 2007, 125–144, hier: 125f.
2 Gonzalez, Virgen, 139.
3 Clara Luz Ajo Lázaro hat in Kuba Musik, Theologie (Licenciatura 1969) und Mathematik studiert. In Brasilien konnte sie sich an der *Universidade Metodista de São Paulo* in Religionswissenschaften mit Arbeiten bei Prof. Jaci Correia Maraschin 1994 über »Feministische Theologie im lateinamerikanischen Kontext« (Cristologia Feminista no Contexto Latino-Americano: Mestrado) und 1998 über den »Körper im Fest des Heiligen« (O corpo na festa do sagrado: Doutorado) weiterqualifizieren.

ten zu afrokubanischer religiöser Tradition sind ebenso singulär wie innovativ, insofern sie diese aus theologischer Perspektive als eigenständige und komplexe Religion wahrnimmt und in ein konstruktives Gespräch mit dem Christentum bringt.

Mit ihrer wertschätzenden Haltung knüpft Clara Luz an die akademischen Betrachtungen afrolateinamerikanischer Religiosität an, die bislang vor allem im brasilianischen Kontext angestellt wurden. Wegweisend ist hier die Bonner Dissertation des katholischen Theologen Volney Berkenbrock, der Möglichkeiten theologischer Anknüpfungspunkte zwischen afrobrasilianischem Candomblé und Katholizismus ausgelotet hat.[4] Damit wird die bisherige und bis heute vorhandene christlich-theologische Perspektive durchbrochen, nach der afroamerikanische Religionen zumeist unter dem Verdikt von »Aberglaube«, »rückständige Religion«[5] oder »Synkretismus«[6], bestenfalls als Teil der »Volksreligiosität«[7] betrachtet werden.

Von den übrigen lateinamerikanischen Studien unterscheidet sich die Arbeit von Clara Luz an einigen Punkten. Bereits die religionskulturelle Struktur Kubas konstituiert einen Sonderfall, denn hier spielen afrikanische Traditionen eine dominierende Rolle[8] – anders als in Brasilien, das auf eine ähnliche Migrationsgeschichte zurückblickt. Darüber hinaus reflektiert Clara Luz erstmals als Protestantin Erfahrungen, die sie vor allem während ihrer Praxis in anglikanischen

---

4 Volney Berkenbrock, Die Erfahrung der Orixás. Eine Studie über die religiöse Erfahrung im Candomblé, Bonn 1995; vgl. Leslie Chaves, Religiões de matriz africana e cristianismo: um diálogo possível? Entrevista especial com Volney J. Berkenbrock, IHU online, (Edição 477), November 2015, https://www.ihuonline.unisinos.br/artigo/6247-volney-j.-berkenbrock (1.7.2024).

5 Vgl. Berkenbrock, Erfahrung, 11; CEHILA (Hg.), História da igreja no Brasil. Segunda época: A igreja no Brasil no Século XIX, Petrópolis ³1992, 286–291; Andreas Hofbauer, Candomblé – Der Weg einer ethnischen Religion ins globale Zeitalter, in: Werner Zips (Hg.), Afrika und ihre Diaspora. Out of Africa – Into New Worlds, Münster 2003, 417–445, hier: 417; Laënnec Hurbon, Evangelização no Caribe, in: Eduardo Hoornaert (Hg.), História da igreja na América Latina e no Caribe 1945–1995. O debate metodológico, Petrópolis 1995, 141–160, hier: 153; Klaus Koschorke, Grundzüge der Außereuropäischen Christentumsgeschichte. Asien, Afrika und Lateinamerika 1450–2000, Tübingen 2022, 262f.

6 Vgl. Mariano Delgado, Katholizismus in Spanien, Portugal und ihren Weltreichen, in: Jens Holger Schjørring u. a. (Hg.), Geschichte des globalen Christentums. Teil 1: Frühe Neuzeit, Stuttgart 2017, 45–130, hier: 74; Frank Biebinger, Auf der Suche nach Gottes Angesicht. Candomblé und Katholizismus im Dialog. Eine Fallstudie, Berlin 2000, 283–293, 319 u. a.

7 Vgl. Martin Dreher, Lateinamerika und die Karibik im 19. Jahrhundert, in: Jens Holger Schjørring u. a. (Hg.), Geschichte des globalen Christentums. Teil 2: 19. Jahrhundert, Stuttgart 2017, 489–513, hier: 504.

8 Vgl. Roland Spliesgart, Yoruba – Santería – Jazz Batá. Lateinamerikanische Befreiungstheologie und sozialistischer Realismus in Kuba, in: ZMiss 47/1 (2021), 35–67, hier: 48–50.

Gemeinden gesammelt hat. Dies ist insofern neu, als afrolateinamerikanische Religionen ansonsten ausschließlich im katholischen Milieu als Teil der sogenannten Volksreligiosität verortet werden.[9]

Dabei geht Luz in ihren theologischen Folgerungen weit über bisherige Ansätze hinaus.[10]

Der folgende Beitrag will in erster Linie die Arbeiten von Clara Luz bekannt machen. Daher folgt die Darstellung im Wesentlichen dem Duktus ihrer Argumentation, was zu folgenden methodischen Konsequenzen führt. (1.) Da die afrokubanischen Religionen keine schriftlich fixierte Theologie ausgebildet haben, ist man bei ihrer Beschreibung immer auf die Beobachtungen Außenstehender oder die Berichte von Anhänger*innen angewiesen. In der wissenschaftlichen Tradition Kubas dominieren die Forschungsarbeiten von Lydia Cabrera[11] und Miguel Barnet[12], die damit auch entscheidend zur Konstruktion der afrokubanischen Religionen beigetragen haben. Luz folgt ihnen weitgehend und zeigt damit, wie sie als protestantische Theologin die afrokubanischen Religionen sieht und vielfach essentialisiert. (2.) Der von Luz intendierte Dialog ist eher eine protestantisch-theologische Reflexion *über* afrokubanische Theologie und Praxis, denn ein reales Gespräch. Als »interreligiöses Selbstgespräch« stellt es eine wichtige Initiative für zukünftige Dialoge dar und liefert wichtige Impulse für weitere theologische Reflexionen innerhalb der Kirchen Kubas und darüber hinaus.

2. Eine besondere religiöse Kultur in Kuba

Clara Luz ist Anhängerin der Theorie einer kubanischen Nationalkultur, die durch die verschiedenen Migrationen im Laufe der letzten fünf Jahrhunderte als Ergebnis eines Prozesses der Transkulturation entstanden ist.[13] Damit folgt sie

---

9 Vgl. Biebinger, Suche, 60–67; Koschorke, Grundzüge, 218.
10 Vgl. Berkenbrock, Erfahrung, 236–273; Biebinger, Suche, 283–326.
11 Vgl. Lydia Cabrera, El monte, La Habana 2018.
12 Vgl. Miguel Barnet, Afrokubanische Kulte. Die Regla de Ocha. Die Regla de Palo Monte, Frankfurt a. M. 2000.
13 Vgl. zum Folgenden Clara Luz Ajo Lázaro, Jesus and Mary Dance with the Orishas. Theological Elements in Interreligious Dialogue, in: Aquino/Rosado-Nunes (Hg.), Theology, 108–124, hier: 110–113; Dies., Die Spiritualität unserer Vorfahren, in: Concilium 36 (2000), 568–575, hier: 568f.

der Theorie der *transculturación* des kubanischen Soziologen Fernando Ortiz[14] und verortet sich innerhalb der Bewegung des *afrocubanismo*. Diese war in den 1920er Jahren entstanden und unter anderem von der Literaturwissenschaftlerin und Literatin Lydia Cabrera theoretisch fundiert worden.[15] Sie wandte sich zum einen gegen eine – v. a. von liberalen weißen Forschern vertretene – Sichtweise, wonach die afrikanische Kultur und Religion durch Assimilation verschwinden würde, und zum anderen gegen deren Abwertung durch Exotisierung – wie sie in der Bewegung des *negrismo* angelegt sei.[16] Demgegenüber vertritt der *afrocubanismo* die Idee einer zusammengesetzten kreolischen multikulturellen Identität, in der das Afrikanische zentral ist.

Innerhalb der kubanischen Nationalkultur – so Luz weiter – spiele die Religion eine zentrale Rolle: »The religious factor is a decisive component in the whole formation process of the Cuban ethnic character«[17]. Heute könne daher von einem nationalen afrokubanischen religiösen Universum ausgegangen werden, das im Wesentlichen von der als *regla de ocha* oder *santería* bezeichneten religiösen Tradition der Yoruba, einer kulturellen Gruppe aus dem Gebiet des ehemaligen Königreichs Dahomey in Westafrika, geprägt sei.[18] Die *santería* ist eine aus den verschiedenen Traditionen der aus Afrika verschleppten Sklaven[19] sowie einigen anderen Elementen – des Christentums sowie des Spiritismus – seit dem 17. Jahrhundert in Kuba entstandene Religion.

Auf eine differenzierte Behandlung der unterschiedlichen afrokubanischen Kulte wird in diesem Zusammenhang verzichtet.[20] Vielmehr folgt die Verwendung des Begriffs »afrokubanische Religion(-en)« der Argumentation von Luz,

---

14 Vgl. Fernando Ortiz, Contrapunteo Cubano del tabaco y el azúcar, La Habana ²1963; Roland Spliesgart, Ortiz' Konzept der Transkulturation, in: ZMiss 49/1 (2023), 63–85.
15 Vgl. Gonzalez, Virgen, 130–134; Ingrid Kummels, Race on Stage, in: Zeitschrift für Ethnologie 136/2 (2011), 239–264, hier: 252–259.
16 Der *negrismo* ist eine politische und literarische Bewegung in den spanischsprachigen Antillen in der ersten Hälfte des 20. Jahrhunderts, die für die kulturelle Selbstbehauptung aller Menschen Afrikas und ihrer afrikanischen Herkunft eintritt. Er entspricht der Bewegung der *négritude* im französischsprachigen Raum.
17 Luz, Jesus, 110.
18 Vgl. Luz, Spiritualität, 568; Dies., Jesus, 110f.
19 Stephan Palmié, Das Exil der Götter, Frankfurt a. M. 1991, 97, nennt für das 17. Jahrhundert die Zahl von drei Millionen und für das 18. Jahrhundert von sechs Millionen Versklavten.
20 Der Ethnologe Miguel Barnet unterteilt das religiöse Feld der afrokubanischen Kulte in die »regla de ocha« oder »santería«, die ihren Ursprung im Kulturraum der westafrikanischen Yoruba hat, und die »regla de palo monte« oder »regla de congo«, die der zentralafrikanischen Bantukultur entstammt. Vgl. Barnet, Kulte. Aktuelle Ethnolog*innen differenzieren hier noch weiter.

die ihren Fokus auf die Tradition der *santería* legt und die Begriffe synonym gebraucht.[21] In dem Prozess der Transkulturation – so Luz – konnten die versklavten Afrikaner*innen ihre eigenen Traditionen gegenüber dem Christentum als dominierende Größe durchsetzen, indem sie ihre religiösen Ideen und Praktiken »mit Elementen eines ihnen aufgezwungenen Christentums tarnten«[22]. Luz folgt damit der in der einschlägigen Forschung mehrheitlich vertretenen Meinung, dass »die Praktizierenden afrokubanischer Religionen de facto keine Katholiken«[23] seien bzw. den Katholizismus sehr individuell interpretierten.[24]

3. Clara Luz Ajo Lázaro: Ansätze eines gleichberechtigten interreligiösen Dialogs

In ihren Arbeiten unternimmt Clara Luz den Versuch, einen theologischen Dialog zwischen der afrokubanischen religiösen Tradition und ihrer eigenen christlich-anglikanischen Tradition zu begründen.[25] Damit betritt sie in zweierlei Hinsicht Neuland: Indem sie als christliche Theologin die Initiative für einen Dialog ergreift, spricht sie sich zum einen für die volle Anerkennung der *santería* als

---

21 »*Santería*« bedeutet wörtlich »Heiligenglaube« und wurde ursprünglich von der katholischen Kirche zur Abwertung afrokubanischer Praktiken gebraucht. Heute bezieht sich *santería* im allgemeinen Sprachgebrauch auch als Sammelbegriff für alle Arten afrokubanischer Religionen. *Santería* im engeren Sinne bezeichnet dagegen nur die »religión yoruba«, die v. a. im Westen Kubas dominierend ist. Vgl. Ingrid Kummels, Grenzen über den Körper. Das Sakrale im sozialistischen Kuba, in: Shalini Randeria (Hg.), Border Crossings. Grenzverschiebungen und Grenzüberschreitungen in einer globalisierten Welt, Zürich 2016, 195–223, hier: 202f; Claudia Rauhut, Santería und ihre Globalisierung in Kuba, Würzburg 2012, 108.
22 Luz, Spiritualität, 568. Diese Sichtweise geht zurück auf Lydia Cabrera. Vgl. Gonzalez, Virgen, 133.
23 Michelle A. Gonzalez, Afro-Cuban Theology. Religion, Race, Culture, and Identity, Gainesville 2006, 93 (eigene Übersetzung); vgl. Dies, Gonzalez, Virgen, 133; Rauhut, Santería, 59; Palmié, Exil, 105. Zitate aus dem Spanischen und Portugiesischen werden im Folgenden in eigener Übersetzung wiedergegeben, englischsprachige Zitate werden nur im Fließtext übersetzt.
24 Kummels zitiert eine Bewohnerin Havannas, die ihre Religion mit den Worten beschreibt: »soy católica a mi manera« (ich bin auf meine Art katholisch), Ingrid Kummels, Agencia y género en los espacios religiosos institucionales e informales de Cuba, in: Juliana Ströbele-Gregos/Dörte Wollrad (Hg.), Espacio de género, Buenos Aires 2013, 272–287, hier: 277.
25 Vgl. zum Folgenden Clara Luz Ajo Lázaro, Sentir lo sagrado en el cuerpo, in: Ecaminos. Revista de Pensamiento Socio-teológico 13–14 (1999) (die angegebenen Seiten beziehen sich jeweils auf den eigenen Ausdruck der Internetversion), https://revista.ecaminos.org/sentir-lo-sagrado-en-el-cuerpo (1.7.2024); Dies., Sub la corriente. Un diálogo con la santería, in: Con-spirando. Revista latinoamericana de ecofeminismo, espiritualidad y teologia 36 (2001), 36–41.

vollgültige und gleichberechtigte Religion aus. Zum anderen rückt sie die Tatsache ins Bewusstsein, dass im Kontext der jahrhundertelangen religiösen Koexistenz beider Traditionen längst vielfache Kommunikationsprozesse auf der Ebene der Anhängerschaft stattgefunden haben. Insgesamt plädiert sie dafür, christlicherseits auf jedes Gefühl von Überlegenheit, Selbstgenügsamkeit oder gar von Chauvinismus zu verzichten.[26]

Ausgangspunkt der Arbeiten von Clara Luz ist ihr dezidert feministisch-theologisches Interesse in lateinamerikanischer Perspektive.[27] Dabei greift sie auf Ergebnisse ihrer Dissertation mit dem Titel »O corpo na festa do sagrado« (Der Körper im Fest des Heiligen) zurück, in der sie analysiert, wie in der afrokubanischen *santería* »der Körper behandelt wird, wie er in den Konzepten des Lebens und der menschlichen Existenz, in den Vorstellungen der Gottheiten, in den Mythen, Symbolen und schließlich in den Ritualen erscheint und verschwindet«[28].

Ziel ihres Vorgehens ist, sowohl »wertvolle alternative Elemente beider Traditionen ... als auch neue Werte«[29] herauszuarbeiten und auf diese Weise die christliche Tradition und Spiritualität um einige neue, befreiende Aspekte aus dem afrokubanischen Universum zu bereichern. Im Folgenden werden diejenigen theologischen Elemente der *santería* vorgestellt, die sich essentiell von christlichem Denken unterscheiden, aber gerade deswegen interessante Impulse für einen innovativen theologischen Prozess liefern.

4. Elemente der Santería

Die theologischen Besonderheiten der *santería* lassen sich unter den Gesichtspunkten »Gottesbild«, »Menschenbild«, »Ethik und Moral« sowie »Weltbild« zusammenfassen.

---

26 Vgl. Luz, Corriente, 36.
27 Vgl. Clara Luz Ajo Lázaro, Teología feminista y educación teológica. La experiencia cubana, in: Cuba Teológica. Revista del seminário evangélico de teología 39/1 (2021), 49–54, hier: 50.
28 Luz, Sagrado, 1.
29 Luz, Sagrado, 1.

4.1 Die Vorstellung eines höchsten, aber fernen Gottes

In der Tradition der Yoruba gibt es einen höchsten Gott: Olofin Olorun Oloddumare, der »das universale Gesetz, das ganze Universum, die Naturgesetze, das ganze Leben ... repräsentiert«[30] und die Welt, die Tiere und die Menschen sowie die *orishas*, die die Welt lenken, hervorvorgebracht hat.[31] Allerdings werden dazu keine theologischen oder philosophischen Aussagen über diesen höchsten Gott gemacht. Vielmehr ist Oloddumare ein ferner Gott, dessen Wesen außerhalb der menschlichen Vorstellungskraft liegt und Ausdruck des Geheimnisvollen und Unbeschreiblichen, des Heiligen oder – mit Rudolf Otto gesprochen – des Numinosen ist. Daher wird Oloddumare von den Anhänger*innen der *santería* weder zum Objekt von Anbetung und Verehrung gemacht, noch kann er von menschlichen Gebeten überhaupt tangiert werden. Aufgrund dieser exponierten Stellung von Oloddumare betrachtet Berkenbrock den afrolateinamerikanischen Religionstyp als monotheistische Religion.[32]

4.2 Die *orishas* als übernatürliche Kräfte in den Menschen

Im Zentrum der afrokubanischen Religion stehen die *orishas*.[33] Von den meisten Autor*innen werden diese als Gottheiten bezeichnet, was jedoch der Tatsache nicht gerecht wird, dass die *orishas* als Archetypen[34] die menschlichen Charaktere repräsentieren. Dies bedeutet, dass jeder »Sohn« oder jede »Tochter« eines *orisha* – als solche bezeichnen sich die Anhänger*innen – in diesem die Strukturen seiner oder ihrer eigenen Persönlichkeit wiedererkennen kann. Die *orishas* sind also einerseits »Kräfte oder übernatürliche Wesen, die sowohl die kosmischen Ereignisse als auch die natürlichen Phänomene regulieren, und die sowohl das soziale als auch das individuelle Leben bestimmen«[35].

---

30 Luz, Spiritualität, 571.
31 Vgl. zum Folgenden Luz, Sagrado, 3, 5f; Dies., Spiritualität, 571f; Dies., Corriente, 37–39.
32 So Berkenbrock, Erfahrung, 137.
33 Vgl. zum Folgenden Luz, Sagrado, 5–7; Dies., Spiritualität, 571–573; Dies., Corriente, 38–40.
34 Die Verwendung des Begriffs des »Archetypus« wird in diesem Zusammenhang nicht weiter problematisiert, sondern folgt der Argumentation von Clara Luz, die sich hier auf Pierre Verger, Orixás. Deuses iorubás na África e no mundo, São Paulo 1981, bezieht.
35 Berkenbrock, Erfahrung, 166.

Andererseits existieren sie nur, indem sie sich in den menschlichen Körpern manifestieren und dabei »in einen Archetypus der Tätigkeit, des Berufs, der Funktion verwandeln, die sich gegenseitig ergänzen und die Gesamtheit der Kräfte bilden, die die Welt lenken«[36]. Den anthropomorphen Charakter der *orishas* beschreibt der *babalocha* (Priester) Changò Laddé Joseíto folgendermaßen:

> »In anderen Religionen sind die Götter über den Menschen. In unserer Religion sind die Götter auf der Erde, sie leben mit uns und sie sind wie wir. Sie sind nicht perfekt, weil sie Teil des Lebens der Menschen sind, das nicht perfekt ist. Die Perfektion existiert nicht, daher wissen die orishas auch nicht alles, sie können nicht alles machen, sie sind auch nicht zu jeder Zeit an allen Orten. Sie sind wie wir.«[37]

Damit zeigt sich ein weiterer wichtiger Zug der *orishas*: Sie besitzen weder die Eigenschaften der Allwissenheit, Allgegenwart und Allmacht, noch zeichnen sie sich durch Perfektion aus, was eine Identifikation der Adepten mit ihrer bzw. seinem *orisha* enorm erleichtert. Desweiteren lassen sich die *orishas* nicht auf klassische Geschlechterrollen festlegen. So besitzt *orisha* Obatalá, zuständig für die Erschaffung der Welt, männliche und weibliche Manifestationen, d. h. Obatalá ist androgyn. Aber auch diejenigen *orishas*, die eindeutig männlich oder weiblich sind, können sich in gleicher Weise sowohl in Frauen wie auch Männern manifestieren, die dann die entsprechenden Eigenschaften ausbilden.

Die essentielle Verbindung der *orishas* mit den Menschen, der Theologie mit der Anthropologie, bedeutet auch, dass der Mensch in der *santería* mit seinen Widersprüchen und Problemen, mit seinen Freuden und Traurigkeiten, seinen Defekten und Tugenden, so wie sie sich in seinem Leben ereignen, in radikaler Weise akzeptiert und angenommen wird. Damit verbunden ist eine absolute Bejahung des Lebens und der Körperlichkeit, die in den rituellen Festen zum Ausdruck kommt, in denen der Musik, dem Tanz und den Rhythmen eine besondere Bedeutung zukommt. Clara Luz beschreibt den Charakter eines Festes der *santería* wie folgt:

> »Die Götter tanzten und aßen mit den Menschen [...]. In diesem Fest wurde das Heilige gefeiert, das in den Körpern, den Umarmungen, der in der Gemeinschaft erfahrenen Kraft des Lebens und der Natur seinen Ausdruck fand.«[38]

---

36 Verger, Orixás, 21. Cit. p. Luz, Corriente, 39.
37 Luz, Corriente, 40.
38 Luz, Spiritualität, 574.

4.3 Moral ohne Moralismus und Schuld

Die *santería* kommt in ihrem Konzept des Lebens ohne moralischen Dualismus von Gut und Böse aus.[39] Dies zeigt sich in ihrer Vorstellung der *orishas* als anthropomorphe und daher unvollkommene Wesen. Wenn sich bei ihnen also »gute« und »böse« Eigenschaften zeigen, dann werden diese als nicht voneinander zu trennende Aspekte des Lebens verstanden. Dies hat zur Konsequenz, dass afrokubanische Religionen weder ein bestimmtes ethisches Verhalten noch bestimmte »gute« Eigenschaften von ihren Anhänger*innen fordern. Vielmehr werden alle ihre Verfehlungen und Defekte verständnisvoll akzeptiert und toleriert, da es ja Charakterzüge des jeweils persönlichen *orisha* sind. Des Weiteren fehlt ein Konzept von Sünde als Ungehorsam gegenüber den *orishas* oder einer höheren Instanz. Gleichwohl sollen die Menschen danach streben, das Gute zu tun. Wenn aber jemand etwas Schlechtes macht, das die Gemeinschaft oder die Gesellschaft schädigt, wird er die Konsequenzen seines »bösen« Handelns zu spüren bekommen, aber nicht als Strafe durch einen *orisha*. Unabhängig davon wird ein Gläubiger im Laufe der Zeit seine Persönlichkeit an die Eigenschaft seines *orisha* angleichen.

Die Tatsache, dass das afrokubanische Denken jenseits einer dualistischen Konzeption von Gut und Böse angesiedelt ist, beruht auf der Vorstellung des *aché*. Das *aché* ist das Lebensprinzip, das alle vitalen Prozesse möglich macht und die Basis der eigenen Existenz bildet. Als magisch-heilige Energie und unsichtbare Kraft, die »sich an allen Orten, in allen Pflanzen, und auch in dem Blut der Tiere befindet«[40], ist das *aché* weder gut noch böse.

Für die *santeros* und *santeras* (Anhänger*innen der *santería*) geht es nun darum, dass der Priester durch bestimmte Techniken und Rituale die Kräfte des *aché* in einem für sie günstigen Sinne kanalisiert. In diesem kultischen Kontext wiederum gibt es für die Anhänger*innen der *orishas* sehr konkrete Verhaltensregeln. Sie nämlich sind dazu verpflichtet, durch ihre Gaben – überwiegend in der Form von Speisen für die *orishas* – und die Beachtung bestimmter Verbote dazu beizutragen, dass das *aché* für sie und die Gemeinschaft aufrechterhalten wird. Diese Vorschriften bilden insgesamt die Basis für die spezifische »Moral« der afrokubanischen Religionen.

---

39 Vgl. zum Folgenden Luz, Sagrado, 3, 7, 10; Dies., Spiritualität, 572–574.
40 Luz, Sagrado, 10.

4.4 Holistisches Weltbild

Die *santería* vertritt eine holistische Auffassung von der Welt, in der die Menschen mit den *orishas* und dem gesamten Universum in ständiger Verbindung stehen.[41] Dem liegt die Idee zugrunde, dass die Welt in zwei Bereiche eingeteilt ist: das *áiyé* als die materielle Welt, in der die Menschen leben, und das *ôrun* als eine Parallelwelt, in der es für jeden Menschen, jedes Tier, jeden Baum, jedes Dorf oder jede Stadt ein spirituelles Doppelwesen gibt, und in der die *orishas* existieren. *Áiyé* und *ôrun* sind zwei untrennbare Existenzebenen, die sich in ständiger Interaktion befinden. Daraus resultiert eine »wechselseitige Abhängigkeit zwischen dem gesamten Universum, der Natur, der Gemeinschaft der Familie und den Menschen«[42]. Erst die Beziehung zum gesamten Kosmos ermöglicht die einzelnen Existenzen und verleiht dem Leben der Menschen Sinn. Dies bedeutet umgekehrt, dass die Person ihren Wert erst aus der Gemeinschaft mit anderen Menschen und der Natur bezieht.

In dieser holistischen Konzeption besitzt jeder Mensch sowohl eine physische als auch eine spirituelle Identität, die er durch die Energien der *orishas* erhält und aufrechterhält. Damit verbunden ist eine extrem hohe Wertschätzung der Körper, die eine zentrale Rolle für die Beziehung zwischen den Personen und den *orishas* spielt. In dem Körper manifestiert sich der *orisha* der jeweiligen Person, durch den Körper erhält diese ihr *aché*, mit dem Körper lebt sie die Energien der Natur und des Kosmos aus. Für die Anhänger*innen der *santería* ist es daher sehr wichtig, ein inneres Gleichgewicht ihrer Körper zu erreichen, das sich nicht zuletzt in besonders harmonischen Bewegungen zeigt.

Clara Luz beobachtet bei vielen rituellen Festen, dass jeder einzelne Körper als Ausdruck eines größeren Körpers, des Universums, des Heiligen verstanden wird:

> »Die Gesten und die Tänze haben große Bedeutung für diese Personen. Die Einheit von Rhythmus, Tanz, Musik, Gesängen und der Bewegung des Körpers verbindet die Gläubigen mit jenem, das sich jenseits des Sichtbaren befindet, das *ôrun*, das Unbekannte, die heiligen Energien. Für diese Personen

---

41 Vgl. zum Folgenden Luz, Sagrado, 2–5, 10–12; Dies., Spiritualität, 571f; Dies., Corriente, 37–39.
42 Luz, Spiritualität, 570.

fungiert der Körper als Kosmos. Daher ist die Bewegung des Körpers wesentlich; daher ist der Tanz beim Ritual der höchste Ausdruck der heiligen Energien durch den Körper.«[43]

5. Afrokubanische Dekonstruktion des Christentums

Ihre Forderung nach einem interreligiösen Dialog begründet Clara Luz unter anderem mit der Tatsache, dass die Begegnung von afrikanischem und christlichem Universum in Kuba bereits seit 400 Jahren eine ständige Realität der Menschen ist, nachdem die versklavten Afrikaner*innen von ihren christlichen »Herren« zur Übernahme des Christentums gezwungen wurden. Die daraus resultierenden Prozesse religiösen Austausches wurden daher von den Afrokubaner*innen als subtile Strategie gebraucht, um ihre afrikanischen religiösen Traditionen in Kuba weiter praktizieren zu können. Die Versklavten hatten nämlich sehr bald entdeckt, dass es möglich wäre, in den Heiligen ihre *orishas* in christlichen Kontexten zu verehren. Die Zuordnung christlicher Namen korrespondierte dabei mit der afrikanischen Vorstellung, nach der die *orishas* komplexe Identitäten besitzen und in verschiedensten Manifestationen erscheinen können, also auch in den göttlichen Personen und katholischen Heiligen.[44] Ergebnis war, dass die *orishas* durch ihre Verbindung mit den katholischen Heiligen gleichsam »kanonisiert« und am Ende »afrikanische Rituale mit christlichen Elementen praktiziert wurden.«[45] Clara Luz beschreibt diesen Vorgang wie folgt:

> »The saints of the Christian tradition came down from their altars to join with the African *orishas* and to share with them their characteristics, virtues and defects, ritual elements, spiritual gifts, and healing energies. The saints came out from the parish Mass to become part of the *Wemilere*.«[46]

Die hier geschilderte Teilnahme der Heiligen an dem *wemilere*, einem religiösen Fest der *santería*, entspricht der Praxis der Mehrheit der Kubaner*innen, die sowohl die katholische Messe besuchen als auch am *wemilere* teilnehmen. Dabei verstehen Afrokubaner*innen dies nicht als Widerspruch, da sie christliche Vor-

---

43 Luz, Sagrado, 12.
44 Vgl. zum Folgenden Luz, Jesus, 110–113.
45 Luz, Jesus, 112.
46 Luz, Jesus, 113.

stellungen ohne Weiteres in ihr eigenes afrikanisches Weltbild integrieren.[47] Von Teilen der katholischen Kirche und der anglikanischen Episkopalkirche in Kuba werde diese Form der doppelten religiösen Praxis akzeptiert.

Zur Deutung dieses soeben geschilderten Phänomens entwickelt Clara Luz in ihrem Aufsatz »Jesus and Mary Dance with the Orishas. Theological Elements in Interreligious Dialogue« die These, dass dieser implizite religiöse Dialog in der Praxis und dem allgemeinen Bewusstsein der Afrokubaner*innen eine Dekonstruktion zentraler christlicher Inhalte bewirkt habe, die mittlerweile tief in die kubanische Kultur eingedrungen sei.[48] Die Dekonstruktion habe schließlich zur Transformation und Neukonstruktion christlicher Vorstellungen geführt, so dass am Ende ...

> »the saints of the church became more human in the process of transculturation. Such human qualities as fragility, error, and evil are also found in these anthropomorphic manifestations of the divine; the gods and the saints are seen as persons who have their defects and their virtues. The experience of the sacred forms an integral part of the mystery that includes the ambiguous and paradoxical character of existence.«[49]

Auf diese Weise sei in Kuba das Christentum humaner und die Spiritualität der Kubaner*innen um wichtige Elemente bereichert worden.[50] Den Prozess religiöser Dekonstruktion und Transkulturation belegt Clara Luz am Beispiel der Person Jesu und seiner Mutter Maria.

Im afrokubanischen Denken wird Jesus in Beziehung mit den *orishas* Obatalá und Elegguá gesehen.[51] Dabei wird zwischen Jesus als Kind und Jesus als altem Mann unterschieden.

Das Kind Jesus ist bezogen auf Elegguá, dem Herrn der Wege und der Bestimmungen aller Menschen. Elegguá ist in den Häusern von Afrokubaner*innen immer präsent und steht als Tonfigur gewöhnlich hinter der Eingangstür. Er ist der Wächter des häuslichen Raums und befindet sich an der Grenze zwischen der inneren Welt der Sicherheit und der äußeren Welt der Gefahr. Hier zeigt sich die negative Seite von Elegguá, die Echu genannt wird. Echu ist die Inkarnation böser Dinge und menschlicher Probleme. Echu lebt in den Straßen und im Busch;

---

47 Vgl. Berkenbrock, Erfahrung, 221; Chaves, Entrevista.
48 Vgl. Luz, Jesus, 110, 113.
49 Luz, Jesus, 116.
50 Vgl. Luz, Jesus, 117.
51 Vgl. zum Folgenden Luz, Jesus, 114–117.

wenn er in ein Haus kommt, beginnen Schwierigkeiten und Tragödien für die Familien. Als Verkörperung von Elegguá-Echu übernimmt auch das Kind Jesus diesen zweideutigen Charakter. Jesus wird zu einem schelmischen und unvorhersehbaren Kind, das sowohl sehr gut als auch sehr schlecht sein kann.

Der alte Jesus erscheint in einigen Manifestationen von Obatalá, einem der wichtigsten *orishas*, dem Schöpfer. Er gilt als der Herr des Kopfes, der Gedanken und der Träume; er ist der *orisha* des Friedens und der Harmonie, fähig, die schlimmsten Ausbrüche von Zorn bei den übrigen *orishas* zu beruhigen; er repräsentiert Reinheit, Intelligenz, Erfahrung und Diskretion. Aber auch Obbatalá hat eine negative Seite: Er trinkt manchmal gern. Dann werden die menschlichen Geschöpfe schlechter geformt, was als Erklärung für Fehlbildungen bei Neugeborenen gilt. Damit werden Jesus ebenfalls diese ambivalenten Persönlichkeitsmerkmale zugeschrieben.

Maria wird zum einen mit der *orisha* Yemayá gleichgesetzt, der Königin aller Gewässer und Mutter aller *orishas*.[52] In Gestalt der »Jungfrau von Regla«, der »schwarzen Maria«, ist sie die Patronin der Fischer und wird von Christ:innen und *santeros*as* in der Kirche von Regla verehrt. Yemayá gilt als Archetyp der Mutter, die alles Leben spendet und beschützt. Sie ist jedoch nicht nur eine gute, sondern auch eine alleinerziehende Mutter, die Liebesbeziehungen mit verschiedenen *orishas* unterhält und einen strengen und zähen Charakter besitzt. Durch ihre Vereinigung mit Yemayá ist Maria jedoch anders als die demütige und schlichte Jungfrau. Sie repräsentiert vielmehr das Bild einer Mutter, die ihren Körper und ihre Sexualität in freier und verantwortlicher Weise behauptet, und zerstört damit das traditionelle Modell von Mütterlichkeit, das für die Kontrolle der Sexualität und der Körper der Frauen benutzt werden kann.

Zum anderen wird Maria in Gestalt von Ochún gesehen, die ursprünglich *orisha* der Flüsse war. Ochún steht für Liebe und weibliche Sinnlichkeit, für Koketterie, Anmut und Schönheit. Zugleich repräsentiert sie die mystischen Kräfte der Frauen, die als »Hexerei« auch gefährlich werden und Angst einflößen können. Durch den Prozess der Transkulturation wurde Ochún zur kubanischen Frau: »sinnlich, flirtend, fröhlich, belustigend, das Tanzen und Feiern liebend. Sie liebt es zu verführen, indem sie sich aufputzt und schöne Kleider anzieht.«[53] Maria-

---

52 Vgl. zum Folgenden Luz, Jesus, 117–122.
53 Luz, Jesus, 120 (eigene Übersetzung): »… sensual, flirtatious, happy, amusing, a lover of dancing and feasting. She loves to entice by adorning herself and dressing up in fine clothes.«

Ochún repräsentiert eine Weiblichkeit, die sinnlich, aber zugleich kraftvoll, befreit und selbstsicher auftritt, die fähig ist, alles durch ihren Charme zu erreichen und Kontrolle über ihre Sexualität besitzt. Wenn Ochún daher auch als *panchákara* (Hure) bezeichnet wird, dann geschieht dies gerade nicht in einem pejorativen Sinn, sondern mit größtem Respekt und Bewunderung. Die Vorstellung von submissiver und selbstgefälliger Weiblichkeit ist auf diese Weise grundsätzlich in Frage gestellt und transformiert.

Weiterhin ist Ochún mit der *Virgen de la Caridad del Cobre* (Jungfrau der Barmherzigkeit von Cobre) verbunden, die 1916 von Papst Benedikt XV. zur Patronin Kubas ernannt wurde.[54] Sie wird als dunkelhäutige, indigene Jungfrau (*virgen mambisa*) dargestellt, die als Unterstützerin in allen Freiheitskämpfen gilt. Sie steht auch für die Mischung der verschiedenen Kulturen und wird von den Kubaner*innen liebevoll Cachita genannt. Eine Statue von ihr befindet sich in der *Basílica de Nuestra Señora de la Caridad del Cobre* bei Santiago de Cuba, die mittlerweile zum Nationalheiligtum erklärt wurde. An dem Ort El Cobre befand sich während der Kolonialzeit eine Kupfermine, in der zahlreiche Sklaven zur Arbeit gezwungen waren. Der Legende nach entdeckten 1612 der afrikanische Sklave Juan Moreno und zwei indigene Brüder, Rodrigo und Juan de Hoyos, in der Bucht von Nipe eine bronzefarbene Marienstatue aus Holz, die auf dem Wasser schwamm.

Die Tatsache, dass die Jungfrau ausgerechnet drei Personen erschien, die in der damaligen Zeit außerhalb der Gesellschaft und der öffentlichen Wahrnehmung standen, zeigt, dass das Ereignis als symbolische Umkehrung der sozialen Ordnung der damaligen Zeit gelesen werden kann.

Da die *Virgen de la Caridad* zugleich die Schutzherrin der Kupferminen war, legte sich ihre Identifikation mit Ochún nahe, deren Farbe gelb ist und die stets in gelber Kleidung dargestellt wird. Durch die Verbindung von Cachita, der Freiheitskämpferin, und Oshún, *orisha* der Liebe, entstand eine Mischung religiöser Vorstellungen jenseits aller konventionellen Traditionen, die mittlerweile tief im Glauben des kubanischen Volkes verankert ist. Cachita-Oshún stellt das wichtigste Symbol der nationalen Identität Kubas dar, in dem sich sowohl das Selbstbewusstsein der Kubaner*innen als auch ihre Aspirationen nach Freiheit einen religiösen Ausdruck geschaffen haben. Indem die Statue Marias mit bronzefarbe-

---

54 Vgl. Gonzalez, Virgen, 126–130.

ner Haut dargestellt wird, drückt sie zum einen die Überwindung der ethnischen und kulturellen Gegensätze der Kubaner*innen und zum anderen die Solidarität Gottes mit allen *Persons of Colour* und Marginalisierten aus.[55]

6. Afrokubanische Befreiungstheologie

Als Ergebnis ihrer Studien fasst Clara Luz ihr theologisches Konzept des interreligiösen Dialogs zwischen afrokubanischer Religion und Christentum wie folgt zusammen:

> »Inexhaustible is the wealth of symbols, ritual elements, spiritual gifts, and sacred energies that we find in the relationship that the Cuban faithful have established between these two expressions of traditional religion. By means of such simple, sincere interreligious dialogue, which seeks not to impose criteria or concepts but rather to give and receive with the believers' open, faith-filled hearts, we find ourselves challenged to open up new avenues in Cuban feminist theological reflection. The drums continue to sound, blending with the church bells. And Jesus and Mary are still dancing in the great circle, with all the orishas.«[56]

Damit verortet sich Clara Luz als feministische Theologin im kubanischen Kontext und benennt zugleich Methode und Ziel ihrer theologischen Arbeit. Ausgangspunkt hierfür bilden die religiöse Erfahrung der Kubaner*innen, ihre in einem jahrhundertelangen Prozess der Transkulturation zwischen *santería* und Christentum entwickelten »Symbole, rituellen Elemente, spirituellen Gaben und heiligen Energien«[57]. Dieser implizite interreligiöse Dialog solle nun als Vorbild für einen expliziten theologischen Dialog dienen. Ziel ist die Entwicklung einer kontextuellen, emanzipatorischen Theologie jenseits traditioneller dogmatischer Vorgaben.

---

55 Für Miguel De La Torre, Ochún. (N)either the M(O)ther of all Cubans (n)or the Bleached Virgin, in: Journal of the American Academy of Religion 69/4 (2001), 837–861, ist die *Virgen de la Caridad* die zentrale Freiheitsfigur und Protagonistin einer kubanischen Theologie der Befreiung. Vgl. Gonzalez, Virgen, 137f.
56 Luz, Jesus, 122.
57 Luz, Jesus, 122.

Mit diesem Programm reiht sich Clara Luz ganz klar in die Denktradition lateinamerikanischer Befreiungstheologie ein. Dabei knüpft sie jedoch nicht an die Befreiungstheolog*innen der ersten Generation an, die das »Volk« bzw. »die Armen« im marxistischen Sinn als Klasse verstanden und eine sozialistische Umgestaltung der Gesellschaft propagierten, sondern an die Vertreter*innen der sogenannten »zweiten Generation«. Diese hatten nach dem Ende der Herrschaft der Militärs in Lateinamerika und dem Zusammenbruch des Sozialismus in Osteuropa Ende der 1980er Jahre erkannt, dass Diskriminierung nicht nur in ökonomischer und politischer Hinsicht, sondern auch aufgrund von Kultur, Hautfarbe, Gender und anderer Faktoren erfolgen könne.[58] Indem Clara Luz die »Option für die Armen« als »Option für die (kulturell) Anderen« versteht, folgt sie dem allgemeinen Trend der Befreiungstheologie der 1990er Jahre, ohne die methodische Prämisse des »Sehen, Urteilen, Handelns« aufzugeben.[59] Diese Neuausrichtung wurde schließlich auch von der Konferenz der lateinamerikanischen Bischöfe CELAM nachvollzogen, als diese 1992 auf ihrer Konferenz von Santo Domingo die afroamerikanischen Religionen als solche anerkannten – und nicht mehr als religionslose Kulturen sahen – und den Dialog mit ihnen einforderten.[60] Die Forderung von Clara Luz nach einem interreligiösen Dialog zwischen *santería* und Christentum vertritt in zweifacher Weise die Anliegen der zweiten Generation der Befreiungstheologie: durch die Rehabilitation der afrokubanischen religiösen Traditionen sowie ihren Einsatz für eine »wahre Kultur der Gleichheit von Männern und Frauen in Kuba«[61].

Wenn Clara Luz sich nicht explizit auf die Befreiungstheologie bezieht, ist dies wenig verwunderlich, denn diese hatte sich für die kubanischen Verhältnisse als unpassend dargestellt.[62] Dementsprechend stellt sie einerseits fest, dass in Kuba alle ökonomischen, politischen, juristischen, kulturellen und sozialen Grundlagen gegeben seien, die gleiche Rechte und Entwicklungschancen für Männer und Frauen garantierten, und auf diese Weise »die Bedingung der Diskriminierung und Unterordnung beendet sei, der die kubanische Frau jahrhun-

---

58 Vgl. Spliesgart, Yoruba, 37–42; Sergio Silva, Transformationen der lateinamerikanischen Befreiungstheologie in den '90er Jahren, in: Klaus Koschorke (Hg.), Falling Walls, Wiesbaden 2009, 335–349, hier: 340–347.
59 Vgl. Berkenbrock, Erfahrung, 1–8.
60 Vgl. Berkenbrock, Erfahrung, 25–29, 232.
61 Luz, Teología, 50.
62 Vgl. Spliesgart, Yoruba, 43–57.

dertelang ausgesetzt war.«[63] Andererseits seien die gesetzlichen Gegebenheiten allein in der Realität keinesfalls ausreichend, sondern gerade die Motivation für ein befreiungstheologisches Engagement. Die folgenden Punkte qualifizieren Clara Luz klar als Befreiungstheologin:

- ihre Ablehnung des Anspruchs vieler europäischer und nordamerikanischer Theologien auf universale Wahrheit[64],
- ihre Forderung nach eigenständiger Theologie und theologischer Ausbildung in Kuba[65],
- ihr Rekurs auf die Vereinigung des lateinamerikanischen Volkes »durch die Kämpfe, die auf diesem Kontinent stattgefunden haben, seit die ersten Kolonisatoren unser Land betreten haben«[66],
- ihre ideologische Kritik an den »traditionellen Bildern eines allmächtigen männlichen Gottes, [...] [und einem] System von Machtbeziehungen, das auf der sozialen, politischen und religiösen Rolle unserer Realitäten als geschlechtliche Wesen beruht«[67],
- der Primat der Praxis und der Erfahrung vor der theologischen Reflexion,
- die Berücksichtigung »der großen Vielfalt der Traditionen und Kulturen, die uns [...] konstituiert«[68], und damit verbunden die Valorisierung aller Ausdrucksformen der sogenannten Volksreligiosität (*religiosidad popular*) durch die Theologie und schließlich
- das Ziel der Entwicklung einer Theologie, die der konkreten Beendigung von Situationen der Unterdrückung von Menschen dient.[69]

Damit äußert Clara Luz als Theologin einerseits vorsichtige Kritik an den Zuständen der kubanischen Gesellschaft, ohne andererseits zu radikale politische Forderungen zu erheben, die sie möglicherweise der Gefahr politischer Repressionen ausgesetzt hätten.

---

63 Luz, Teología, 50.
64 Vgl. Luz, Teologia, 49.
65 Vgl. Luz, Teologia, 53.
66 Vgl. Luz, Teologia, 49.
67 Luz, Teologia, 51.
68 Luz, Teologia, 49.
69 Vgl. Luz, Teologia, 53.

7. Lernen von der *santería*

Der theologische Ertrag des kubanischen Dialogs zwischen *santería* und Christentum, wie er von Clara Luz geführt wurde, lässt sich in vier Punkten zusammenfassen. Er liefert zugleich wichtige Impulse für den theologischen Diskurs auch in Kontexten außerhalb Kubas.

i. Übersetzung der Theologie in menschliche Kategorien
Die *santería* radikalisiert auf der einen Seite die Gottesferne in Gestalt von Oloddumare, auf der anderen Seite ermöglicht sie es den Menschen, sich unmittelbar mit den *orishas* zu identifizieren, die als Archetypen nichts anderes als menschliche Charaktere repräsentieren.[70] Durch die Verbindung der *orishas* mit den Heiligen und der Person Jesu werden auch diese wesentlich menschlicher. Umgekehrt werden so die Wesensmerkmale der Persönlichkeit der Menschen, die zwischenmenschlichen Beziehungen und das gesamte Leben sakralisiert. Insgesamt bildet »die Erfahrung des Heiligen [...] einen integralen Teil des Mysteriums, das den zweideutigen und paradoxen Charakter der Existenz einschließt.«[71] Die Korrelation von *orishas* und Menschen ermöglicht damit auch die Kontextualisierung traditioneller christlicher Gehalte.

Die kubanische Erfahrung lässt sich als Befreiung der Theologie von transzendentalphilosophischen dogmatischen Prämissen und einem letztendlich ideologischen Universalismus hin zu einer am konkreten Leben orientierten kontextuellen theologischen Praxis lesen.

ii. Valorisierung der Körper
Indem der menschliche Körper als der erste Ort verstanden wird, an dem sich das Heilige offenbart und die Liturgie beginnt, wird er in einer religiösen Perspektive für heilig erklärt: »Der Körper ist der Tempel *par excellence*, der Thron des persönlichen *orisha* und der Manifestation der Aktion des Heiligen.«[72] Damit erfolgt eine enorme Aufwertung des Körpers und der Körperlichkeit als der zentralen Realität des menschlichen Lebens. Die afrokubanische Religiosität ist von einer radikalen Lebensbejahung geprägt, die auch den Bereich der Sexualität umfasst

---

70 Vgl. Luz, Spiritualität, 572.
71 Luz, Jesus, 116.
72 Luz, Sagrado, 11.

und diese als wichtige vitale Manifestation versteht. Das Leben erscheint als direkt verbunden mit dem vollständigen menschlichen Gebrauch des Körpers und der Sexualität. Umgekehrt gelten die Asexualität, aber auch die Jungfräulichkeit, die Frigidität und die Unfruchtbarkeit als Synonyme für den Tod.[73] Damit verbunden ist der theologische Fokus auf der Gesundheit des Körpers, die sich einstellt, wenn sich die spirituelle Welt des *òrun* und die materielle des *áiyé* in Harmonie befinden. Ziel der *santería* ist die Herstellung eines inneren Gleichgewichts des Körpers, das sich in realem Wohlbefinden äußert.

Die Betonung der Körperlichkeit widerspricht der Abwertung der menschlichen Körper und der damit verbundenen Lust- und Leibfeindlichkeit in der christlichen Tradition sowie der Höherbewertung eines zukünftigen, jenseitigen Lebens in fundamentaler Weise. Demgegenüber werden in den afrokubanischen Traditionen das Fest, die Musik, die Rhythmen und der Tanz als Ausdruck spiritueller Kräfte valorisiert.

iii. Befreiung von Schuld

Zusammen mit der »Wiederherstellung« und »Neubelebung« des menschlichen Körpers ist dessen Befreiung von jeder Schuld ein wichtiges Resultat des Dialogs von afrokubanischer und christlicher Tradition.[74] Anders als im Christentum, das ein bestimmtes moralisches Verhalten fordert, wird jeder einzelne Mensch in der *santería* mit all seinen Widersprüchen und Verfehlungen, Defekten und Tugenden verständnisvoll akzeptiert und vollständig angenommen, da seine*ihre Verhaltensweisen ja Charakterzüge seines*ihres *orisha* sind.

Umgekehrt bedeutet das Fehlen eines Begriffs von Gut und Böse sowie der Sünde nicht, dass es sich bei der *santería* um eine völlig amoralische Religion handelt.[75] Vielmehr wird der einzelne Mensch in einem engen kosmischen Zusammenhang mit den *orishas*, der Natur und den anderen Menschen gesehen. Sein Verhalten hat sich daher zwangsläufig an dem Interesse der Gemeinschaft zu orientieren, denn nur so kann das Gleichgewicht innerhalb dieser Ordnung aufrechterhalten und das *aché* für das eigene Wohlergehen hergestellt werden.

Als Kritikpunkt sei angeführt, dass das Konzept der *santería* letztendlich in einer strikten hierarchischen Gebotsethik mündet, denn nur der Priester als Me-

---

73 Vgl. Luz, Sagrado, 9.
74 Vgl. Luz, Sagrado, 1.
75 So bezeichnet der brasilianische Soziologe Reginaldo Prandi den Candomblé als eine prä- bzw. a-ethische Religion. Vgl. Hofbauer, Candomblé, 419.

dium verfügt über die Macht, um über das vorgeschriebene rituelle Verhalten zu bestimmen, das den harmonischen kosmischen Zusammenhang garantiert. Damit bleibt der Spielraum für persönliche Entscheidungen recht gering.

iv. Anti- und postkoloniale Kritik

Die gesamte Geschichte der Entstehung der afrokubanischen Religionen war von Anbeginn an eine Geschichte des Widerstands der Afrikaner*innen gegen ihre Versklavung und das System der spanischen Kolonialherrschaft in Kuba. Indem die Afrokubaner*innen christliche Ausdrucksweisen als Manifestation ihrer eigenen Religion verstanden, entwickelten sie eine effiziente subversive Strategie »sowohl der Akkommodation der dominanten sozialen Metaphern von Macht als auch der ironischen Kritik an ihnen«[76], die letztlich in der Dekonstruktion des Christentums mündete. Damit konnten sie auf dem Feld der Religion ihre afrikanische Identität bewahren und eigene Handlungsmacht (*agency*) erlangen.

Am Beispiel der Gleichsetzung von Ochún mit Cachita zeigt sich, wie »die reine Jungfrau humanisiert und in die reale Frau unseres Volkes […] transformiert wurde,«[77] die sich von den rigiden Verhaltensmustern befreit, die ihr die westliche Tradition übergestülpt hatte, und die nun ihre Rolle neu und selbstbestimmt definiert. Darüber hinaus ist die Entdeckung der Statue der *virgen de la caridad* durch drei marginalisierte Kubaner als Begründungsgeschichte ihrer Verehrung ein wichtiger Indikator für die Möglichkeit der Umkehrung bestehender Machtverhältnisse.

Diese lange eingeübte Praxis des antikolonialen Widerstands bietet auch und gerade heute ein großes Potential, Strukturen von Unterdrückung und Marginalisierung einer grundsätzlichen theologischen Kritik zu unterziehen. »Wenn sich heute kubanische Künstler der religiösen Ausdrucksformen der santería bedienen, schaffen sie ›Mikrosphären des Widerstands‹ gegen ein autoritäres Regime und tragen zur Delegitimation eines Systems der Macht bei, das alle Bereiche des Lebens zu kontrollieren sucht.«[78]

---

76 Joseph M. Murphy/Mei-Mei Sanford (Hg.), Òsun across the Waters. A Yoruba Goddess in Africa and the Americas, Bloomington 2001, 94. Cit. p. Gonzalez, Theology, 90.
77 Luz, Jesus, 121.
78 Spliesgart, Yoruba, 59, vgl. 57–67.

v. Ertrag und Ausblick

Die Leistung der Arbeit von Clara Luz besteht zweifelsohne darin, die afrokubanischen religiösen Traditionen erstmals von christlich-theologischer Seite gewürdigt zu haben. Zum einen zeichnet sie den faktischen Dialog mit afrikanischer Religiosität als zentral für die Entstehung des kubanischen Christentums nach. Zum anderen identifiziert sie darin Impulse für eine aktuelle feministische (Befreiungs-)Theologie und verbindet diese – in einem theologischen Selbstgespräch – in konstruktiver Weise. Damit dürfte sich Luz in erster Linie an die kubanischen Kirchen richten, die gegenüber afrokubanischen Religionen überwiegend ablehnend eingestellt sind – so wie viele Pastor*innen ihrer eigenen anglikanischen Kirche[79]. Diese möchte sie zur Änderung ihrer Haltung bewegen.

Unklar ist dagegen, inwieweit sich ihre Dialoginitiative auch an Vertreter*innen der *santería* richtet, denn diese können bereits auf eine lange Geschichte des impliziten interreligiösen Dialogs zurückblicken. Umgekehrt dürften sie eher ein geringes Bedürfnis für ein Gespräch mit christlichen Theolog*innen haben, da sie in der kubanischen sozialistischen Gesellschaft seit langem eine privilegierte Stellung einnehmen.[80] Es bleibt also abzuwarten, inwieweit in der Zukunft ein interreligiöser Dialog zwischen Vertreter*innen der *santería* und des Christentums zustandekommt.

Interessante Perspektiven bieten sich der *santería* dagegen im globalen Kontext. Aufgrund der Offenheit und Polyvalenz afrokubanischer Religionen bieten sie vielfältige Anknüpfungspunkte an neue Situationen und fremde symbolische Systeme. Ihre religiöse Weltsicht ermöglicht an allen Orten sowohl subversive Kritik als auch die Produktion angepasster neuer Sinngehalte. Dies zeigt sich an der raschen Verbreitung der *santería* in Mexiko und anderen Ländern. In Deutschland gibt es bislang nur eine kleine Anzahl von Anhänger*innen.[81] Diese bleiben von der deutschsprachigen theologischen Wissenschaft weitgehend unbeachtet. Nichtsdestotrotz erscheinen afrolateinamerikanische Religionen auf dem »religiösen Markt« als überaus attraktiv. Hier reihen sie sich in den Trend der »spirituellen Globalisierung« ein. So hat Inga Scharf da Silva in ihrer jüngst erschienen Dissertation aufzuzeigen versucht, dass die afrobrasilianische Umbanda-Reli-

---

79 So berichtete Clara Luz, dass viele anglikanische Christ*innen, die auch afrokubanische Kulte praktizierten, dies vor ihren Pastor*innen geheim hielten.
80 Vgl. Spliesgart, Yoruba, 59.
81 Vgl. Lioba Rossbach de Olmos, Santería in Deuschland. Zur Gleichzeitigkeit von Heterogenisierung und Retraditionalisierung einer Religion in der Diaspora, in: Paideuma 56 (2010), 63–86.

gion auch plausible Antworten für den aktuellen deutschen Kontext bereithält.[82] Die Reflexionen von Clara Luz zur *santería* bieten einen interessanten Ansatz aus einer empathischen Perspektive auf eine afrolateinamerikanische Religion für einen weiterführenden Dialog mit christlicher Interkultureller Theologie.

(PD Dr. Roland Spliesgart, Pfarrer im Schuldienst und Privatdozent für Kirchengeschichte/Weltweite Christentumsgeschichte an der Evang. Theol. Fakultät der Ludwig-Maximilians-Universität München.)

ABSTRACT

As a Christian theologian, Clara Luz Ajo Lázaro reflects on elements of the Afro-Cuban religion (santería) and draws on the experience she has gained in her pastoral practice in an Anglican parish. Her thesis is that the enslaved Afro-Cubans have been conducting an implicit dialogue with the Christian tradition for centuries, integrating and thus deconstructing key elements of Christianity into their own world view. Luz calls for this dialogue to be continued explicitly and constructively. She is primarily addressing the Cuban churches, which have so far tended to ignore or devalue Afro-Cuban religiosity. She comes to the conclusion that Christian theology can learn a lot from santería: Afro-Cuban deities are very close to people within a holistic world view; the corporeality of people is valued positively and a concept of guilt or morality is dispensed with. Overall, santería strengthens the role of women and thus establishes a Cuban feminist liberation theology.

---

82 Vgl. Inga Scharf da Silva, Trauma als Wissensarchiv. Postkoloniale Erinnerungspraxis in der Sakralen Globalisierung am Beispiel der zeitgenössischen Umbanda im deutschsprachigen Europa, Marburg 2022.

BERICHTE + DOKUMENTATIONEN ■

Mission Studies and Intercultural Theology. Discontinuity or Continuity?

Report about the 3rd Conference of the Network of Intercultural Theology

1. Introduction: The Relation of Intercultural Theology and Mission Studies

In 2005, the Religious Studies and Mission Studies section of the Academic Association of Theology (WGTh) and the administrative board of the German Association for Mission Studies (DGMW) published a paper with the proposal to add the term *Intercultural Theology* (ICT) alongside *Mission Studies* (the paper was published at the journal *Mission Studies* [25 (2008), 103–108]). Scholars like Werner Ustorf, Francis A. Oborji and Judith Gruber argued that the documents of WGTh and DGMW introduced a new name without making conceptual, methodological, or content-related changes to the discipline. Even though the paper outlined the subject area of the discipline in relationship to Religious Studies and Protestant Theology, it did not formulate a *programmatic content* of ICT. This task was entrusted to the respective academic chairs, leading to the establishment of the discipline of ICT. Therefore, the birth of the discipline ICT represents a continuation rooted in Mission Studies and takes a name known by the various projects of ICT during the 1970s and 1980s. Considering this multifold rootedness, the third conference of the »*Network of Intercultural Theology*« (NIT)[1]

---

[1] Founded in 2021, NIT serves as a platform for early-career academics in Intercultural Theology, Religious Studies, and related fields, fostering interdisciplinary and international academic exchange. The conference facilitated meaningful peer discussions on contemporary and historical research, providing a collaborative space for early-career scholars to engage in scientific discourse and receive feedback on their work, at the DGMW conference. The conference was financed by DGMW and the Graduate School of Theology of the University of Basel. For updates and further information, please subscribe to the mailing list or join the WhatsApp group. Additional details are available on the website: https://dgmw.org/network-intercultural-theology/ (28.11.2024).

asked: How does ICT relate to Mission Studies today? Is there a continuity or discontinuity? These questions emerged from the observation that many early-career scholars in ICT and related fields face challenges in situating themselves within this complex and multifaceted domain. As a relatively young discipline, ICT remains engaged in defining its distinct profile and establishing its position within the broader academic landscape. These questions were addressed through the keynote lecture, research panels, and discussions. This article synthesises key highlights from the perspectives of early-career scholars. It is, therefore, structured in three stages: summarising Prof. Dr Claudia Jahnel's keynote, mapping the presented research, and analysing the (dis-)continuities between Mission Studies and ICT.

2. Keynote: Intercultural Theology and Mission

In her keynote, Prof. Dr Claudia Jahnel critically examined the evolution of Intercultural Theology (ICT) from Mission Studies, highlighting the discipline's intersections with religious studies, ethnography, and anthropology. Critical points on the map included:

1. **Mission and Intercultural Studies:** Building on the WGTh and DGMW (2005) position paper, ICT was a sixth theological discipline alongside traditional fields, emphasising its political and strategic integration into theological faculties.
2. **Historical Context:** The shift in terminology from missiology to ICT represents a paradigm change in content and epistemology, driven by the integration of religious studies and the historical development of German-speaking theological faculties.
3. **Challenges in Mission Studies:** The term *mission* has led to public stereotyping and confusion, particularly in Germany. Therefore, introducing ICT was proposed to clarify the traditional term, Mission Studies.
4. **ICT as a Theological Discipline:** ICT must be recognised as distinct from ethnography, prioritising intercultural perspectives and addressing global religious pluralism in theological education.
5. **Mission Studies Emergence:** The development of Mission Studies in the 19th century was deeply intertwined with colonial interests, including the integration of disciplines such as anthropology or philology. This also empha-

sises the marginalisation of Mission Studies in German universities before the 19th century.
6. **Colonial Influence:** The establishment of Mission Studies was influenced by colonial politics, with key figures such as Gustav Warneck (1834–1910) focusing on church planting in the colonies.
7. **Post-WWII:** A shift from Eurocentric to global perspectives on mission emerged after WWII, influenced by the *Missio Dei* concept and the World Council of Churches.
8. **ICT and Post-Colonial Studies:** ICT's relationship with post-colonial studies highlights the need to critically examine other cultures' representations and recognise indigenous peoples' contributions to missionary work.

Jahnel's keynote connected ICT with Mission Studies through historical and colonial contexts, emphasising the inseparability of the history of Christianity and its mission. Accordingly, scepticism toward *mission* in Europe should not be universally applied, for mission history extends beyond the colonial era. Further, interreligious and inter-Christian comparisons of missions could prove highly beneficial.

3. Panels: Approaches and Topics on Intercultural Theology

The four panels, which were held whether online or in presence, provided insights from the perspective of early-career academics into various facets of the expansive field of ICT while also illustrating its extensive multidisciplinary.

In the first panel, Pavel Ruzyak examined the relationship between culture and theology, tracing Christianity's roots in the multicultural Roman Empire, Jewish traditions, and other cultural influences. He identified two critical tendencies in early Christianity: openness to different cultures and adherence to doctrinal orthodoxy, often leading to conflicts such as heresy condemnation. Ruzyak connected this historical context to today's European ecclesiological crisis, suggesting that revisiting early Christianity's balance of doctrine and cultural engagement could solve current challenges.

Dr Jobst Reller analysed the intersection of mission and colonialism through the work of Ludwig Harms (1808–1865), founder of the Hermannsburg Mission. He argued that the mission, established in 1849, closely linked missionary work with colonisation. Despite initial criticisms of colonialism, Harms' romantic, conservative vision of mission coexisted with a colonial system in South Africa, which later generations accepted uncritically. This romantic ideal contributed to formal opposition to apartheid only in 1984.

The second panel began with Dr Francis Adebayo, who addressed migration, declining religiosity, and World Christianity, focusing on second-generation African Pentecostals (2G) in Europe. He explored how these migrants, disillusioned with the emphasis on African languages and worldviews in worship, have created a new narrative blending African cosmology with secular goals in a multireligious context. Adebayo suggested that world Christianity may need to shift from ethnic nationalism to intercultural dialogue.

Dr Mathias Schneider discussed methodological challenges in integrating intercultural and interreligious perspectives within ICT. He advocated for a decolonised theology that includes marginalised voices, promoting genuine dialogue with non-Western actors. This approach challenges Eurocentric Western-Christian perspectives and counters exclusivism or isolation. To address the issue of zero-point epistemologies, Schneider proposed a collaborative theology rooted in critical rationalism, fostering a global forum for intercultural and interreligious dialogue between Western and non-Western, Christian and non-Christian perspectives.

The third panel started with Dr Leita Ngoy, who explored how Christian missions can be contextualised in a plural global world. Drawing on various thinkers, Ngoy highlighted a redefined, reimagined, and remodelled understanding of contextualising the Christian mission. Thereby, Ngoy argued that contextualising the Christian mission in the 21st century means no longer simply adapting to a given context but interacting with a particular community's specific cultural, social, and historical realities – promoting mutual growth and learning.

Dr Marcus Grohmann dealt with the question of how Westerners can perform Christian mission *praxis* in non-Western contexts. Drawing on Jim Harries' *vulnerable mission* concept, he stressed the importance of learning the local, indigenous languages and adapting to local material and cultural standards. In dealing with critiques of the idea, mainly regarding financial dependency and ethnocentrism in impoverished communities, Grohmann proposed a transgressive approach to research and ministry in contemporary South Africa.

Dr Jayabalan Murthy's paper was on the caste system and the discrimination associated with it in India, focusing on inter-caste marriages in Tamil Nadu. Drawing on Dr Bhimrao Ramji Ambedkar's (1891–1956) argument on the subversive power of inter-caste marriage, Murthy aims to empirically analyse this practice, highlighting the Church's silence on the issue despite its potential to provoke violence (such as honour *killings*). Through empirical research, Murthy seeks to offer the first theological reflection on the implications and practice of inter-caste marriage and the Church's response to it in Tamil Nadu.

Finally, in the fourth panel, Dr Michael F. Wandusim presented his research on the Mission Bible Translation in Colonial West Africa. The initial translations of the Bible into Ewe and Ga were conducted in the 19th century by a collective of translators, including local scholars. Therefore, Wandusim mentioned the importance of considering the indigenous people's role as co-agents and co-translators in the historical analysis of Bible translations.

Dr Fidelis Olokunboro explored the tension between the obscurity and clarity of the nature of God in African religious art. He addressed the philosophical limitations of language in describing the divine, arguing that where verbal expression falls short, art – mainly African religious art – serves as an alternative medium for conveying human perceptions of God through *apophatic* or *kataphatic* representations. Thus, any theology could benefit from engaging with African religious art and its associated traditions.

Joseph Sanchez examined the post-burial *Rapar ritual*, highlighting its role in local death practices. Integrating such rituals into Catholic or Evangelical traditions in Western Kenya remains a subject of ongoing debate. Sanchez explored how the *Rapar ritual*, which brings together family and community to honour the deceased, offers comfort to the bereaved and seeks spiritual appeasement, reflects the Luo community's focus on collective remembrance and social cohesion after death.

4. Summary: Various (Dis-)Continuities and Three Conceptualisations of ICT

Twenty years after the publication of the WGTh and DGMW's paper, the relationship between ICT and Mission Studies continues to be a subject of academic inquiry. Following the conference, we map out tentative answers. *First*, the relationship between ICT and Mission Studies was explored, with Prof. Dr Claudia Jahnel's keynote addressing the historical development of ICT, particularly in German-speaking universities. Jahnel highlighted the shift from a Eurocentric to a more intercultural understanding of mission and emphasised the need for inclusive, less stereotyped approaches to mission studies. Her lecture rooted ICT in the discipline of Mission Studies. However, she also emphasised the DGMW/WGTh paper of 2005 as a paradigm shift. It established ICT as the sixth theological discipline with different contents and epistemologies than former Mission Studies. *Second*, the research panels showed various (dis-)continuities between ICT and Mission Studies. We, therefore, find it easier to group them into three conceptualisations of ICT, all of which have their own (dis-)continuities with Mission Studies. (1) ICT as a critical intervention in an academic theology shaped by colonialism and its effects. We find this approach, for example, in the work of Dr Mathias Schneider advocating a decolonised, collaborative theology, Dr Michael Wandusim calling for making visible marginalised agents in mission history, Olokunboro in highlighting the importance of African religious art for understanding the nature of God or Adebayo demanding a remapping away from ethnic nationalism towards an intercultural dialogue. They, therefore, represent an ICT that thinks about with whom they speak and whom they silence in their knowledge production and critically examines their concepts of research and analysis. In this regard, their research is in a certain continuity with the programmatic project of Intercultural Theology in the 1970s and 1980s (as Werner Ustorf summarized in his article *The Cultural Origins of Intercultural Theology* published in *Mission Studies* [25 (2008), 229–251]). (2) ICT as a reflection on Christian mission praxis. The projects of Grohmann, Ngoy, Reller, and Ruzyak dealt with Christian mission praxis in the past and present. Here, we find some overlaps with ICT as a critical intervention. Reller and Grohman also deal with the colonial imbalance and its effect on Christian practice. Ngoy and Ruzyak, on the other hand, offer reflections on a Christian mission that is still relevant in 21st century Europe. The DGMW/WGTh paper classified this approach as a working area of ICT named theology and hermeneutics of inter-religious relationships. Finally, (3) ICT is an area of study that examines Christianity in specific regional contexts in various world areas. Dr Jayabalan Murthy's and Joseph Sanchez's research illustrates this approach by examining Christian practices in Tamil Nadu and Western Kenya. This third conceptualisation shows continuity with Cold War geopolitics and the establishment of area studies in general in the Western world (as outlined by Eva Spies and Rüdiger Seesemann in their article *Pluralicity and Relationality. New Directions in African Studies*, which appeared in the journal *Africa Today* [63/2 (2016), 132–139]). However, the framework of area studies can also marginalise certain voices, particularly those outside the dominant cultural narratives. Last but not least, we could only trace various (dis-)continuities. Our learnings highlight the ongoing dynamism of ICT as it grapples with its multifaced rootedness while positioning itself within a global and intercultural context. The process of positioning ICT is ongoing, and we look forward to continuing to engage in this debate as a Network of Intercultural Theology and with our research as young academics.

Mirja Lange, Sandra Langhop, Leita Ngoy and Rahel Weber

Report on the Workshop »Translations and Transloyalities: Creating, Interpreting, and Negotiating Terms and Images in Religious and Diaconal Intercultural Encounters«.

VID Specialized University, 19–21 June, 2024

The workshop »Translations and Transloyalties« investigated the complex dynamics of interpreting and negotiating terms like ›good‹ and ›evil‹ in intercultural religious encounters, with a particular emphasis on the power of visual representation. Drawing from Sanjay Subrahmanyam's concept of »connected histories«, participants explored how images and material culture as well as textual sources reveal nuanced processes of communication, hierarchy, and potential emancipation. Participants critically examined how polarized concepts were constructed and deployed through both verbal and visual narratives across various historical contexts. By analyzing photographs, devotional images, and various texts, the workshop illuminated the profound role of imagery in negotiating and representing moral distinctions.

The conference was opened by Vebjørn Horsfjord, the Dean of the Fakultet for teologi og samfunnsvitenskap of VID (Vitenskapelig Internasjonal Diakonal) Specialized University, who introduced VID and its history of discourse on good and evil.

Frieder Ludwig (VID) introduced the participants and their fields of study as well as introducing the theme of the conference which is related to the project »Translations and Transloyalities«. He introduced the painting by Charlotte Reihlen from 1862, which was used by preachers and produced for distribution in mission contexts. Kristin Fjelde Tjelle (VID) showed the adaptation of this painting and other images of the narrow path in the mission context of China. Joar Haga (VID) drew attention to how a Norwegian adaptation of the broad and narrow paths opens up ambivalences, highlighting the possibility of moving from one path to the other.

Mark Granquist (Luther Seminary, St. Paul, Minnesota, USA) presented on »American Lutheran Missionaries Confront Good and Evil in their Work«, focusing on the first and second generation of Scandinavian immigrants to the USA in the period between 1890 and 1960. During this time, the Scandinavian communities in the USA were seen as mission fields, lacking both pastors and congregations to minister to the large numbers of immigrants, most of whom had no contact with Lutheran churches. Granquist showed how the missionaries, influenced by Scandinavian pietism, saw the converts as good, while they saw the local communities in which the converts lived as tainted by human weakness. The sources of evil for missionaries going abroad from the US were religions and systems that oppressed local communities, such as warlords, the practice of footbinding or polygamy.

Speaking on »The Sámi Mission in Eighteenth Century Norway. The Indigenous Sámi Religion from the Perspective of the Church«, Hallgeir Elstad (Universitetet i Oslo) showed how, from a Norwegian perspective, the possibility of Sami contact with Swedish missionaries was seen as a danger due to political enmity, hence a Danish-Norwegian Sami mission, led by the Pietist Norwegian pastor Thomas von Westen (1682–1727), was established. The missionaries' reports, such as a report by Jens Kildal (1683–1767), paint a picture of evil among the Sami people: The Sami places of worship were seen as evil, and their destruction as a missionary victory, while the Sami people themselves were not perceived as evil.

In his paper on »Manoeuvring Dark Ages between Pines and Spruces. Transloyalty among (Norwegian?) Forest Finns«, Sjur Atle Furali (Universitetet i Oslo) demonstrated how the Forest Finns had been invited to settle in western Sweden to safeguard the region from Danish-Norwegian incursions, but then during the period of 1556 to 1754, several hundred of them were accused of witchcraft. However, primary sources from eastern Norway in the 18th century indicate that a minority of Forest Finns enjoyed the respect of local parish priests. These sources suggest that the accusations of witchcraft against the Forest Finns were influenced by superstition among the general population, shifting the accusations from the Forest Finns to the general population.

Stanislau Paulau (University of Halle-Wittenberg) spoke on »Icon as Battlefield. Negotiating Orthodox Piety and Colonialism in Late Imperial Russia« and showed how the Icon entitled »Mother of God of Port Arthur« was an object of negotiation since its beginning. Created in the context of the Russo-Japanese War

(1904–1905), it included well known motives, connected to symbols of victory as well as resurrection, to convey images of good and evil in a material object and in this way further the Imperial Russian project. The icon was soon prohibited by the church leadership, while being supported financially and in prayer by many believers. Since 2008 the icon has been reinterpreted as miracle and included in the canon of the Russian Orthodox Church, being also used by Patriarch Kyrill in the current Russian-Ukranian war as a symbol of Russian victory.

In his paper on »Interpreting and Negotiating Basic Ethical and Religious Distinctions in Interreligious and Intercultural Encounters. The Example of the Good/Evil Distinction in its Universal Relevance and its Contextual Differences«, Hans-Peter Großhans (University of Münster) encouraged distinction to bring clarity into the questions of good and evil. He refered to the diminishing use of the concept of good and evil in the 20th century, when it was criticized as too unspecific. Nevertheless, the terms ›good‹ and ›evil‹ are continuously used, oftentimes in contrast to each other. The concept of evil can be masked by its antithesis, rendering the distinction between good and evil challenging.

Presenting on »The Cape Church, Slavery, and Notions of Good and Evil in British Imperial Southern and Central Africa«, Retief Müller (VID) elucidated, how the concepts of enslavement and freedom were constructed in a manner that served the interests of different actors over time. In defending the institution of slavery, the Cape Church was not markedly different from most other Christian churches in colonial societies worldwide, though it did have a number of notable antislavery statements and advocates from within its ranks. Müller showed the engagement of early missionary enterprise of the Cape church in central Africa in anti-slavery activities, highlighting the role of William Hoppe Murray, a prominent missionary figure who led the mission in Nyasaland for an extended period.

Joar Haga (VID) spoke on »Sex as a Blessing? The Case of Polygamy in 19th Century South Africa«. King Dingane (1828–1840) having himself 500 concubines, allowed his soldier to marry and settle down. The majority of missionaries refused to baptise individuals in polygamous marriages, which may have contributed to the establishment of the first independent african churches. The Norwegian pioneer missionary H. P. Schreuder saw polygamy as a danger for cultural regress, emphasizing the freedom and duty of a baptized wife to divorce her husband, in the case that he does not divorce his other wives. In contrast, the Anglican bishop of Natal, John William Colenso (1814–1883), did not perceive a necessity for husbands to leave their several wifes, regarding polygamy as a problem of the first generation only, which would dissipate over time.

In his presentation, entitled »Do Asians need Religion? The Controversy between Christian Wolff and Joachim Lange over the Concept of Sin (1721–1723)«, Sivert Angel (Universitetet i Oslo) brought to focus the understandings of Asia and mission, to show the mission's significance for 18th century Lutheran theology. In the context of passing on the position of the pro-rector at the Halle University from Christian Wolff to Joachim Lange, mission was discussed as a key topic in relation to the concept of sin. For August Hermann Francke, sin was an empirical phenomenon. Based on reports from Jesuit missionaries to China, Wolff argued that the Chinese pose an example that human nature predispose good morals and that good and harmonious societies can exist without a foundation in revealed religion. Lange formulated the most important response to Wolff's speech, drawing from the first Lutheran missionary to Asia, Bartholomäus Ziegenbalg, who recognized something true and almost pietist in the religion he encountered in India.

Karina Skeie (Høgskulenpå Vestlandet) spoke on »Representations and Embodied Experiences of ›Evil‹ and ›Good‹. The Chinese Bible Woman Tosao on Footbinding and Christianity«. The Norwegian missionary Marie Monson (1878–1962) authored a book on the Chinese women Tosao, a scarce historical source on poor illiterate women in the Chinese countryside in the Twentieth century. While Protestant missionaries employed the practice of footbinding as a trope for the perceived evils, barbarity and backwardness of Chinese culture and society, the book illustrates the difficulty, unbinding of formerly bound feet posed to the Chinese women. For Tosao, the expectation to untie her feet as a sign of sincere conversion challenged fundamental aspects of her self-understanding and the implications of ›evil‹ and ›good‹, Christianity and conversion. Monson's portrayal of footbinding as a reprehensible practice serves to justify both the colonial and missionary agendas.

Miguel Bandeira Jerónimo's (Coimbra University) presentation »The ›Civilised Savageries‹ of European Colonialism in Africa in the Early Twentieth-Century« demonstrated how photography became a pivotal instrument of European colonialism. Jerónimo introduced Alice Seeley and John Harris, two missionaries, who through photography intervened in the issue of slavery in cocoa agriculture in Sao Tomé and Principe. In response, the couple was accused of being enemies and engineers of depression. Hence, the Portuguese colonial empire disseminated images in order to counter the photographs taken by the Harrises. Only in 1962 the system of forced labour was abolished by the Portuguese government. The paper explored the analytical utility of the concept of »civilised savagery«, investigating the evidentiary and documental use of photography, by diverse actors with contrasting ends, to foster distinct moral, political, and economic agendas.

In her presentation on »›They Were Only Seeking Evil at the Expense of the Church‹. Constructions of ›Good‹ and ›Evil‹ Ecumenism in the Early History of the World Council of Churches«, Paulien Wagener (University of Halle-Wittenberg) examined how the purpose of the World Council of Churches (WCC) and the ecumenical movement as a whole were contested in 1960s in Egypt. In 1962, the Coptic Orthodox Church invited the WCC to hold its Executive Committee meeting in Cairo, which was in part due to the support the WCC showed to the victims of the Suez crisis. Members of the Coptic Orthodox Church reacted to this invitation by accusing the WCC in three pamphlets of being a political organization under control of international powers, more specifically of colonialist and Zionist political and economic involvement. Both officials of the Coptic Orthodox Church and of the WCC responded to these accusations, portraying themselves and the others in the light of truth and lie, good and evil.

Following on from Hussite image propaganda, the early Wittenberg Reformation made extensive use of antithetical depictions in which the ›truth‹ of its own doctrine and the ›lie‹ of Catholic doctrine were presented in text and image. Thomas Kaufmann's (University of Göttingen) presentation »Antithetical Polemics in the Religious Controversy of Latin Europe in Early Modernity« traced the development of this agitational media up to the 17th century and determined its function in relation to the definition of one's own and the ›other's‹ position. Kaufmann showed pictural scences of polemics, like the antitheses of the richly ordained pope versus the poorly dressed and suffering Christ. The function was not to convince the opponent but to consolidate one's own group. He proposed, that the antithetical imagery in the background of confession might have influenced how people of other continents were later perceived as different by missionaries.

Frieder Ludwig (VID) presented a paper on »Complex Loyalties during the Period of Decolonization and the Cold War. Sir Francis Akanu Ibiam (Nigeria) – missionary doctor, conservative teacher, moderate politician and ecumenical leader between 1951 and 1961«. Francis Akanu Ibiam advocated a collaborative approach with the colonial authorities in Eastern Nigeria and a step-by-step constitutional process to independence. He was appointed an honorary Knight Commander of the Order of the British Empire (KBE) in 1951 and in 1961 was elected one of the six presidents of the WCC. Despite his upbringing in mission schools, he was also deeply critical of racist missionary attitudes, which he regarded as »vigorously uprooting that which he has heroically planted and nursed with love and care.« Ibiam's disillusionment with the colonial power was further exacerbated by the British's endorsement of the anti-Biafra stance and their support for a unified Nigeria. In August 1967, Ibiam publicly denounced the honours he had received from the Queen of England.

In the compelling case study »Clash of Faiths. Hinduism and the Pentecostal Church in Natal. 1925–1994«, Kalpana Hiralal (University of KwaZulu-Natal) explored the early religious practices of indentured Indian immigrants in Natal, South Africa, and the efforts of Christian missionaries, particularly Pentecostals, to convert them. Hiralal examined the contestation between early Hindu religious leaders and the Pentecostal church, the former highly critical of the conversion efforts of Christian missionaries. The gradual success of the Pentecostals in the early 20th century began to gain converts largely through preaching the ›holiness gospel‹ as well as critiquing Hindu rituals, belief systems and social systems, including the caste system.

In their paper »From Text to Image. Translating ›Good‹ and ›Evil‹ in Norwegian Medical Missionary Discourses«, Kristin Fjelde Tjelle and Marina Xiaojing Wang (VID) explored how medical missionary narratives constructed moral distinctions through textual and visual representations. Focusing on Volrath Vogt (1879–1971), a NMS medical missionary who worked in Hunan, China, they examined how his publications, aimed at a Norwegian readership, diaries, and extensive photographic documentation, not only narrated Vogt's medical experiences, but also embodied complex processes of cultural interpretation and moral categorization. The metaphorical image of China as the ›sick man of Asia‹ was adopted by China, impacting the Chineses' self image and influencing emerging nationalist and modernisation discourses.

The workshop »Translations and Transloyalities« critically examined how polarized concepts of ›good‹ and ›evil‹ were constructed, negotiated, and manipulated in various intercultural religious encounters across various historical contexts. Religious actors consistently used these binary distinctions to justify their actions, often portraying themselves as representatives of ›good‹ while characterizing local practices and belief systems as ›evil‹. Diverse case studies – from the

Sámi mission in Norway to decolonization and the Biafra conflict – demonstrated that the concepts of ›good‹ and ›evil‹ were fluid, contextual, and strategically employed to serve the interests of cultural and religious groups. Ultimately, the workshop highlighted the complexity of moral categorizations, showing how seemingly absolute ethical distinctions were in fact deeply embedded in specific historical, cultural, and power dynamics.

Paulien Wagener

Äußere Mission und Nationalsozialismus

Wissenschaftliche Fachtagung vom 24. bis 25. Oktober 2024 im Zentrum Mission EineWelt, Neuendettelsau

Das Thema Mission und Nationalsozialismus steht nicht sehr hoch auf der Agenda der zeitgeschichtlichen Untersuchungen oder der Interkulturellen Theologie, auch wenn eine Reihe von Beiträgen dazu erschienen sind (zuletzt das Themenheft »Mission erfüllt?« der *Interkulturellen Theologie*, 1/2022). Die kirchlichen Missionswerke als Nachfolger der Missionsgesellschaften haben diesen Teil ihrer Vergangenheit in unterschiedlicher Weise aufgearbeitet. Die Missionswissenschaft, aus deren Reihen in der Zeit des NS-Regimes viele Abhandlungen veröffentlicht wurden, die die Ideologie oder das Regime selbst begrüßt haben, hat sich zur Interkulturellen Theologie/Missionswissenschaft mit neuen Zugängen gewandelt.

Die Abteilung für Kirchengeschichte der Theologischen Fakultät an der Münchner Universität hatte im Oktober 2024 in Kooperation mit Mission EineWelt, Neuendettelsau, zu einem Werkstattgespräch über »Äußere Mission und Nationalsozialismus« eingeladen. Laufende Forschungsvorhaben dazu sollten vorgestellt werden, nachdem das Thema durch grundlegende Beiträge kontextualisiert und die Erinnerung daran in die Zeitgeschichte eingeordnet worden war. Ein Ziel war, eine Verständigung über weitere nötige Untersuchungen zu erreichen. Denn, so die Auffassung der Anwesenden, die zum Abschluss die Tagungsbeobachtungen von Roland Spliesgart diskutierten, es sei ein Forschungsfeld, auf dem noch viel durch weitere Archivstudien – sowohl der Missionswerke als auch anderer Einrichtungen im In- und Ausland –, Untersuchungen zu einzelnen Personen und zu den damaligen »Missionsfeldern« nötig seien, bevor ein Gesamtbild möglich sei.

Zu Beginn der Tagung betonte Prof. Harry Oelke (München), dass es bei diesem Thema der Zusammenarbeit von kirchlicher Zeitgeschichte und der Interkulturellen Theologie bedürfe. Auch postkoloniale Perspektiven und Zugänge der globalen Christentumsgeschichte seien erwünscht. Diese Forderung wurde in der ersten Runde durch Beiträge aus verschiedenen Forschungsperspektiven aufgegriffen.

In ihrem einführenden Doppelvortrag ging es Harry Oelke und Michael Biehl (Hamburg) allerdings weniger um methodische Fragen der unterschiedlichen Disziplinen. Sie untersuchten aus der Perspektive der kirchlichen Zeitgeschichte und der Missionsgeschichte, wie das Verhalten von Kirche und Mission in der Zeit des Nationalsozialismus in den Jahrzehnten danach in Erinnerung gerufen wurde. Die Rekonsolidierung der Kirche in der Nachkriegszeit begegnete ihrer Rolle im NS-Staat überwiegend apologetisch. Eine kritische Auseinandersetzung begann mit den 1970er Jahren. Ähnlich verhielt es sich mit der Missionsbewegung, deren Strukturen relativ intakt geblieben waren. Auch hier konnten die Akteur:innen zunächst selbst ihre Deutung durchsetzen, dass die Mission der »Dämonie« getrotzt hatte. Anders als die Kirche hatte die Missionsbewegung durch ihre transkulturelle Struktur dabei eine doppelte Perspektive: Mission in Deutschland und Mission in den ehemaligen Missionsgebieten, und auf die nun zu Partnern gewordenen Kirchen.

Dadurch verliefen die Phasen der Erinnerungskultur im Bereich der evangelischen Kirche in Deutschland und der Mission nicht völlig parallel. Während die deutsche Kirchenöffentlichkeit die Mission in der NS-Zeit primär aus einer innenpolitischen Perspektive sah, mussten die Missionswerke ihre Theologien und Verhalten auch im Kontext der internationalen Missionsbewegung reflektieren. In den 1960er und 1970er Jahren rückte dort, angeregt durch neue missionswissenschaftliche Ansätze und die Kritik an Kolonialismus und Rassismus, der Kolonialismus stärker in den Fokus. In der internationalen Kritik an Mission, Kolonialismus und Rassismus wurde dann die spezifische NS-Zeit als eine zu vernachlässigende Konkretion in Deutschland weitgehend ignoriert.

In der deutschen Erinnerungskultur treten Kirche und Mission in der NS-Zeit nach 2000 deutlich zurück. Oelke sprach von einer allgemeinen Ermüdung der EKD-Kirchen in diesem Bereich, die auch zu Sparmaßnahmen bei Forschungsvorhaben geführt habe. Biehl verwies auf die gegenwärtigen Debatten über Mission und Kolonialismus und Restitution hin, die das Verhalten der Missionsbewegung in der Zeit des Nationalsozialismus überlagert.

Jonas Licht (Hamburg/Shenyang) blickte dann mit seiner Untersuchung der Veröffentlichungen in der *Neuen Allgemeinen Missionszeitschrift* auf die Zeit im

Nationalsozialismus zurück. Er zeigte auf, wie sich führende Missionsdenker über den Begriff des Völkischen der NS-Ideologie und auch dessen Rassismus geöffnet haben. Andererseits wurde, um die Arbeit der Missionsbewegung zwischen 1933 und 1945 zu sichern, Zurückhaltung geübt. Sie mussten auch Maßnahmen plausibel machen, die Angehörigen von als minderwertig betrachteten Völkern mit dem christlichen Glauben vertraut zu machen. Das war ein Balanceakt, der die Nazis trotz aller Nähe und Bekundungen nicht überzeugte, und sie verboten alle missionswissenschaftlichen Zeitschriften.

Moritz Fischer (Hermannsburg) ging in einer doppelten Perspektive auf die Zeit der Mission im Nationalsozialismus ein. Zum einen stellte er als Aufgabe der Disziplin Interkulturelle Theologie eine Kritik missionstheologischer Ansätze, ihrer erkenntnistheoretischen Annahmen und ihrer Praxis vor. Dazu zählen auch perspektivisch geleitete historische Untersuchungen. In einer kleinteiligen Spurensuche in Texten, Fotos und Briefen zeigte er auf, wie einzelne Personen im Umfeld der Neuendettelsauer Mission sich dem Nationalsozialismus zugewandt haben, und erläuterte, warum der beginnende Nationalsozialismus so attraktiv für breite Kreise in den protestantischen Kirchen und auch in den Missionswerken war, die die Moderne als Gegnerin empfanden. Diese Spurensuche diente Fischer allerdings auch dazu zu zeigen, wie komplex ein konzeptioneller Zugang zu Nationalsozialismus und Mission ist. Das könne nur in einem umfassend verflochtenen Zugang gelingen, in dem der Komplex mit Blick auf die Wahrnehmung der Moderne als antichristliche Säkularisierung, die Ökonomie mit Blick auf den Kolonialismus und die wirtschaftliche Eingebundenheit der Aktivitäten der Missionsgesellschaften, den Konfessionalismus und auch die weltweite Eingebundenheit der Mission erfasst wird. Hier sei noch viel zu tun.

Der Direktor des Missionszentrums, Hanns Hoerschelmann, unterstrich in einem Grußwort, welch großes Interesse das Werk an der vertieften Aufarbeitung seiner eigenen Geschichte hat. Das wurde auch durch eine große interessierte Zuhörerschaft aus dem Kreis derer erkennbar, die in der Nachkriegszeit in die Arbeit des Werkes eingestiegen sind. In den Gesprächsbeiträgen waren insgesamt keine Versuche der Apologie oder Beschwichtigung zu erkennen.

Am nächsten Tag wurden in einer zweiten Einheit laufende Forschungsprojekte vorgestellt. Die Reihe eröffnete Franziska Schoppa (München) mit dem Stand ihrer Arbeit zur Neuendettelsauer Mission im Nationalsozialismus unter dem Titel »Ergänzung oder Gegensatz?« Sie beschrieb, dass das Regime unter den Mitarbeitenden und im Umfeld der Mission hohe Zustimmung fand. Die lokale Verbindung von Luthertum und Deutschtum beförderte das Verständnis, dass die Mission zum weltweiten Siegeszug über die Religionen beitrug. Die Missionar:innen in den Arbeitsgebieten Papua-Neuguinea (»Heidenmission«) und Brasilien (»Diasporamission«) waren von einem solchen Sendungsbewusstsein geprägt, doch sie sahen ihre Aufgabe weiterhin darin, Kirchen zu gründen. Bei allem Nationalismus führte das auch zu Konflikten mit den Nationalsozialisten, die den Gedanken, anderen Menschen das Christentum zu bringen, ablehnten.

Durch den Beitrag von Barbara Herfurth-Schlömer (Wuppertal) zum Stand ihrer Forschung zur theologischen und politischen Einstellung der Missionar:innen der damaligen Rheinischen Mission während der NS-Zeit wurde gut sichtbar, dass Missionsgesellschaften ihre Position zum NS-Regime recht unterschiedlich bestimmten. So zeigte sie am Beispiel deren Direktors, wie sich die Rheinische Mission gegenüber dem Nationalsozialismus zurückhaltender verhielt und der Bekennenden Kirche nahestand. An Fallstudien erläuterte sie, wie andererseits Mitarbeitende die Deutschen Christen und damit das Regime aktiv unterstützten. Ihr Beitrag verdeutlichte, dass in den Archiven dazu noch viel unbearbeitetes Material schlummert, das auf weitere biographische und mikrohistorische Untersuchungen wartet.

Die Frage nach nationalsozialistischen Positionen außerhalb von Deutschland ging Christine Winter (Adelaide) mit ihrer Forschung zu Lutheraner:innen in Australien nach. Diese fühlten sich als Australier:innen, doch als deutschstämmige Lutheraner:innen wurden sie im Ersten Weltkrieg zu Feinden erklärt. Das stärkte ihre Bindung an Deutschland und führte, vermittelt durch die Missionspresse, zu einer positiveren Einstellung zum NS-Regime. Diese Fallstudie zeigte Verflechtungen auf, die für Kontexte außerhalb Deutschlands eine differenzierte Betrachtung von Einstellungen zu Konfession, Deutschtum und dem nationalsozialistischen Regime erfordern.

Ein Programmpunkt der Tagung war die Möglichkeit, unter der Führung der Ethnologin Heide Lienert-Emmerlich (Neuendettelsau) anhand ausgewählter Stücke der pazifischen Objektsammlung über Vermächtnis und Verantwortung nachzudenken. Sie legte dar, wir diese Stücke unabhängig von ihrer tatsächlichen Bedeutung genutzt wurden, um die Überlegenheit der deutschen Kultur und des Christentums darzustellen: ein interessanter Blick auf Kultur und Religion im Material und was die Gegenstände erzählen können.

Roland Spliesgart (München) leitete die Schlussdiskussion mit den erwähnten Tagungsbeobachtungen ein. Er verwies auf die vielen Dimensionen des Komplexes »Mission« im Nationalsozialismus und der Zeit danach. Er unterstrich die Notwendigkeit einer komplexen Verflechtungsperspektive, um den Bereich angemessen zu erforschen. Dazu gehöre auch, den Fokus auf die Jahre 1933–1945 aufzubrechen und ihn in größere geistesgeschichtliche Zusammenhänge in Deutschland zu stellen.

Anders als am ersten Tag konstatiert, war in der Diskussion keine Ermüdung zu spüren. Vielmehr waren sich alle Beteiligten einig, dass auf diesem Gebiet noch viel erforscht werden müsse, wie zu Beginn notiert. Dazu gehört, weitere Interessierte zu gewinnen und eine Verständigung über Aufgaben und methodische Fragen der Zeitgeschichte und Interkulturellen Theologie zu erreichen. Dazu gehören nicht nur historische Fragen – auch theologisch müsse weiter geforscht werden, wie Theologumena von damals weiter in unseren Missionstheologien unterschwellig weiterwirken und von wieviel »Veranderung« heutige missionstheologische Entwürfe noch geprägt sind.

Michael Biehl

Rezeptive Ökumene, Sackgassen der Verwundung und *Fa'aaloalo*-Respekt von Angesicht zu Angesicht

Zum Umgang mit Konflikten in der Ökumene

EMW-Konferenz »Metanoia und Dialog«, Cluj-Napoca, 14.–16. Oktober 2024

Einige Facetten aus der Bestandsaufnahme der ökumenischen Gegenwart vorweg, der sich eine internationale EMW-Konferenz in Zusammenarbeit mit der Missionsakademie stellte, die vom 14. bis 16. Oktober 2024 an der Fakultät für Orthodoxe Theologie in Cluj-Napoca (Rumänien) durchgeführt wurde: Es ist die Rede von einem lang anhaltenden »ökumenischen Winter«, oder vielversprechende Formate einer »gelebten Ökumene« werden in eine jüngere Vergangenheit verwiesen; innerchristliche Konflikte kommen zum Vorschein, ausgelöst durch konfessionelle oder doktrinäre Spannungen, mitunter fügen sie sich ein in eine longue durée von Kirchenkonflikten, nochmals verschärft durch postkoloniale Neupositionierungen in der weiten Welt der Ökumene heute; es werden Triggerdiskurse sichtbar, die sich an Genderfragen identifizieren lassen oder an der Verflechtung von kirchlicher Macht mit nationalstaatlichen Ränkespielen. Damit sind Signaturen um Konflikte in der Ökumene der Gegenwart gezeichnet, die auf dieser EMW-Konferenz unter dem Titel: »Metanoia und Dialog« verhandelt wurden. Den Umgang mit Konflikten in und zwischen Kirchen bezeichnete Eckhard Zemmrich (EMW, Hamburg) aus Sicht der Organisatoren eingangs als eine prekäre »Kunst des ökumenischen Konfliktmanagements«. Die Agenda der dreitägigen Konferenz sah am ersten Tag vor, gegenwärtige Konfliktarenen in der ökumenischen Landschaft näher zu bestimmen, während der zweite Tag intra-konfessionelle Konflikte und die jeweiligen Konfliktlösungsstrategien in Augenschein nahm. Die Schlusssequenz der Konferenz stellte sich der Tragweite von Identität und von ritueller Transformation in ökumenischen Konfliktgeschehnissen. Aus der Dichte der Einzelvorträge, die ergänzt wurde durch vielfältige

Begegnungsforen mit Vertreter:innen der orthodoxen Kirche und Theologie vor Ort, werfe ich im Folgenden einige ausgewählte Schlaglichter.

Der Eröffnungsvortrag konzentrierte sich auf das multilaterale Engagement innerhalb des Ökumenischen Rats der Kirchen (ÖRK) und in Sonderheit innerhalb der Sektion für Glauben und Kirchenverfassung. Der serbisch-orthodoxe Theologe Andrej Jeftic (ÖRK, Genf) bestimmte konfessionelle Differenz als potentielle Quelle nicht nur für Konflikte, sondern auch für die konstruktive Energie innerhalb der Ökumene. Die ökumenische Methode der Konsensfindung habe sich als plausibel erwiesen, um dadurch gemeinsam zu wachsen in wechselseitigem Vertrauen aufeinander. Er zeigte sich überzeugt davon, dass die gemeinsame Praxis der Vertrauensbildung, in transparenter und inklusiver Kommunikation ökumenische Kernbestände zu formulieren, Ressourcen zu teilen, und auch Grenzen des Einverständnisses zu markieren, vorbildgebend für alle weiteren multi- wie monokonfessionellen Settings sei. Da die ökumenische Bewegung die Differenz der Profile nicht aufzuheben trachte, vielmehr einen konfessionellen Konflikt als einen Treiber anerkenne, um die gemeinsame Suche nach Wahrheit voranzubringen, bestehe die eigentliche Kunst darin, den Moment zu erkennen, an dem ein tieferliegender Konflikt überzulaufen drohe. Dieses Momentum zu erkennen bedeute, den Konflikt an der Stelle und an diesem Thema nicht weiter aufzuheizen, sondern gegebenenfalls um mehrere Schritte der Verständigung zurückzugehen. Jeftic rahmte diese Strategie in das ökumenische Paradigma der Pilgerschaft für Gerechtigkeit und Frieden ein, also darin, der Wahrheit im Prozess nachzugehen, ohne konfessionelle Voreingenommenheit zu bemühen.

Der ökumenische Impuls, sich gemeinsam auf den Weg zu machen und ökumenische Gemeinschaft in der Vision von Frieden und Gerechtigkeit zu erleben, sollte im Grunde auch und gar mit höherer Intensität innerhalb konfessioneller Kirchenfamilien anzutreffen sein. Weit gefehlt. Den Reigen innerkonfessioneller Konfliktszenarien eröffnete James Hawkey (King's College, London). Hawkey setzte eine zugleich realistische wie skeptische Note mit seiner präzisen Darlegung intrakirchlicher Konflikte in der Anglikanischen Kirchengemeinschaft. Mit beeindruckender Intensität stellte sich die Anglikanische Kirche seit Anfang den 1990er Jahren dem immensen Druck, der die innere Struktur ihres weltweiten Kirchennetzwerks bis an den Rand des Erträglichen vor allem durch die Diskussion um menschliche Sexualität, Gender und damit zusammenhängende Ordinationsfragen belastet(e). Alle Lösungsszenarien schlugen fehl. Ein 5-Punkte-Memorandum der Church of England forderte in den Nuller Jahren zu einer präziseren theologischen Debatte auf mit dem Vorschlag, zwischen Begründungen erster und zweiter Ordnung zu unterscheiden, und zwar mit der Standardreferenz auf das Nicänische Glaubensbekenntnis. Geht es in einem Konflikt um strittige doktrinäre oder um strittige moralische Fragen? Trotz aller Offenheit im Austausch – auch um theologische Präzision – beruhigte sich die Debatte bis heute nicht. Im Gegenteil, so Hawkey, geht sie derzeit in eine neue Runde in der Diskussion um Familienethos und Heiratsverständnis. Auf internationaler Ebene verschärfen sich dieselben Genderdebatten um postkoloniale Positionierungen. Hawkey legte die zutiefst prekäre Situation der Anglikanischen Kirche bloß; mehr noch zeigte er das Scheitern von Konfliktmanagements auf. Offenbar steht die weltweite anglikanische Kirchengemeinschaft davor, ihr bisheriges symbolisches Repräsentationsmodell, das im Erzbischof von Canterbury zusammenläuft, zur Disposition zu stellen. Das bedeutet, dass die erst kürzlich angebotene theologische Unterscheidung von Konflikten erster und zweiter Ordnung bereits an eine Grenze gelangt ist und nunmehr strukturelle Handlungsoptionen zur Konfliktbewältigung in Erwägung gezogen werden. Bei aller anglikanischen Spezifität der Verfasstheit von Genderkonflikten lässt sich m. E. für die weitere ökumenische Debatte die Zentralität einer »Theologie des Körpers« schlussfolgern, der unbedingt nachzugehen ist.

Als »dauerhaften Schmerz« bezeichnete Martin Junge, ehemaliger Generalsekretär des Lutherischen Weltbundes (LWB) aus Chile, das Faktum der Kirchentrennung. Junge bezog sich dabei explizit auf die lang andauernde Spaltung lutherischer Kirchen, die sie – wie im Falle Chiles selbst – der Ära von Militärdiktaturen oder etwa auch der Apartheidregime im südlichen Afrika verdanken und deren Wunden bis in die Gegenwart nachwirken. Er stellte heraus, dass nicht die Tatsache eines Zerwürfnisses oder einer Uneinigkeit in bestimmten Fragen das eigentliche Problem darstelle, sondern der Umgang mit Konflikten. Die lutherische Gemeinschaft verständigte sich auf einen Verhaltenskodex, der sich als konstruktiv in der Bewältigung von Konflikten herausgestellt hat. Junge führte einzelne Elemente auf: Mit der Ausgangshaltung der »Ermahnung« bzw. des »Verweises« werde wechselseitige Nachsicht und sorgsamer Umgang miteinander eingefordert; nicht die Verwerfung der anderen Sichtweise, sondern der Appell nach vernunftbasierter Aushandlung seien gefordert. Mithin erinnert Junge an Habermas' Grundregeln kommunikativen Handelns, die im Lutherischen Weltbund wirksam geworden sind. Das starke Vertrauen in kognitive Handlungsmotivation erweist sich nicht selten auch im kirchlichen Miteinander als brüchig. In einer nächsten Eskalationsstufe kann ein Moratorium folgen, in dem die kirchlichen Interaktionen bis auf ein Minimum reduziert werden. Die Phase eines Moratoriums ist eine Art Warteraum, in dem ein Fokus gleichwohl auf der Konfliktproblematik liegt. In einer nächsten Stufe kann die Suspendierung einer Kirche in einem ökumenischen Verbund erfolgen. Anders als bei einem Ausschluss erleichtert eine Suspendierung die Wiedereingliederung einer Kirche im Falle einer Annäherung oder gar Konfliktlösung. Alle diese möglichen Eskalationsstufen wurden im Rahmen des LWB erprobt (Moratorium: Chile 1974; Suspendierung: Südafrika 1984).

Darüber hinaus ging Junge auf die Aussöhnung zwischen lutherischen Kirchen und Mennoniten (Stuttgart 2010) ein. Umschattet von einer geteilten Geschichte voller Traumata und schmerzhafter kollektiver Gedächtnisse sprach sich Junge für eine »rezeptive Ökumene« aus. Damit setzte er sich ab von einem Differenzmodell, das besonders im westlichen Verständnis von Ökumene tragend geworden ist. In den Kirchen des Südens sei die eschatologische Verheißung, die Kirche möge eins werden, verbreitet. Dies lasse einen Schwerpunkt auf die Heilung der geschichtlichen Asymmetrien in kirchlichen Beziehungen und des politischen Gedächtnisses an auferlegte Kirchen- und Theologieverständnisse zu. In dieser Perspektive sei die historisch belastete Aussöhnung zwischen lutherischen und Friedenskirchen möglich geworden. Die Heilung von Erinnerungskulturen sei geleitet von fünf ökumenischen Imperativen: 1. Beginnt mit dem, was euch gemeinsam ist; 2. Seid bereit, euch wechselseitig transformieren zu lassen im Begegnungsgeschehen; 3. Strebt eine sichtbare Einheit an; 4. Entdeckt gemeinsam die Kraft der christlichen Botschaft neu; 5. Bezeugt gemeinsam Gottes Gnade in der Verkündigung.

Ob damit eine Roadmap zur Konfliktbewältigung in der ökumenischen Bewegung vorliegt? Alina Patru (Universität Lucian Blaga, Sibiu, Rumänien) brachte die komplexe Selbstpositionierung der Orthodoxie innerhalb der ökumenischen Bewegung in das Gespräch ein. Sie stellte heraus, dass die Orthodoxie historisch zu gleichen Teilen Opfer wie Subjekt des Kolonialismus sei. Die Orthodoxie stehe vor der Herausforderung, sich selbst zu dekolonialisieren, und davor, dem »orientalistischen« Blick, durch den westliche Kirchen sie taxierten, zu begegnen. Patru besprach ausführlich die Verflechtung der Orthodoxie in koloniale Hegemonieprojekte vergangener Jahrhunderte und verortete selbst die gegenwärtigen Machtspiele etwa in der Ukraine und in Russland, in die die Orthodoxie eng verwoben sei, in der Kolonialgeschichte des europäischen Ostens. Die

Machtkonflikte toben untereinander in der orthodoxen Kirchenfamilie, aber stellen sich mit besonderer Schärfe auch im Ringen um *Autokephalie* etwa in den Balkanregionen, die durch die politische Suche nach nationaler Einheit beeinflusst sei. Wie gelingt es, solche kolonialhistorisch gefestigten kirchlichen Identitätspositionen innerhalb der orthodoxen Welt aufzuweichen?

Marian Simion (Harvard Divinity School, USA) betonte, gespickt mit religionsethnologischen Ausführungen zur Opferpraxis, die Transformationskraft ritueller Interaktion bei der Bewältigung von Konflikten. Rituale generieren Bedeutung und Stabilität jenseits sprachlich-kognitiver Verständigung, vermögen es, hierarchiegeprägte (Kirchen-)Kulturen zu unterlaufen, Schweigen zu durchbrechen und auch, die Kohäsion von Deutungen zu bewirken. Konflikte in der Ökumene stehen vor einer Heterogenität von ritueller Praxis. Wird sie in top-down- oder bottom-up-Strategien initiiert, soll sie einen Diskurs öffnen oder verschließen? Mit Verweis auf Miroslav Wolf kristallisierte Simion eine Hauptverantwortung kirchlicher Hierarchien heraus: Sie müssten sich der grundlegenden Herausforderung stellen, sich selbst verwundbar zu machen und das Risiko der Verwundbarkeit in ökumenischen Konfliktlagen auszuhalten.

Der Beitrag von Mika Vähäkangas (Abo Akademi University, Finnland) war geprägt durch eine weitaus skeptischere Einschätzung von den Möglichkeiten der Konfliktbewältigung. Nicht allein erinnerte er an hybride Identitäten von beteiligten Akteur:innen in Konflikten, auf die bereits Alina Patru hinwies. Akteur:innen entpuppten sich als Unterdrücker:innen und Unterdrückte zugleich, sie können Kolonisierte wie Kolonisator:innen zur selben Zeit sein. Zudem zeichne sich auch die ökumenische Bewegung durch asymmetrische Konfliktlagen aus. All dies erfordere diverse Formen von Versöhnung. Damit sprach er sich indirekt gegen die Skizzierung von Roadmaps aus, die insbesondere der Beitrag Junges vorstellte. Für Vähäkangas steht fest, dass sich die ökumenische Bewegung insgesamt auf lange Prozesse von Versöhnung einstellen muss, die über Generationen laufen. Ihm steht die Gravität von Schuld vor Augen, allein schon mit Blick auf die Einbindung orthodoxer Kirchen in die aktuelle Konstellation im Krieg Russlands gegen die Ukraine. Die Aussage bleibt hängen: »In Kontexten tiefer Schuld kann nicht vergeben werden«. Um aus solcher Schuldverstrickung herauszukommen, bedürfe es »Wunder«. Damit beschrieb er die Grenzen von Versöhnung ebenso wie die Grenzen des Konfliktmanagements.

Widerspruch erfolgte aus den Diskussionen in verschiedenen Arbeitsgruppen. Eindrücklich rief Afereti Uili (Pacific Theological College Suva, Fidschi) Konflikttheorien aus Sicht der dekolonialen Pasifika-Theologien auf. Uili ging detailliert auf das *Fa'aaloalo*-Konzept ein, das die ozeanische Weite nicht als leeren Raum ansieht, vielmehr als durch Verbindungs- und Orientierungslinien gekennzeichnetes »Meer der Inseln«. *Fa'aaloalo* beschreibt die wechselseitige Inklusivität in Konfliktbeziehungen. Es geht darum, den Respekt voreinander von Angesicht zu Angesicht dauerhaft zu bezeugen. Auch in konfliktbehafteten Situationen herrscht demnach ein relationales Grundverständnis vor, welches Uili als Prinzip »wechselseitigen Widerspruchs« fasste. Nicht die einseitige Durchsetzung individueller oder kollektiver Ziele sei Grundabsicht in Konfliktresolutionen, sondern die Offenheit von Beziehungen soll gewahrt bleiben. Konfliktlösungen orientieren sich daran, »*Alofa*-Beziehungen« (Beziehungen, die durch Liebe, Mitgefühl, die Sorge füreinander) wirken zu lassen. Höchste Sorgfalt soll darauf gelegt werden, nicht etwa konkurrierende oder exklusivistische Beziehungen zu verschärfen, sondern vielmehr den »Raum dazwischen« gleichsam zu segnen und zu verschönen (teu le va). Der Zwischenraum, der Konfliktparteien nicht trennt, sondern zusammenhält, gilt als heiliger, machtvoller Raum (va tapuia). Er muss geachtet und geschützt werden. Die *Fa'aaloalo*-Weltanschauung betont die Zentralität von Beziehungspflege, wechselseitiger Respektsbezeugung, und von einem Verbindungsraum dazwischen, so wie das »Meer der Inseln« durch Land-Wasser-Himmel.

Wie bilanziert man eine Konferenz, die ein beachtliches Spektrum an Konfliktbeschreibungen wie an möglichen Bewältigungsstrategien von Konflikten in der ökumenischen Bewegung freigelegt hat – und die sich nicht nur wechselseitig anreichern, sondern die sich implizit auch widersprechen? Zu den (hier nicht eigens besprochenen) theologischen Konzepten, wie das der metanoia, der koinonia, der Versöhnung oder der Gastfreundschaft, gesellten sich ritualpraktische Ansätze wie auch Orientierungen an der Heilung von Gedächtnissen der Zerspaltung. Es tauchten Sackgassen im praktizierten Konfliktmanagement auf, die Zweifel an einer zu optimistischen Umsetzungsstrategie von allgemein verbindlichen Handlungsnormen aufkommen lassen, die einer Roadmap gleich aus dem viel beschworenen ökumenischen Winter heraus zu geleiten vortäuschen, der die ökumenische Bewegung seit annähernd zwei Dekaden heimsucht. Könnte sich die ökumenische Bewegung von einer *Fa'aaloalo*-Perspektive auf historisch gewachsene wie aktuelle Konfliktszenarien inspirieren lassen? Vielleicht – und mit dem ökumenischen Paradigma einer Pilgerschaft auf dem Weg der Gerechtigkeit und des Friedens verbinden. Ist angesichts der konfliktbeschwerten Gegenwart der ökumenischen Bewegung nicht schon die Anerkennung dessen, auf einem gemeinsamen Weg unterwegs zu sein, in dem sich, nun ja, *Alofa*-Beziehungen der Reziprozität ausbilden lassen, ein gar nicht einmal bescheidener Ansatz zur Lösung von dauerhaften Konflikten? Man darf gespannt die Publikation des Konferenzbandes erwarten.

Andreas Heuser

Schule trifft Wissenschaft

Dekolonisieren als zivilgesellschaftliche Querschnittsaufgabe

Zur Vorgeschichte des Projektes *Kolonialismuskritik in Lippe*

Debatten um Kolonialkunst in deutschen Museumssammlungen, die *Black-Lives-Matter*-Bewegung oder Diskussionen zu Straßennamen, die an Kolonialakteur:innen erinnern, zeugen von einem sich entwickelnden kritischen Blick auf koloniale Denkmuster, Bilder und Strukturen in der Gesellschaft. Dennoch ist der Kolonialismus in der Schule nur temporär und lokal begrenzt ein Thema, mit dem sich intensiv auseinandergesetzt wird. In der Provinz, vermeintlich weit weg von kolonialen Geschehnissen, ist das Thema nicht in der Bevölkerung verankert, ein Zustand, den es zu verändern gilt.

Die Ausschreibung der Kulturstiftung des Landschaftsverbandes Westfalen-Lippe zum Themenjahr *(Post-)Kolonialismus* machte Lust, sich mit dem Thema zu befassen und zu schauen, wie sich entsprechende Spuren in Lippe, also jenseits der großen Metropolen wie Berlin oder Hamburg, niederschlagen und wie ein kritischer Umgang mit dem Kolonialismus hier vor Ort initiiert werden könnte.

Und so bewarb sich das Kommunale Integrationszentrum des Kreises Lippe (KI) um Fördermittel aus dem Themenjahr. Unter dem Titel *Kolonialismuskritik in Lippe* trat das KI in der Folge an die Schulen in Lippe heran, um Partner für die Projektarbeit zu gewinnen. Mit der Freien Waldorfschule Lippe-Detmold und der Karla-Raveh-Gesamtschule in Lemgo fanden sich schließlich zwei Bildungseinrichtungen, die aktiv in die Recherche, Ausarbeitung und Präsentation einstiegen.

Gemeinsam entwickelten die beiden Schulen mit dem KI die Ziele des Projekts. Es ging darum, die Spuren des Kolonialismus zu lokalisieren, die Relevanz auch für das aktuelle Geschehen in Lippe festzustellen, die Erkenntnisse zu fixieren und in die Bevölkerung hineinzutragen. Während die Gesamtschule eine Theateraufführung zum Thema vorbereitete, nutzte die Freie Waldorfschule unterschiedliche Veranstaltungen in und außerhalb der Schule, um mit Informationsständen die Bevölkerung zu sensibilisieren.

Alle Einrichtungen mit Bezügen zur Kolonialismuskritik durch Exponate in ihren Beständen zeigten sich offen, mit den Jugendlichen zusammenzuarbeiten, so die Museen, die Lippische Landesbibliothek und das Landesarchiv, Abteilung Ostwestfalen-Lippe, sowie die Lippische Landeskirche bezüglich der Mission. Dabei stellte sich heraus, dass einige Museen sich bereits mit ihren Exponaten in Bezug auf die koloniale Vergangenheit auseinandergesetzt, andere, wie die Landesbibliothek, ihre Bestände zu diesem Themenkomplex noch nicht untersucht hatten.

Ein Jahr Projektarbeit

1. Aktivitäten
Die Freie Waldorfschule Lippe-Detmold gehört seit über zehn Jahren zum Verbund der bundesweiten Initiative *Schule ohne Rassismus* und lenkt durch verschiedene Aktivitäten den Fokus auf wichtige Themen wie Diskriminierung und insbesondere Rassismus innerhalb und außerhalb der Schulgemeinschaft. In diesem Sinne präsentiert die entsprechende schulische Arbeitsgemeinschaft regelmäßig intern wie extern ihre Arbeit, so aktuell die Recherchen, Erfahrungen und Ergebnisse des hier vorgestellten Projektes.

Das jährliche Regionaltreffen der *Schulen ohne Rassimus* stand 2023 unter dem Thema *Global denken – lokal couragiert handeln. Jede:r macht einen Unterschied!* Der Hauptvortrag *Leben auf Kosten anderer?* erhielt durch die aktuelle Beschäftigung der Gruppe mit der (deutschen) Kolonialgeschichte an Tiefe und offenbart die kolonialen Kontinuitäten.

Zu Beginn des Schuljahres 2023/24 besuchten die Schüler:innen die Ausstellungswerkstatt des Landschaftsverbandes Westfalen-Lippe *Das ist kolonial* im LWL-Museum Zeche Zollern in Dortmund. Die Ausstellung beeindruckte die Gruppe dermaßen, dass sie auch zur Folgeausstellung *Das ist kolonial. Westfalens unsichtbares Erbe* fuhr.

Im Lippischen Landesmuseum besuchte sie eine eigens für sie vorbereitete Führung zum Thema Kamerun und Togo. Die Schüler:innen bekamen einen Einblick in die Inventarlisten, in denen damals die kolonialen *Objekte* aufgeführt wurden. In den Vitrinen konnten sie Gegenstände afrikanischen Ursprungs betrachten, die nach Deutschland verschifft worden waren.

Weitere Erkundungen führte die Gruppe ins Landesarchiv. Die Archivpädagogin, eigens auf das Interesse an Togo und Kamerun vorbereitet, half den Schüler:innen schließlich, einen Zeitungsartikel der Lippischen Zeitung von 1912 zu finden und auszudrucken. Dieser Artikel beleuchtet die Geschichte der Steine des lippischen Missionars Wilhelm Fricke, die bei der Führung im Landesmuseum zu bestaunen gewesen waren.

Bei einer Exkursion ins LWL-Freilichtmuseum Detmold besichtigte die AG die beiden dort wieder aufgebauten Kolonialwarengeschäfte.

2. Ergebnisse

Der Besuch der beiden Ausstellungen in Dortmund zum Thema Kolonialismus in Westfalen und Lippe sensibilisierte für das Geschehen vor der eigenen Haustür. So waren *Objekte* zu sehen, die Menschen aus den Kolonialgebieten mit nach Hause gebracht hatten, wurde die bis heute aktuelle Verwendung kolonialgeschichtlicher Straßennamen aufgezeigt und konnten die wirtschaftlichen Auswirkungen des Kolonialismus in der Region konkret nachvollzogen werden. Tabak-, Kakao- und Kaffeeplantagen lieferten damals (wie heute) die Rohstoffe für die Erzeugung neuartiger Delikatessen wie z. B. Bohnenkaffee, die in Kolonialwarenläden verkauft wurden. Im damaligen Detmold gab es allein 35 Geschäfte dieser Art!

Zwei dieser Kolonialwarenläden aus der Region sind im heutigen Freilichtmuseum in Detmold zu sehen. Aus Sicht der Schüler:innen ist die Präsentation historisch nicht aufschlussreich. So bleibt z. B. eine Wanduhr mit der rassistischen Abbildung des *Sarotti-Mohrs* auf dem Ziffernblatt ohne Erklärung. Auch die Hinweistafeln geben lediglich Auskunft zu den Gebäuden, den Eigentümern, zur Einrichtung und den Handelswaren. Es fehlt eine kritische Einbettung in den Entstehungszusammenhang. Hier wandte sich die Gruppe mit Textvorschlägen an das Museum und bot ihre Mitwirkung an. Inzwischen erfuhr sie, dass im Museum selbst bereits an einer Veränderung gearbeitet wurde. Ein Treffen wird folgen.

Aufmerksamkeit, Resonanz und Informationen erhielten die Schüler:innen in Gesprächen an ihrem Projektstand am Rand des Detmolder Wochenmarktes – genau dort, wo sich gegenüber dereinst das größte Kolonialwarengeschäft der

Stadt befand. Heute ist dort eine Filiale von *Tchibo*, die weiterhin Kaffeebohnen u. a. von den fruchtbaren Hängen des Kilimanjaro auf dem Gebiet des heutigen Tansania bezieht. Ein selbst entwickelter Fragebogen ergab mit 37 ausgefüllten Bögen natürlich kein repräsentatives Bild. Ziel war es, die Kenntnis historischer Fakten und Meinungen abzufragen sowie für die Erfahrung des Kolonialismus zu sensibilisieren.

In der Auseinandersetzung mit Berührungspunkten zwischen kolonialer Missionstätigkeit und lokaler Präsenz musealer Ausstellungs*stücke* wurde der Gruppe im Lippischen Landesmuseum klar, wie unvollständig die Einträge zu einzelnen *Objekten* ausfielen, die nach Deutschland gelangt waren. Dies konnte ein Hinweis auf mancherlei fragwürdige Umstände sein: Auch aus Lippe hatten sich damals Missionare auf den Weg in Kolonialgebiete gemacht, so der protestantische Missionar Fricke aus Lemgo-Lieme, der nach *Togoland* aufbrach. Auf ihn sind etwa zwanzig in der Mitte durchbohrte, glatte Steine im Besitz des Museums zurückzuführen, die für Steingeld gehalten worden waren. Aus dem genannten Zeitungsartikel geht hervor, dass diese vor Ort als heilig angesehenen *Gottessteine*, beim Wegebau in einem Eimer entdeckt, durch einen Dritten dem Museum als Zuwendung übermittelt worden waren. Auch auf die vielfach als vom Himmel gefallen angesehenen *Götterbeile* stieß man bei solchen Arbeiten. Einheimische Jungen stahlen sie angeblich in der Folge und schenkten sie dem Missionar im Tausch gegen Griffel. Auch diese Art Steine gelangten nach Detmold und wurden als kultische Objekte gedeutet.

Besuch der Restitutions-Tagung der DGMW in Loccum

Zunächst war für uns das Erleben einer wissenschaftlichen Tagung eine vollkommen neue Erfahrung. Schon bei der Anreise hatten wir zeitweilig das Gefühl, wir könnten wohl fehl am Platze sein unter dem gelehrten Publikum. Doch konnten wir uns in das neue Format recht bald hineindenken und an den Rhythmus des vollen Programms gewöhnen. Es half uns sehr, so freundlich und wertschätzend willkommen geheißen zu werden.

Was uns sehr gut tat, war der Eindruck, uns unter Menschen gleichen Interesses zu befinden, was im schulischen Alltag nicht unbedingt der Fall ist. Wir waren nicht mehr allein mit unserem Projektanliegen, sondern konnten uns austauschen, fühlten uns bestätigt und gestärkt in unserem Engagement. Die Tagung gab uns Rückenwind. Insbesondere afrikanische Teilnehmer:innen unseres Panels zeigten sich erfreut über unsere Arbeit. Beklemmender Hintergrund: Schüler:innen in Tansania kennen ihre eigene Geschichte weniger gut als die europäische! Dekolonisieren ist folglich überall dringende Aufgabe.

Da wir bisher eher einen breiteren Arbeitsansatz verfolgen, faszinierte uns die Tiefe der professionellen Einzelthematik, die wissenschaftliches Arbeiten ausmacht. Auch die verschiedenen Zugänge von theoretischer oder eher praxisbezogener Art sowie die Meinungsverschiedenheiten im Plenum fanden wir sehr anregend.

Dazu ein konkretes Beispiel, das uns sehr bewegte: So erwies sich die Frage, ob bestimmte *Objekte*, die treffender als *Subjekte* bezeichnet werden, unter dem kolonialen Regime widerrechtlich angeeignet oder vielleicht geschenkt worden waren, als zu kurz gegriffen. Denn selbst ein Geschenk stand im Zusammenhang der kolonialen Herrschaft und kann rückwirkend als ethisch fragwürdig angesehen werden: Aus welchem Grund wurde denn etwas geschenkt? Hinzu kam die unumstößliche Klarstellung eines Museums- bzw. Sammlungsexperten, dass allein von 40 000 Objekten aus Kamerun nachweislich 39 000 geraubt wurden.

Bridget Ben-Naimahs in diesem Heft aufgenommener Vortrag *Towards a Biblical Theology of Restitution* diskutiert diese komplexe Thematik. Sie tut dies vorsichtig, doch unmissverständlich. Ihre theologische Argumentation insbesondere aus neutestamentlicher Perspektive müsste allen institutionellen Nachfolger:innen der Missionsgesellschaften und natürlich uns allen direkt ins christliche (oder humanistisch geprägte) Gewissen sprechen. Es gibt, von kaum vorstellbaren Unmöglichkeiten abgesehen, nur den Weg der Rückgabe! Diese Haltung teilen wir. Alle weiteren Zweckbestimmungen liegen nicht in der Hand derer, die entwendeten. Wir hätten uns zu Ben-Naimahs zentraler theologischer Aussage eine Diskussion gewünscht, die aus Zeitgründen nicht mehr stattfinden konnte. Hierbei hätte die Vortragende ihre ganz persönliche Sicht unterstreichen können und sollen.

Insgesamt fiel uns der Gegensatz zwischen unserer Basisarbeit, die sich ausdrücklich an die Öffentlichkeit wendet, und der akademischen Welt der Tagung auf. Wir fragen uns, wieviel gesellschaftliche Wirkung diese erreichen kann. Wir merken ja, wie wenig Kenntnis und Bewusstsein über die Zusammenhänge von Kolonialismus, Rassismus und aktuellem globalem Ungleichgewicht bestehen. So wünschten wir uns unbedingt mehr Durchlässigkeit von Inhalten, ganz zu schweigen von konkreten Handlungsabsichten und Folgen aus der Tagung. Wir sehen das *Dekolonisieren* als zivilgesellschaftliche Aufgabe.

Hier beschäftigt uns insbesondere der Beitrag von Mnyaka S. Mboro aus Berlin, der sich im Verein *Berlin Postkolonial e. V.* engagiert und aus persönlicher und zivilgesellschaftlicher Initiative heraus ein besonderes Restitutionsprojekt auf den Weg brachte. Er erhielt Zugang zu schwer kontaminierten Magazinen in Berliner Museen, wo er Fotos von entwendeten Objekten bzw. Subjekten machen und sie in Tansania in einer Ausstellung interessierten Bewohner:innen mehrerer Dörfer am Kilimanjaro vor Augen führen konnte. Als *best practice*-Beispiel existiert sogar ein Film darüber. Unter die Haut ging uns, als Mboro in seinem Vortrag von seiner Großmutter sprach, die alle Hoffnung in ihn gesetzt hatte, als er vor vielen Jahrzehnten nach Deutschland ging. Ihr großer Wunsch war es gewesen, er möge veranlassen können, dass *human remains*, d. h. Schädel und Gebeine ihrer Vorfahren, die mitunter seit unmenschlich langer Zeit völlig würdelos in Kisten aufbewahrt wurden, zurück nach Tansania verbracht werden könnten, um endlich soziales Heil wiederherzustellen.

Regina Jach, Frank Oliver Klute

REZENSIONEN

Hermen Kroesbergen/Johanneke Kroesbergen-Kamps/Philipp Öhlmann (Hg.): **The Grammar of the Spirit World in Pentecostalized Africa** (Studies on Religion and Culture. Religious Communities and Sustainable Development, Bd. 8), Berlin/Wien: LIT Verlag 2024, 238 Seiten, 44,94 Euro.

Der Band umfasst zehn Artikel, gerahmt von einer Einführung, Ausschnitten aus einer Diskussion und einer Zusammenfassung. Den Fokus auf das »pentekostalisierte Afrika« begründen die Herausgeber:innen »pragmatisch« (5) mit dem starken Einfluss des Pentekostalismus, doch in einigen Beiträgen geht es allgemeiner um die Wirkmächtigkeit von *spirits* in afrikanischen Lebenswelten. Die Autor:innen beziehen sich auf Wittgensteins »Grammatik«, verstanden als Satz der Regeln, die bestimmen, was Worte in Sprachspielen bedeuten (können). Sie fragen, welche Folgen es hat, wenn Forscher:innen davon ausgehen, dass die *spirit world für* die Menschen real ist. Was ändert sich, wenn sie sagen, dass die *spirit world real ist* (ontological turn)? Öffnet der Ansatz der Grammatik andere Möglichkeiten von *spirits* zu sprechen als der ontological turn oder ein methodischer Agnostizismus oder instrumentelle Erklärungen?

In ersten Kapitel *Grammar* betonen Mikel Burley, Hermen Kroesbergen und Bernhard Udelhoven unter Aufnahme von Wittgensteins Grammatik, dass religiöse Aussagen über *spirits*, Hexerei und spirituelle Kräfte nicht als Aussagen über reale Gegenstände betrachtet werden sollten, sondern als Teil einer kulturellen und sozialen Praxis, die bestimmte Denk- und Handlungsmuster reguliert. Burley (19–38) plädiert dabei religionsphilosophisch für einen radikal pluralistischen Ansatz, mit dem er sich gegen die Alternative wendet, dass indigene Vorstellungen entweder als Aberglaube oder als symbolischer Ausdruck existentieller Anliegen verstanden werden. Für Kroesbergen (39–52) stellt die Grammatik spiritueller Sprache einen Modus dar, mit auftretenden Unsicherheiten in Lebensvollzügen umzugehen. Udelhoven (53–78) betont, dass der zu beobachtende situative Umgang Konflikte zwischen Akteur:innen auch lösen kann, ohne das Wirken von *spirits* oder *witches* anzunehmen (vgl. dazu auch den Beitrag von Johanneke Kroesbergen-Kamps über die Lebensgeschichte von Pastor James, 179–189).

Opoku Onyinah (79–93), Church of Pentecost, argumentiert, dass Pentekostale eine *witchdemonology* als eine Reinterpretation traditioneller *spirit*-Vorstellungen im Gewand christlicher Dämonologie entwickelt haben. Dadurch werden traditionelle spirituelle Akte durch dämonische Mächte und als *evil* erklärt (86).

Die Kapitel *Spirits* und *Practices* widmen sich konkreten spirituellen Dynamiken. Elias Kifon Bongmba versteht die »grammar of proclamation«, »of power«, and »of prediction« als Teil der *grammar of the spirit*, die für ihn das öffentliche Gesicht des afrikanischen Pentekostalismus darstellen (129–148). Hier wird *grammar* allerdings deskriptiv verwendet und könnte mit Konzept oder Prinzip ersetzt werden, ohne dass sich an der Beschreibung etwas ändert. Johnson Uchenna Ozioko (115–126) untersucht die »grammar of the Spirit« (sic) der Igbo Kultur anhand von Romanen von Chinua Achebe. Auch wenn diese als quasi-ethnographisch (234) eingeordnet werden, bleibt angesichts des Ansatzes des Buches offen, ob Literatur als Gattung nicht eine metaphorische Deutung der *spirits* darstellt.

Genevieve Nrenazhs (163–176) interessanter Beitrag fokussiert auf Klang (*sound*) und die Kommunikation mit spirituellen Kräften, vorrangig in den afrikanischen Traditionen, aber auch im Christentum. Verwiesen sei auch auf die interessanten Ergebnisse einer umfassenden empirischen Untersuchung in Botswana (von Lovemore Togarasei, 191–201) zum Einfluss religiöser Vorstellungen auf Heilung. Er stellt fest, dass für die Befragten die *spirits* höchst real sind und ihre Gesundheit oder Heilung beeinflussen.

Das Kapitel *Voices* ist ein Ausschnitt aus Diskussionen der Konferenz des Programms Point Sud. Eine geteilte Beobachtung ist, dass die Existenz von *spirits* auch für die, die an sie glauben, nicht den gleichen epistemischen Kriterien wie empirisch überprüfbare Fakten unterliegt. Da sie nicht zu fassen oder zu sehen ist, müssen Menschen lernen, sie wahrzunehmen und mit ihr umzugehen.

Ein interessantes Buch mit Beiträgen unterschiedlicher Qualität, das bekannte Themen in anderen Perspektiven aufgreift. Der Zugang über Sprache und Grammatik führt m. E. über die Gegenüberstellung hinaus, auf die der ontological turn (Viveiros de Campo wird genannt) antwortet. Ohne dass es diskutiert wird, kommt so die Frage der Übersetzbarkeit der jeweiligen Perspektiven auf: Ermöglichen sie nicht nur ein Verstehen der Weltsicht, sondern gemeinsames Handeln in geteilten Lebenswelten? Vor allem in den Beiträgen des Priesters Udelhoven und in der Diskussion scheinen die moralischen Folgen auf, die aus einer Anerkennung eines ontologischen Status für die *spirit world* folgen, wenn durch diese Weltsicht Menschen als Hexen diffamiert und der Gewalt preisgegeben werden.

Michael Biehl

Constance Hartung: **Ex India lux? Die Rezeption hinduistischer Spiritualität und der Kultur Indiens in Deutschland** (Religionen aktuell, Bd. 34), Baden-Baden: Tectum Verlag 2023, 642 Seiten, 124,- Euro.

Dieser Band, der auf einer Habilitationsschrift an der Universität Jena im Fach Religionswissenschaft beruht, sammelt und analysiert ausgewählte Aspekte der Rezeption »hinduistischer Spiritualität und Kultur Indiens« in Deutschland. Der Untersuchungszeitraum erstreckt sich über etwa hundert Jahre, vom ausgehenden 19. Jahrhundert bis zum Ende der Bonner Republik. Die Verfasserin konzentriert sich angesichts der Materialfülle auf fünf »Leitthemen«, die – so die Prämisse – in der wissenschaftlichen und alltäglichen Wahrnehmung Indiens am häufigsten auftraten. Diese erstrecken sich über das Konzept der »Reinkarnation« und Yoga als spiritueller Körperpraxis hin zu den Konzepten des »Vegetarismus«, des »Körperverständnisses« und schließlich das der »Gemeinschaft«. Für diese Themen entwirft die Verfasserin ein »Phasenmodell«. Demzufolge wechselten in der deutschen Rezeption indischer Themen Phasen relativer Dichte mit weniger interessierten Phasen ab; neben einer regelrechten Indienbegeisterung konstatiert sie jedoch auch kritische Wahrnehmungen vor dem Hintergrund des jeweiligen kulturellen, religiösen und politischen Kontextes.

Ziel des Buchs ist die Darstellung der »Rezeption hinduistischer Religiosität und einiger Elemente indischer Kultur in Deutschland als Antwort auf religiös-spirituelle Defiziterfahrungen« (22) im Rahmen einer »zunehmenden Säkularisierung« (22). Damit verortet sich dieses Buch in einer Tradition deutschsprachiger Religionswissenschaft, neue religiöse Bewegungen zu erforschen, die sich auf östliche Einflüsse berufen. Das Buch versammelt, und das soll positiv hervorgehoben werden, ausführliche Zusammenfassungen bereits bestehender Forschungen aus unterschiedlichen akademischen Bereichen wie der Geschichtswissenschaft, der Indologie, der Religionswissenschaft und Theologie, um nur einige zu nennen. Die breit angelegte Darstellung unterschiedlicher neuer geistiger und religiöser Strömungen in Deutschland, die sich in irgendeiner Weise an indische Traditionen zurückbinden lassen, ist ein großes Verdienst dieses Buchs, wie auch der Versuch der Synthese, die angesichts der sehr umfangreichen Publikationen mit dem Thema »Indienrezeption« wünschenswert ist. Bemerkenswert ist auch der Versuch, eine Kontinuität in der »Indienrezeption« vom 19. bis zum Ende des 20. Jahrhunderts zu erkennen, inklusive der getrennten Wege beider deutschen Staaten von 1945 bis 1990.

Die Reduktion auf Leitthemen ist sinnvoll, deren Auswahl wirft jedoch einige Fragen auf. Der Titel des Buchs bietet mit »hinduistischer Spiritualität« und »Kultur Indiens« zwei eher schwierig zu fassende Kategorien an, die offenbar bewusst breit verstanden werden. So werden religiöse Traditionen Indiens ins Spiel gebracht, die nach heutigem Forschungsstand nicht mit dem Hinduismus gleichzusetzen sind, wie in einem ausführlichen Kapitel über die Theosophische Gesellschaft, die ab einem bestimmten Zeitpunkt tatsächlich intensive Verbindungen nach Indien hatte; ihre Vertreter Olcott und Blavatsky betonen jedoch stets ihre Verbindung zum Buddhismus (102–135). Da sich nun die für Deutschland bedeutende Anthroposophie nicht zuletzt aus der Ablehnung der indischen Wende der Theosophischen Gesellschaft entwickelt hat, sind diese Ausführungen noch nachvollziehbar. Schwieriger wird es bei der religiösen Bewegung des Mazdaznans (269–271 und öfter), die ebenfalls zu den »indischen« Einflüssen gezählt wird. Deren Gründer hatte jedoch, unter Verwendung des verbreiteten Paradigmas einer gemeinsamen »arischen« Abstammung, ausdrücklich eine Wiedergeburt des Zoroastrismus des alten Iran vor Augen. Freilich lebte und lebt ein großer Teil der Anhängerschaft des Zoroastrismus im heutigen Indien, dennoch bedürfen die Lesenden immer wieder beträchtlicher Umwege, um zum Thema zurückzukehren.

Insgesamt ist dies ein gelungenes Buch, ein paar Punkte, wo man weiter nachdenken könnte, seien hier aber noch genannt. Nicht unproblematisch ist die Tatsache, dass die Autorin sich von den Essentialisierungen ihrer Quellen verleiten lässt, »Indien« als ideelles Konstrukt unhinterfragt zu übernehmen. Wie bereits an der etwas vagen Bestimmung der Begriffe »hinduistische Spiritualität« und »Kultur Indiens« zu vermuten ist, geht es nicht um eine Rückkopplung an die Lebensrealitäten in den südasiatischen Regionen. Es geht allein um deutsche Fantasien, die sich aus einem romantisch geprägten Kulturmodell speisen. Diese waren in den jeweiligen historischen Kontexten auf unterschiedliche Weise konstruiert und verkürzt, was die Autorin für die NS-Zeit auch kurz problematisiert (370); hier schöpft sie allerdings das Potential nicht voll aus. So entsteht auch in diesem Buch der Eindruck einer homogenen »hinduistischen Spiritualität«, auf die sich das erlösungshungrige deutsche Publikum bezieht; der Islam als religiös-politischer Faktor taucht jedoch nicht ein einziges Mal auf, obwohl mit der Ahmadiyya seit 1924 eine missionarisch erfolgreiche und gut sichtbare Gemeinde Berlins

religiöse Landschaft mitprägte. Zu bemerken wäre noch, dass nicht nur in Deutschland Forschung zu diesen Themen geleistet worden ist; die englischsprachige Forschung wurde aber weitgehend ausgeklammert.

Dieses Buch sei Interessierten an neuen religiösen Bewegungen in Deutschland empfohlen sowie denjenigen, die sich über die Herkunft eines bis heute beliebten Indienbildes zwischen Tempeln und Yoga informieren möchten.

Isabella Schwaderer

Sung Kim/Stefan Silber/Christian Tauchner/Simon Wiesgickl (Hg.): **Widerstand und Gewalt. Befreiungstheologische Perspektiven** (Missionswissenschaftliche Forschungen: Neue Folge, Bd. 38), Neuendettelsau: Erlanger Verlag für Mission und Ökumene 2024, 248 Seiten, 24,50 Euro

Zu dem brisanten Thema »Widerstand und Gewalt« fand in Wittenberg vom 12. bis 14. Oktober 2023 der 8. Workshop »Befreiende Kontextuelle Theologien« statt. Dem Format dieser seit 2007 bestehenden Workshopreihe ist es darum zu tun, die Rezeption der Theologie der Befreiung im Diskurs mit kontextuellen Theologien weltweit weiterzuführen.

So erstrecken sich die hier vorgestellten Beiträge zu dem Workshop auch über sehr unterschiedliche geographische Kontexte (DDR, China, Brasilien, USA) und eine Bandbreite grundlegender Fragestellungen (koloniale Strukturen, Sklaverei, Gewaltfreiheit,

Klimagerechtigkeit, ökofeministische Theologie) und machen so den Band zu einem Kaleidoskop zum Thema Widerstand und Gewalt.

Günter Prüller-Jagenteufel arbeitet Dietrich Bonhoeffers Verständnis von Gewaltfreiheit und situationsgemäßem Handeln anhand der Entwicklung und der Schriften Bonhoeffers heraus. Dessen »Ethik der konkreten Verantwortung« bleibt immer am Frieden orientiert und schließt gerade so im Extremfall auch die Anwendung von Gewalt nicht aus.

Auch Stefan Silber befasst sich mit einer Theologie der Gewaltfreiheit – in Auseinandersetzung mit der in postkolonialen Ansätzen geäußerten Kritik, sie stabilisiere die weiterhin bestehende systemische koloniale Gewalt. In seiner postkolonialen Theologie der Gewaltfreiheit ist der gewaltfreie Widerstand gegen koloniale Strukturen der entscheidende Schritt aus der Spirale der Gewalt – im Sinne der Aufmerksamkeit für die Opfer der Gewalt.

Sung Kim stellt aus der Geschichte der schwarzen Bürgerrechtsbewegung in den USA Malcolm X und seinen Aufruf zum Recht auf Selbstverteidigung der Unterdrückten vor – in Absetzung zu Martin Luther Kings »Lehre der Gewaltlosigkeit«. Diese kann ihre Wirkung zeitigen, ist aber fragwürdig, wenn der Verzicht auf Selbstverteidigung die Agency der Unterdrückten untergräbt. Entscheidend ist auch hier die Sicht der Opfer der Gewalt.

Feministische Theologien zeigen die Verquickung von patriarchalen Strukturen und Umweltzerstörung auf. Mirjam Salfinger erläutert anhand des theologischen Ansatzes der Brasilianerin Yvonne Gebara und ihrer Kategorie der Interrelationalität die ökofeministische Utopie mit einer Option für den/die Andere/n, den/die Arme/n und mit dem Zielpunkt eines Lebens für alle.

In seinem biographisch geprägten Bericht »vom Leben und Glauben in der DDR« zeigt Eberhard Bürger das Selbstverständnis des Staates und die damit verbundene ideologische Gewalt in der DDR auf. Bei seinen Erfahrungen in verschiedenen Basisgruppen erwies sich die evangelische Kirche als Raum der Freiheit und des kreativen Widerstands gegen Staatsgewalt. In seiner Bilanz benennt er die auch nach der Wende bestehenden Kräfte, die Widerstand erfordern.

In ihrem persönlichen Erfahrungsbericht über die Räumung von Lützerath im Januar 2023 beschreibt Gudula Frieling die von Klimaaktivist*innen erfahrene Polizeigewalt sowie die vorgenommenen Vorverurteilungen und Kriminalisierungen als Beispiel einer systemischen Gewalt, deren Ziel der Erhalt des industriellen ökonomischen Wachstumsmodells ist – um den Preis der Zerstörung von Ökosystemen und Klimagerechtigkeit.

In weiteren Beiträgen skizziert Peter Schönhöffer Grundzüge einer auch von Papst Franziskus vertretenen Spiritualität sozialer Liebe als Gegenentwurf zur herrschenden Kapitallogik. Fabiano Glaeser dos Santos befasst sich mit Rassismus und moderner Sklaverei in Brasilien. Laurin Ernst entfaltet anhand von Topoi des amerikanischen Rappers und Songwriters Kendrick Lamar Möglichkeiten einer Theologie als narrative

Widerstandsform. Leandro L. B. Fontana beleuchtet die Spiritualität pentekostaler Bewegungen (*spiritual warfare*) als Quelle von Agency und als Kraft performativen Widerstands. Chiara Fröhlich stellt Grundzüge einer auf dem Begriff der Harmonie basierenden christlich-chinesischen Befreiungstheologie vor. Simon Wiesgickl reflektiert im Sinne der Wiederentdeckung von Materialität auf das Element des Wassers und seine Symbolkraft für fluide Protestformen. Nils Richber befasst sich mit der Utopie einer apokalyptischen politischen Theologie »von der Natur zur Gesellschaft und zurück«. Schließlich reflektiert Christian Tauchner den Begriff und die Realität »Imperium« im Laufe der Jahrzehnte »Befreiungstheologie« und benennt Macht- und Herrschaftsstrategien via *social media* als heutige Herausforderung.

Die so verschiedenen Beiträge zur Thematik von Gewalt und Widerstand zeigen aus befreiungstheologischen Ansätzen bekannte Einsichten wie die Praxis als ersten Zugang zur Theorie, die bleibende Offenheit des hermeneutischen Zirkels zwischen Praxis und Theorie sowie die systemischen Dimensionen von Gewalt und Unterdrückung. Die postkolonialen Debatten führen darüber hinaus zur Intersektionalität struktureller Gewalt, zur Frage nach den Verhältnis von Agency und Repräsentation sowie zur Auseinandersetzung mit der bleibenden Ambivalenz von Religion im Verhältnis zu Gewalt. Ein vielseitig anregendes Buch.

Marco Moerschbacher

Stefanie Burkhardt: **Religion erzählen. Mircea Eliades religionswissenschaftliches und literarisches Doppelwerk**, Paderborn: Brill/Fink 2024, 268 Seiten, 74,– Euro

Stefanie Burkhardt legt eine dichte und theoretisch höchst anspruchsvolle Analyse von Mircea Eliades Doppelwerk vor. Aufbauend auf Eliades eigenem Hinweis auf einen »nächtlichen Modus«, der zu literarischen Werken, und einem »täglichen Modus«, der zu wissenschaftlichen Arbeiten führt, zeigt sie auf, wie beide sich gegenseitig kommentieren und befruchten. Ausgehend von der zentralen Position des Heiligen in Eliades Phänomenologie entwickelt sie in drei jeweils sehr umfangreichen Kapiteln die Konturen seiner existentiellen Hermeneutik: Das Heilige als eine Art des In-der-Welt-Seins (Kapitel 1), das Heilige, wie Eliade es besonders in der Form des Phantastischen als Einbruch anderer Wirklichkeiten literarisch inszeniert (Kapitel 2), um im dritten Kapitel *Chronotopoi* des Heiligen in beiden Modi seines Werkes zu erkunden. Die Kapitel verfolgen auch unterschwellig eine chronologische Linie, die von den literarischen Werken bestimmt wird, die sie spiralförmig zu den religionswissenschaftlichen Arbeiten zurückführen.

Burkhardt bedient sich insbesondere literaturwissenschaftlicher Methoden, um die Verwendung von Sprache, Formen und Weisen des Erzählens in beiden Textgattungen herauszuarbeiten. Sie weist überzeugend nach, dass Eliade das Heilige nicht essentialistisch als ontologische Größe, sondern als hermeneutische Kategorie begreift. Sein religionswissenschaftlicher Zugang sei demnach keine krypto-theologische Affirmation religiöser Wahrheiten. Besonders überzeugend gelingt Burkhard der Nachweis, dass Eliades *homo religiosus* auch in den religionswissenschaftlichen Texten eine hermeneutische Strategie verkörpere, um mit alternativen Perspektiven auf Rationalität und Wirklichkeit moderne Weltdeutungen zu hinterfragen. Eliade stelle in seiner literarischen Arbeit religiöse Phänomene aus einer Innenperspektive dar, ohne sie zu essentialisieren. Die Autorin arbeitet stark heraus, dass er dafür von einer »umgekehrten Entmystifizierung« spreche, als dem Entbergen heiliger Strukturen und Momente im Untergrund der säkularisierten profanen Welt des *homo historicus*. In seinen Erzählungen geschehe das durch die Einbettung religiöser Mythen und von Entrückungen in andere Zeiten. Insbesondere seine fantastischen und magisch-realistischen Erzählungen können so als eine Form der experimentellen Religionswissenschaft gelesen werden. Seine religionswissenschaftlichen Texte wollen Zugänge zu anderen Raumzeiten bieten, indem sie Erfahrungen »fremder« Kulturen ebenso wie »ferne« Erfahrungsweisen, z. B. »archaische« Religion, verstehend rekonstruieren.

Dieses Hinterfragen diene in Eliades Worten der Entprovinzialisierung des Europas seiner Zeit. Eindrucksvoll ist der Vergleich seines Vorhabens mit Chakrabartys Forderung nach der Provinzialisierung Europas. Bei vergleichbarem Interesse an dem Vorhaben und Rückbezug auf Heidegger komme Chakrabarty von den akteursorientierten subaltern studies, Eliade vom Verstehen fremder (Indien) und ferner (archaischer) Denkweisen. Der Hauptunterschied bestehe darin, dass Eliades Moderne- und damit sein Säkularitätsverständnis als befangen in einer nationalromantischen Konzeption aufgezeigt wird, die sich ihrer Entstehungszeit, d. h. den 1930er und 1940er Jahren in Rumänien sowie in ihrer Ausbildung den Jahrzehnten nach dem Zweiten Weltkrieg in den USA verdanke.

Burkhardt möchte mit ihren sehr differenzierten Beobachtungen nicht Eliades Religionsphänomenologie rehabilitieren, noch ihn von den Vorwürfen seiner Verbandelung mit den rumänischen Nationalfaschistischen befreien. Ihr gelingt es durch den interdisziplinären Zugang aufzuzeigen, dass an seiner Religionsphänomenologie Grundprobleme der Religionswissenschaften aufscheinen, die nicht gelöst sind, wenn man sich von seinem Werk absetzt. An Eliade wird einmal mehr deutlich, dass auch Religionswissenschaften nicht um eine Reflexion ihrer sprachlichen Form und damit um Plots, Metaphern und andere literarische Figuren herumkommen. Das erfordert einen weitaus differenzierteren Umgang mit Faktualität, Fiktionalität, Fiktionen und ihrer erzählerischen Verarbeitung, als manch methodischer Agnostizismus bietet: In der Reflexion der Aspekte, zu denen Eliades Doppelwerk beiträgt, liegt ein kritisches Potential für die Religionswissenschaften, das durch deren Abgrenzung von Eliade überdeckt wird. Eliades Religionswissenschaft ist nicht deswegen überholt, weil ihr z. B. Essentialisierung vorgeworfen wird. Sie scheitert, weil trotz seines Versuchs der Entprovinzialisierung die Welt des *homo historicus*, wie er sie erfasst, eine eurozentrische Imagination statt einer Analyse bleibt.

Burkhardts Untersuchung stellt eine der umfassendsten und methodologisch anspruchsvollsten deutschsprachigen Studien zu Eliades Werk dar. Ihr interdisziplinärer Zugang eröffnet zugleich auch einen fundierten Beitrag zur Methodendiskussion in den Kulturwissenschaften.

Michael Biehl

Sigurd Bergmann/Mika Vähäkangas (Hg.): **Contextual Theology. Skills and Practices of Liberating Faith**, Oxon/New York: Routledge 2021, 150 Euro (gebundenes Buch), 44,96 Euro (Taschenbuch), Open Access (online)

Die kontextuelle Theologie entsteht in den frühen 1970er Jahren als Abgrenzung von eurozentrischen Theologien mit dem Ziel, eigene Theologien aus und für einen Kontext mit einem Schwerpunkt auf Asien und Afrika zu entwickeln. Davon ausgehend gehört es mittlerweile zum theologischen Konsens, dass alle Theologie kontextuell ist. Der Sammelband *Contextual Theology. Skills and Practices of Liberating Faith* zeigt anlässlich des 25-jährigen Jubiläums des Instituts für Kontextuelle Theologie in Lund die Potentiale, Grenzen und Weiterentwicklungen kontextueller Theologien für die Gegenwart auf. Mit dem Einbezug kontextueller Theologien aus Europa (und Lateinamerika) weitet der Sammelband die Perspektive. Die Herausgeber verweisen zugleich darauf, dass nicht jede Theologie eine kontextuelle Theologie ist. Im einführenden Artikel *Doing situated theology* definieren Bergmann und Vähäkangas das Verständnis von kontextueller Theologie mit Angie Pear als explizite Wahrnehmung von Kontextualität als Vorbedingung für Theologie. Kontextuelle Theologien seien somit dem *Doing* verpflichtet und verstehen den Kontext als »deep, central driven force for intensifying the interpretation of ›God in Context‹« (2).

Die ersten beiden Aufsätze fokussieren sich auf afrikanische Kontexte. Nach Dion A. Forster kann die kontextuelle Theologie das Anliegen der politischen Theologie und der Schwarzen Theologie in Südafrika verbinden, indem sie die allgemeine christliche Überzeugung der Versöhnung Christi in Verbindung mit der gesellschaftlichen und politischen Situation in Kontext bringt. Chammah Kaunda verweist auf Strömungen im afrikanischen Neopentekostalismus, die mit einer kontextuellen Theologie, die sich auf afrikanische Traditionen der Mittlerschaft des Göttlichen bezieht, die Unterdrückung und den sexuellen Missbrauch von Mädchen und Frauen fördern.

In drei folgenden Aufsätzen wird die Beziehung zur Befreiungstheologie thematisiert. Elina Vuola zeigt auf, dass eine kontextuelle Befreiungstheologie marginalisierte Selbstwahrnehmungen und Genderfragen einbeziehen muss. Sie verweist auch darauf, dass *race*,

Klasse und Gender zwar nicht auf Kontexte enggeführt werden dürfen, diese aber nur kontextspezifisch vermittelt werden können. Ulrich Duchrow fasst die Befreiungstheologie mit einer historischen Perspektive als Beispiel für eine kontextuelle Theologie auf, weil sie zur Überwindung kapitalistischer Logiken beiträgt. Für den Kontext Indien führt Atola Longkumar aus, dass die Befreiungstheologie eine Bewusstseinsbildung für Strukturen der Unterdrückung erwirkt hat.

Sigridur Gudmarsdottir liest die Geschichte Islands postkolonial als Form einer kontextuellen Theologie. Teresa Callewaert und David Emmanuel Singh vergleichen in ihren interreligiösen Ansätzen das Konzept von Befreiung von Gustavo Gutiérrez und Ali Shariati und Mahdawi mit pentekostalen Ansätzen.

Zwei weitere Aufsätze setzen sich mit der Klimakrise auseinander. Sigurd Bergmann verweist darauf, dass kontextuelle Theologie die Begegnung des trinitarischen Gottes mit den alltäglichen, öffentlichen Problemen der Menschen verbindet. Sie muss sich darum auch mit dem Anthropozän befassen. Panu Pihkala zeigt plausibel auf, dass die Theologie als eine Expertin für Bewältigungsstrategien mit dem Tod auch realistische Hoffnungsperspektiven im Horizont der Klimakrise geben kann. Er zeigt dies am kontextuellen Beispiel von der Angst aufgrund der Klimakrise in Schweden auf.

Abschließend befassen sich die beiden letzten Beiträge mit einer tendenziell übergreifenden Analyse. Volker Küster fragt, ob die Rede über den Kontext von der Glokalisierung abgelöst wird, die stärker auf die Verbundenheit der Kontexte eingeht. Er zeigt die Entwicklung an Beispielen aus der Kunst auf. Der Band schließt mit der These von Mika Vähäkangas, dass die kontextuelle Theologie ein Zwischenstadium hin zur *World Christianity* sei. Diese nehme wahr, dass eine zukunftsweisende Theologie das plurale Christentum in einer multireligiösen und -kulturellen Umwelt und seinen Kontaktzonen wahrnehmen muss.

Der Sammelband erweitert meines Erachtens die Perspektiven der kontextuellen Theologie durch den Einbezug aller Kontexte, unterschiedlicher (intersektionaler) Diskriminierungskategorien sowie den Rekurs auf spezifische Themen, die kontextuell unterschiedlich relevant werden. Es ist kritisch anzumerken, dass die drei Analysebeiträge zur Weiterentwicklung von drei Männern aus westlichen Machtpositionen verfasst worden sind. Darin wird die wissenschaftliche Binarität zwischen der Erfahrung und der Analyse entgegen dem Anspruch des Sammelbandes reproduziert. Die darin aufgenommene Frage, ob die regionale Begrenztheit der kontextuellen Theologie bestehende glokale Verflechtungen übersieht, ist zentral und richtig. Es ist jedoch zugleich zu berücksichtigen, dass die Benennung eines – möglicherweise auch transregionalen und transkulturellen – Kontextes notwendig ist, um auf die Lebensrealität einer Gruppe theologisch plausibel eingehen zu können. Kontextualisierung und Glokalisierung bzw. *World Christianity* schließen sich darum nicht aus. Insgesamt besteht die Bedeutung des Sammelbandes in einer differenzierten und vielperspektivischen Aktualisierung der kontextuellen Theologie unter Berücksichtigung bestehender Kritiken.

Alena Höfer

Hanyi Zhang: Aspekte des Chinabildes von Karl Friedrich Gützlaff und seine Missionsstrategien, Hamburg: Verlag Dr. Kovač 2024, X + 62 Seiten, 54,90 Euro

Karl Friedrich Gützlaff (1803–1851), über weite Teile seiner aktiven Zeit ein »freier« Missionar ohne Deckung durch eine Missionsgesellschaft, wurde sowohl durch sein intensives Eingehen auf chinesische Sprache und Kultur als auch durch seine Verflochtenheit mit dem Opiumhandel und seine Kooperation mit der britischen Kolonialmacht bekannt und berüchtigt. Nun hat sich diese kleine Studie von Hanyi Zhang (HZ), ihre Masterarbeit an der Humboldt-Universität zu Berlin, dieses schillernden Missionars angenommen. Während Gützlaff auch in Korea und Japan tätig war, konzentriert sich HZ auf seine Aktivitäten zu China, sein Eingehen auf die dortige Kultur und Religion sowie Literatur und auf seine Missionsanstrengungen. Nach einem Blick auf den Forschungsstand bezieht sie sich im Abschnitt »Methodisches Vorgehen« auf Bildtheorien und hermeneutische Ansätze zur interkulturellen Begegnung, die eine differenzierte Wahrnehmung auf Gützlaff und ein hohes Niveau der Analyse erhoffen lassen. Sie gibt einen kurzen Eindruck von der wirtschaftlichen und historischen Entwicklung in Europa und China mit Fokus auf das 19. Jahrhundert, um schließlich zur Missionsgeschichte Chinas zu kommen, die insbesondere aufgrund der indigenisierenden Aktivitäten der Jesuiten (Matteo Ricci, Adam Schall von Bell u. a.) Aufmerksamkeit verdient. Allerdings vermisst man hier eine Erwähnung des wichtigen Ritenstreits. Während sie sich für die Missionsgeschichte weitgehend auf M. Sievernich stützt, gibt es leider keine Hinweise auf Quellen für die allgemeine Geschichtsdarstellung. Die Instrumentalisierung von Mission durch die staatliche Kolonialpolitik wird erwähnt (18) und in Vorbereitung des Eingehens auf Gützlaff die Erweckungsbewegung bzw. der Pietismus dargestellt, deren drei Phasen in der ersten Hälfte des 19. Jahrhunderts erwähnt werden. Eine kurze Biographie Gützlaffs (21–23) bildet den Abschluss dieses ersten Teils der Studie. Erwähnt werden seine Bemühungen um die Sprache, die ihm auch ermöglichten, auf Chinesisch zu schreiben, die Übersetzung der Bibel einschließlich seines Ringens um eine angemessene Übersetzung für »Gott«, sein sehr abschätziger Blick auf die chinesischen Religionen, demgegenüber auf den Konfuzianismus, den er als moralisches System und Regierungsanleitung schätzte. HZ durchschreitet verschiedene Bereiche, die Gützlaff in seiner Tätigkeit berührte, Literatur, Medizin, allgemeine Eigenschaften des »chinesischen Volkes«, Aspekte des »Aberglaubens«. Insbesondere seine Begegnung mit chinesischer Literatur fand offenbar auf hohem Niveau statt, zumal Gützlaff die Ansicht hegte, dass

Sprache ein wichtiges Instrument der Mission sei. Umso erstaunlicher ist es, dass die Autorin selbst keine chinesischen Quellen verwendet, sondern ausschließlich mit Literatur in westlichen Sprachen arbeitet.

Dargestellt werden auch Gützlaffs Einfluss auf die Taiping-Bewegung und die Gründung der Chinesischen Union, die immer mehr an die Stelle von ausländischen Missionaren trat.

Diese Bündelung des Werkes von Gützlaff wirft einige Fragen auf: Zunächst findet die methodische Einleitung zu Bildtheorie und interkultureller Hermeneutik bedauerlicherweise kaum einen Niederschlag in den Analysen des Buches, die meist sehr schlicht und lapidar ausfallen. Gützlaffs Ansichten wird wenig überraschend Eurozentrismus attestiert, den Buddhismus betrachte er als »falsch«. So heißt es in der Zusammenfassung: »Gützlaff war stets auf eine christlich-theologische Sicht fixiert und war nicht in der Lage, die chinesischen Traditionen, die aus dem eigenen Kulturkontext entstammten, zu verstehen« (58). Schwierig ist die sprachliche Façon des Textes, die offenbar durch keinerlei Lektorat/Korrekturlesung hindurchging. So ist ein Satz wie dieser schlicht unverständlich: »1864 bekam seine Regime [der Taiping-Bewegung] die Niederschlag vom Militär« (35, Anm. 92), oder dieser mindestens sehr fantasiebedürftig: »Gützlaff hörte sehr oft über die Frechheit der englischen Barbaren, die glaubten, dass sie eines Tages China erobern würden. Aber gleichzeitig wunderten sie sich über den positiven Einfluss dieses barbarischen Landes, ohne ein großes Reich aufzubauen« (51). Oder es wird sprachlich nicht erkennbar, ob ein Satz die Ansicht der Autorin, Gützlaffs oder der gerade zitierten Literatur wiedergibt, oder es herrscht ein fragwürdiger Essentialismus: »Er berichtete, als er der Heimat Konfuzius' einen Besuch abstattete, legten die Eingeborenen kaum Aufmerksamkeit auf die Lehre Konfuzius, obwohl der Konfuzianismus den Chinesen sozusagen angeboren ist« (44). So ist diese kurze Studie leider trotz der zahlreichen Erkenntnisse zu den Indigenisierungsbemühungen und vielfältigen Aktivitäten Gützlaffs überwiegend enttäuschend, und es stellt sich die Frage, wie es hier überhaupt zu einer Buchveröffentlichung kam.

Ulrich Dehn

Stefan S. Jäger: **Buddhismus im Diskurs. Studien zu Resonanz und Dialogizität in christlich-buddhistischen Begegnungen**, Leipzig: Evangelische Verlagsanstalt 2024, 387 Seiten, 88,– Euro.

Buddhistisch-christliche Studien haben in Europa zunehmend Fuß gefasst. Verglichen mit den USA ist ihre Wahrnehmung hierzulande jedoch noch begrenzt und die Anzahl der Beiträge zu diesem Forschungsfeld dementsprechend gering. Stefan Jägers Habilitationsschrift trägt dazu bei, dies zu verändern. Dabei nähert sich Jäger seinem Thema, der Untersuchung von »Translations- und Rezeptionsprozesse[n]« (52) in buddhistisch-christlichen Begegnungen der (Post-)Moderne, über die Analyse von Buddhismusdiskursen. Aus der Perspektive der Resonanztheorie (Rosa) sowie des Dialogizitätskonzepts (Bakhtin) nimmt Jäger drei Diskursfelder, die religionsphänomenologische Deutung des Buddhismus, dessen Interpretation als Mystik sowie die Achtsamkeitsrezeption in den Blick und schließt daran weiterführende religionstheologische Reflexionen an. So behandelt Jäger die Teilbereiche der Disziplin Religionswissenschaft und Interkulturelle Theologie nicht isoliert voneinander, sondern verzahnt sie in den folgenden Kapiteln produktiv miteinander.

In einer diskursgeschichtlichen Grundlegung, die auf zwei bereits veröffentlichte, hier aber erweiterte Studien aufbaut, identifiziert Jäger zunächst Rudolf Ottos religionsphänomenologische Deutung des Buddhismus als Erfahrung des »Heiligen« als Schaffung einer »neue[n] Grundlage« in der westlichen Buddhismusrezeption (84) – ein Schritt, der die (bei Otto auch apologetisch motivierte) Einordnung des Buddhismus in die Kategorie »Religion« abseits von Atheismusstereotypen ermöglicht habe (99). Hier wäre ein breiter angelegter Vergleich innerhalb des gut dokumentierten buddhistisch-christlichen Atheismusdiskurses interessant gewesen, der christliche und buddhistische Interpreten einbezieht, die bereits früher oder zeitgleich mit Otto gegen Atheismusstereotypen argumentiert haben.

Ein solcher Perspektivwechsel beförderte zugleich die Deutung des Buddhismus als Mystik. Wie Jäger im Folgekapitel argumentiert, wurde die Mystik im 20. Jahrhundert vielfach als buddhistisch-christliches »genus proximium« (110) dargestellt. Diese Sicht entwickelte sich u. a. im Rahmen universalistischer Religionstheorien oder der Eckhart- und Zen-Rezeption. Seine Analyse des Mystikdiskurses als buddhistisch-christliches »Resonanzphänomen« (115) ergänzt Jäger durch ebenfalls früher veröffentlichte, hier erweiterte komparativ-theologische Reflexionen zu Johannes vom Kreuz, Paul Tillich und Shinran.

»Der Erfahrungsbezug im Mystik-Begriff« (22) führt Jäger zur Analyse der Achtsamkeitsrezeption, die sich verstärkt ab den 1970er Jahren durch eine Säkularisierung, Psychologisierung und Medikalisierung im euroamerikanischen sozialen Mainstream etabliert hat. Im Zentrum der Diskursanalyse stehen hier ausgewählte Übersetzungsprozesse von Achtsamkeit in buddhistisch-modernistische (Goenka), therapeutische (Langer, Linehan, Kabat-Zinn) und neuere christliche (Willberg, Ulrich/Ulrich) Kontexte, die ein wandelbares Spektrum von »Achtsamkeiten« (284) hervorbringen. Ergänzt wird auch dieser Analysegang durch eine komparative Reflexion, in der Jäger die Angstinterpretationen von Tillich, Otto Haendler und Thich Nhat Hanh auf ihr dialogisches Potential für die Angstbearbeitung befragt.

In einer abschließenden religionstheologischen Reflexion skizziert Jäger in Auseinandersetzung mit Perry Schmidt-Leukel und Martin Repp ein differenzhermeneutisch geprägtes »Modell interreligiöser Beziehungen« (319). Dessen Voraussetzung ist die Annahme einer »epistemologische[n] Unhintergehbarkeit von Letztbegründungen«, die nach Jäger »die Regelhaftigkeit und den Stellenwert konstativer Aussagen« von Religionen »bestimmen« (339). Um einen Dialog bei gleichzeitiger Beibehaltung »letzte[r] Loyalität« (344) zu diesen axiomatischen Vorstellungen zu ermöglichen, unterscheidet er zwei Kommunikationsebenen: das emische religiöse Zeugnis und die etische »Kommunikation *über* Glauben« als Dialog (341). Das Dialoggeschehen ziele darauf ab, emische Zeugnisse der Beteiligten auf etischer Ebene wechselseitig »möglichst adäquat zu erfassen« (342). Dies erfordere eine »Spiritualität der Selbstunterscheidung« (342) als Haltung der Toleranz, trotz Beibehaltung der eigenen Gewissheitsperspektive das Zeugnis der Anderen hören und verstehen zu wollen.

Jägers Studie ist ein anregendes Gesprächsangebot für weitere Diskussionen. So ließe sich z. B. erstens rückfragen, inwiefern das Modell nicht die Optionen interreligiöser Lernprozesse auf den religionskundlichen Austausch (u. a. von Absolutheitsansprüchen) beschränkt – gerade dann, wenn die Unhintergehbarkeit von »Letztbegründungen« inhaltlich strittig wird.

Zweitens baut die Analyse an einigen Stellen auf einer Interpretation von Buddhismus und Christentum »als Regelsysteme, die ihre eigene Rationalität aufweisen« (24), auf. Inwiefern erschwert aber die innere Diversität beider Traditionen die Identifikation einheitlicher Regelsysteme? Ab wann üben Theolog*innen bei der Definition eines Regelsystems – und damit bei der Festlegung eines bestimmten Traditionsstrangs als regelgebend – Macht aus und nehmen so einen »übergeordneten Standpunkt« (341) über der »empirischen Wirklichkeit« (51) religiöser Pluralität ein, den Jägers Modell eigentlich verhindern will?

Drittens weist Jäger zurecht auf die Fruchtbarkeit einer Nutzung von »im Kontext des Buddhismus entstandene[n] Denkmodelle[n] als christologische Interpretamente« (335) hin. Schritte in diese Richtung wurden im globalen Dialog bereits skizziert, aber in konstruktiver theologischer Arbeit noch zu wenig beachtet.

Insgesamt ist Jägers Studie ein vielseitiger Beitrag zur Erforschung buddhistisch-christlicher Beziehungen, der demonstriert, wie fruchtbar die Fundierung interkultureller Theologiebildung durch eine Analyse interreligiöser Kommunikationsprozesse sein kann.

Mathias Schneider

Eckhard Zemmrich: **Wahrheit in Begegnung. Kontextualisierungen und Selbstvergewisserung religiöser Identität,** Göttingen: Vandenhoeck & Ruprecht 2024, 404 Seiten, 120,– Euro

Eckhard Zemmrich arbeitet sich in seiner hier vorgelegten ambitionierten Habilitationsschrift nicht nur akribisch an drei Fallbeispielen ab – drei Kirchen in unterschiedlichen kulturell-religiösen Kontexten Indonesiens mit unterschiedlichen thematischen Schwerpunktsetzungen, Trauer und Begräbnisriten der Torajakirche (*Gereja Toraja*) im Kontext der traditionalen Religion dieses Volkstammes auf Sulawesi, der Weg zur Frauenordination in der javanischen Kirche (*Gereja Kristen Java*) im Kontext des heute muslimisch geprägten Java mit großer hindu-buddhistischer Vergangenheit und die Kontextualisierungsbemühungen der kleinen balinesischen Kirche (*Gereja Kristen Protestan di Bali*) inmitten der Agama Hindu Bali, einer Amalgamation des von Java verdrängten Hinduismus mit der balinesischen Ahnenreligion –, sondern tut dies alles auch noch im Lichte der Wahrheitsfrage.

Im Einleitungsteil bringt Zemmrich die von dem indonesischen Alttestamentler Gerrit Singgih und Volker Küster, dem Verfasser dieser Rezension, angestellten systematischen Überlegungen über Kontextualisierung miteinander ins Gespräch und misst die von ihnen benannten Kriterien im hermeneutischen Prozess an den klassischen Wahrheitstheorien von Konsens und Kohärenz. Der Autor selbst führt dann die Unterscheidung von Verifiation (Wahrwerdung) und Verifikation (Wahr-Machung) ein. Der Umgang mit dieser Begrifflichkeit sei exemplarisch an Zemmrichs Auseinandersetzung mit dem balinesischen christlichen Künstler Nyoman Darsane (1939–2024) im umfangreichen zweiten Hauptteil mit den drei Fallstudien skizziert. Die Verifiation vollzieht sich für Darsane in seiner Darstellung von »Wirkung und Schönheit« (263). In der Wahrheitswirkung Jesu als Tanzender, predigend an Balis Strand oder blutüberströmt am Kreuz ebenso wie in der Wahrheitsschönheit der tanzenden Maria und dem Engel der Verkündigung, Maria und Martha oder den zehn Jungfrauen, in deren Interaktion sich die Gegensätze im Prinzip der Harmonie ergänzen. Aus vielen persönlichen Begegnungen weiß ich, dass es für Darsane Zeit seines Lebens wichtig war, ein »wahrer« Künstler (*a real artist*) zu sein. Er war seinem Selbstverständnis nach nicht Illustrator des christlichen Glaubens, sondern dieser sollte durch seine Kunst balinesische Gestalt annehmen oder, um im Zemmrichschen Diktum der Verifiation zu bleiben, wahr werden. Darum wurde ihm die Kontextualisierung auch zum Lebensthema. Als Konvertit, der durch seine Erziehung im Palast eines lokalen Herrschers gemeinsam mit dem Prinzen eine tiefe Kenntnis der hindubalinesischen Religion und Kultur akkumuliert hatte, ist für ihn letztendlich entscheidend gewesen, dass ihm auf die Frage unserer Kontingenz die christliche Lehre der Auferstehung als eine befriedigendere Antwort erschien als die hinduistische Wiedergeburtslehre. Insofern ist er sich der divergierenden Wahrheitsansprüche, nicht zuletzt durch die anfängliche eigene Verstoßung durch seine Familie und die Dorfgemeinschaft schmerzhaft bewusst. Nachdem diese allerdings gesehen haben, dass er zwar Christ geworden, dabei aber Balinese geblieben ist, wurde er im Alter ein gefragter Ratgeber auch in Fragen der Agama Hindu Bali. Anders das hindu-balinesische Establishment, das seiner Kunst aufgrund ihrer christlichen Botschaft weiterhin die Anerkennung verweigert. Obwohl auf Bali allerorten bekannt und respektiert, ist diese Nichtanerkennung ein Stachel im Fleisch des Künstlers geblieben.

Im Schlussteil des Buches kommt Zemmrich auf die Theoretisierung der Wahrheitsfrage zurück. Er führt den Begriff der »Trans-Differenz« aus der Literaturwissenschaft ein, um seiner Einsicht in die Relationalität und Fluidität von Wahrheit Ausdruck zu verleihen. Ich selbst habe mich am Anfang meines interkulturellen Denkweges mit diesen Fragen unter dem Motto »Wahrheit und Erfahrung« auseinandergesetzt (Küster, Theologie im Kontext, 1996). Die auch in den von Zemmrich beschriebenen christlich-indonesischen Identitätsrekonstruktionen zentrale Kategorie der menschlichen Erfahrung, ist nach der Überzeugung von Gerhard Ebeling immer schon »Erfahrung mit der Erfahrung«. Gleichzeitig basiert Religion, nicht nur die christliche, auf Wahrheitsansprüchen und generiert dadurch Absolutheitsansprüche, die immer fundamentalismus- und konfliktgefährdet sind. Hans Jochen Margull hat versucht dem durch eine radikale Personalisierung die Spitze abzubrechen.

Wir alle erheben Absolutheitsansprüche für unsere religiösen Entscheidungen und müssen lernen zu akzeptieren, dass andere die für die ihrigen eben auch haben. Darum favorisiere ich theologisch einen eschatologischen Wahrheitsbegriff. Wir leben in der Spannung zwischen dem »schon jetzt« und dem »noch nicht«. Interkulturelle Theologie muss in dieser Fluidität die Dilemmas und Ambiguitäten des christlichen Glaubens verhandeln. Zemmrich, der ja aus der traditionellen deutschsprachigen systematischen Theologie in die Interkulturelle eingewandert ist, erspart uns souverän die Binsenwahrheiten der Zunft. Er hat in der Begegnung mit indonesischen ChristInnen seine eigene Verifiation erlebt. Die Frage »Was ist Wahrheit?« wird darum sicher nicht verstummen – Zemmrich spielt aber durchaus kreativ mit ihrer destabilisierenden Unterbrechung. Darum wird das Buch hoffentlich auch nicht nur für IndonesienliebhaberInnen zu einer anregenden Lektüre.

Volker Küster

■ REDAKTION

Dr. Anton Knuth (für diese Ausgabe verantwortlicher Redakteur, Rezensionen), Missionsakademie an der Universität Hamburg, Rupertistr. 67, D-22609 Hamburg, anton.knuth@missionsakademie.de

Prof. Dr. Andreas Heuser, Theologische Fakultät der Universität Basel, Lehrstuhl für Aussereuropäisches Christentum, Nadelberg 10, CH-4051 Basel, andreas.heuser@unibas.ch

Dr. Alena Höfer, Referentin für Frauenpolitik und intersektionalen Feminismus, Institut für Kirche und Gesellschaft der EKvW, Fachbereich Frauen Männer Vielfalt, Iserlohner Str. 25, D-58239 Schwerte, alena.hoefer@kircheundgesellschaft.de

PD Dr. Claudia Hoffmann (peer reviews), Theologische Fakultät der Universität Basel, Lehrstuhl für Aussereuropäisches Christentum, Nadelberg 10, CH-4051 Basel, claudia.hoffmann@unibas.ch

Prof. Dr. Claudia Jahnel, Institut für Interkulturelle Theologie und Religionswissenschaft, Universität Hamburg, Fachbereich Evangelische Theologie, Gorch-Fock-Wall 7, D-20354 Hamburg, claudia.jahnel@uni-hamburg.de

Prof. Dr. Ulrike Schröder (Rezensionen), Theologische Fakultät der Universität Rostock, Universitätsplatz 1, D-18055 Rostock, Ulrike.Schroeder2@uni-rostock.de

Prof. Dr. Yan Suarsana, Institut für Religionswissenschaft und Religionspädagogik, FB 09 – Kulturwissenschaften, Universität Bremen, Badgasteinerstr. 1/SpT Ebene 6, D-28359 Bremen, suarsana@uni-bremen.de

Dr. Christian Weber, Mission 21, Missionsstr. 21, CH-4009 Basel, christian.weber@mission-21.org

■ VERFASSER:INNEN UND REZENSENT:INNEN

Dr. Kokou Azamede, Université de Lomé, Faculté des Lettres, Langues et Arts, Département d'Allemand, B.P. 1515, Lomé, Togo, kazamede@univ-lome.tg

Dr. Bridget Ben-Naimah, University of Ghana, Careers and Counselling Directorate, P.O. Box LG82, Legon, Accra, Ghana, bben-naimah@ug.edu.gh

Dr. Michael Biehl, Hermann-Stöhr-Str. 8, D-21244 Buchholz, michael.theo@biehl-web.de

Prof. em. Dr. Ulrich Dehn, Johann-Wenth-Str. 27, D-22525 Hamburg, ulrich.dehn@uni-hamburg.de

Prof. Dr. Moritz Fischer, Univ. of Applied Sciences for Intercultural Theology, Missionsstr. 3–5, D-29320 Südheide-Hermannsburg, m.fischer@fh-hermannsburg.de

Dr. Lars Frühsorge, Lübecker Museen, Sammlung Kulturen der Welt, Großer Bauhof 14, D-23552 Lübeck, Lars.fruehsorge@luebeck.de

Dr. Regina Jach, Freie Waldorfschule Lippe-Detmold e.V., Blomberger Str. 67, D-32760 Detmold, r.jach@waldorfschule-detmold.de

Katja Keul, Linnert 2, D-31608 Marklohe, katja.keul@posteo.de

Dr. Frank Oliver Klute, Kreis Lippe/Kommunales Integrationszentrum, Felix-Fechenbach-Str. 5, D-32756 Detmold, F.Klute@kreis-lippe.de

Dr. Dagmar Konrad, Seminar für Kulturwissenschaft und Europäische Ethnologie, Rheinsprung 9/11, CH-4051 Basel, dagmar.konrad@unibas.ch

Dr. Patrick Felix Krüger, Ruhr-Universität Bochum, CERES-Center for Religious Studies, Universitätsstr. 90a, Raum 3.1, D-44789 Bochum, patrick.krueger@rub.de

Prof. Dr. Volker Küster, Johannes Gutenberg-Universität Mainz, Evangelisch-Theologische Fakultät, Wallstr. 7a, D-55122 Mainz, kuester@uni-mainz.de

Sandra Langhop, Carl von Ossietzky Universität Oldenburg, Ammerländer Heerstr. 114–118 D-26129 Oldenburg, sandra.langhop@uni-oldenburg.de

Dr. Marco Moerschbacher, Missionswissenschaftliches Institut im Missio e.V., Goethestr. 43, D-52064 Aachen, m.moerschbacher@mwi-aachen.org

Dr. Lars Müller, Wissenschaftliche Dienste, Unter den Linden 8, D-10117 Berlin, lars.mueller@sbb.spk-berlin.de

Dr. Leita Ngoy, Pavenstädter Weg 37, D-33334 Gütersloh, Ingoy_2002@yahoo.fr

Dr. Martin Rademacher, Ruhr-Universität Bochum, CERES-Center for Religious Studies, Universitätsstr. 90a, Raum 3.1, D-44789 Bochum, martin.radermacher@rub.de

Dr. Mathias Schneider, Centrum für Religion und Moderne, Raum 309, Robert-Koch-Str. 29, D-48149 Münster, mathias.schneider@uni-muenster.de

PD Dr. Isabella Schwaderer, Philosophischen Fakultät – Allgemeine Religionswissenschaft, Nordhäuser Str. 63, D-99089 Erfurt

Silke Seybold, Übersee-Museum Bremen, Sachgebietsleitung Afrika, Bahnhofsplatz 13, D-28195 Bremen, s.seybold@uebersee-museum.de

Thandi Soko-de Jong, Köstersweide 38, 7121 HH Aalten, Niederlande, thandisoko@yahoo.com

Prof. Dr. Andreas Urs Sommer, Philosophisches Seminar der Albert-Ludwigs-Universität Freiburg, Platz der Universität 3, D-79085 Freiburg im Breisgau, sommer@philosophie.uni-freiburg.de

PD Dr. rer. pol., theol. habil. Roland Spliesgart, Luitpoldshöhstr. 23, D-86415 Mering, spliesgart@evtheol.uni-muenchen.de

Paulien Wagener, Martin-Luther-Universität Halle-Wittenberg, Theologische Fakultät, Franckeplatz 1/ Haus 30, D-06110 Halle (Saale), paulien.wagener@theologie.uni-halle.de

Rahel Weber, Heuberg 12, CH-4051 Basel, rahel.weber@unibas.ch

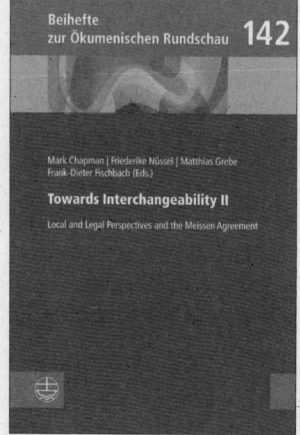

Mark Chapman | Friederike Nüssel
Matthias Grebe | Frank-Dieter Fischbach
(Eds.)

Towards Interchangeability II

Local and Legal Perspectives and the
Meissen Agreement

*Beihefte zur Ökumenischen Rundschau
(BÖR) | 142*

204 Seiten | 14,5 x 21,5 cm | Paperback
ISBN 978-3-374-07678-9
EUR 46,00 [D]
eISBN (PDF) 978-3-374-07679-6
EUR 45,99 [D]

After the 2021 Theological Conference of the Meissen Commission focussed on the theological and ecclesiological potential of the Meissen Declaration for ecumenical relations between the Protestant Church in Germany and the Church of England from today's perspective, the conference of 2024 explored the scope of the Declaration in terms of canon law and practical theology. At the same time, there were discussions of the important social upheavals that have since changed the church's understanding of ministry. Reflections on ecumenical experiences of interchangeability on the ground show the opportunities and limitations within the Meissen Declaration as well as in different regional, social and ecclesial contexts.

EVANGELISCHE VERLAGSANSTALT
Leipzig   www.eva-leipzig.de

Tel +49 (0) 341/ 7 11 41 -44   shop@eva-leipzig.de

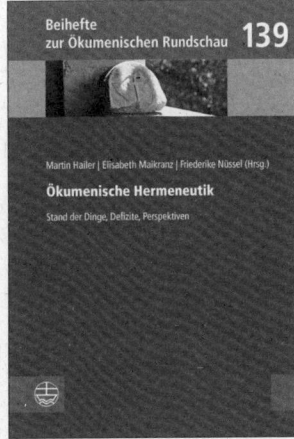

Martin Hailer | Elisabeth Maikranz
Friederike Nüssel (Hrsg.)
Ökumenische Hermeneutik
Stand der Dinge, Defizite, Perspektiven.
In memoriam Dietrich Ritschl 1929–2018

*Beihefte zur Ökumenischen Rundschau
(BÖR) | 139*

336 Seiten | 14,5 x 21,5 cm | Paperback
ISBN 978-3-374-07407-5
EUR 68,00 [D]

eISBN (PDF) 978-3-374-07408-2
EUR 64,99 [D]

Ökumenische Hermeneutik wurde und wird sowohl durch programmatische Konzepte wie etwa »Einheit in versöhnter Verschiedenheit«, »Ökumene der Profile« oder »geistliche Ökumene« als auch durch das Ziel der sichtbaren Einheit oder Versöhnung orientiert. Braucht es solche Konzepte oder sind sie eher hinderlich? Die in diesem Band versammelten Beiträge vermessen und reflektieren den Stand der interkonfessionellen und interreligiösen Ökumene. Dabei werden zum einen die Chancen und Grenzen der Lehr- und Konsensökumene und das hermeneutische Potenzial des Postkolonialismus bedacht, zum anderen theologische Perspektiven im jüdisch-christlichen und im muslimisch-christlichen Dialog erörtert. Der Band dokumentiert die akademische Feier und das Symposium zum Gedenken an Dietrich Ritschl (1929–2018), der von 1983 bis 1996 das Ökumenische Institut der Universität Heidelberg geleitet hat.

Tel +49 (0) 341/ 7 11 41 -44   shop@eva-leipzig.de

Petra Bosse-Huber
Wolfram Langpape (Hrsg.)
Evangelisch predigen
Systematisch-theologische, homiletische und kirchenrechtliche Perspektiven auf die gemeinsame Erklärung von EKD und VEF zur Predigtgemeinschaft

Beihefte zur Ökumenischen Rundschau (BÖR) | 144

72 Seiten | 14,5 x 21,5 cm | Paperback
ISBN 978-3-374-07767-0
EUR 28,00 [D]
eISBN (PDF) 978-3-374-07768-7
EUR 27,99 [D]

Am 15. September 2024 unterzeichneten die amtierende Ratsvorsitzende der Evangelischen Kirche in Deutschland (EKD) und der Präsident der Vereinigung Evangelischer Freikirchen (VEF) eine kirchliche Erklärung zur Predigtgemeinschaft. Der vorliegende Band enthält zu dieser Erklärung, die im Wortlaut wiedergegeben ist, wissenschaftliche Beiträge, die die Erklärung in homiletischer, systematisch-theologischer und kirchenrechtlicher Perspektive analysieren. Zentrale Fragestellungen sind der Charakter kirchlicher Gemeinschaft, der durch die Erklärung konstituiert wird, Auswirkungen auf die Predigtkultur und Perspektiven im Hinblick auf die Entwicklung des Verhältnisses landes- und freikirchlicher Kirchen(-bünde).

Tel +49 (0) 341/ 7 11 41 -44   shop@eva-leipzig.de